康乾盛世下的郑家庄

——从康熙帝两废太子看清朝百年皇权之争

申红宝 著

北京出版集团
北京出版社

图书在版编目（CIP）数据

康乾盛世下的郑家庄 ：从康熙帝两废太子看清朝百年皇权之争 / 申红宝著 . — 北京 ：北京出版社，2023. 2（2024.7 重印）

ISBN 978-7-200-17051-1

Ⅰ. ①康… Ⅱ. ①申… Ⅲ. ①中国历史—清代—通俗读物 Ⅳ. ① K249.09

中国版本图书馆 CIP 数据核字（2022）第 026387 号

策　　划：高立志
统　　筹：王铁英
责任编辑：陈　平
责任营销：猫　娘
责任印制：陈冬梅
装帧设计：白　雪

康乾盛世下的郑家庄
——从康熙帝两废太子看清朝百年皇权之争
KANG-QIAN SHENGSHI XIA DE ZHENGJIAZHUANG
申红宝　著

出　　版：北京出版集团
　　　　　北京出版社
地　　址：北京北三环中路 6 号
邮　　编：100120
网　　址：www.bph.com.cn
发　　行：北京出版集团
印　　刷：北京华联印刷有限公司
经　　销：新华书店
开　　本：889 毫米 ×1194 毫米　1/32
印　　张：11.875
字　　数：190 千字
版　　次：2023 年 2 月第 1 版
印　　次：2024 年 7 月第 2 次印刷
书　　号：ISBN 978-7-200-17051-1
定　　价：78.00 元

序

记得是从20世纪80年代起，一部《戏说乾隆》带火了清宫戏，之后戏说风、王朝风、格格风、王爷风纷纷跟进，近些年来又兴起了小主风，可谓是你方唱罢我登场。而相对应的，写历史小说的二月河火了，讲明清的阎崇年火了，讲和珅、刘墉的纪连海火了。对于充斥荧屏的清宫戏，一些学者甚至建议政府应当下一道“封杀令”，对那些戏说历史坚决封杀。而对于登上讲坛的诸位学者，也是争议不断。我觉得封杀大可不必，有争议也未尝不可，至少说明无论是学界还是普通观众读者，对这段历史是关注的，甚至是喜欢的。对于我们这些治史的人来说，这也是一个很大的机遇。

我想，清代前期的这段历史之所以被人们喜欢甚至追捧，关键是“有料”。一个东北边陲渔猎农耕的少数部族，抓住历史机遇，主宰了在人数和文化上要远远超过他们的中原，其间人事斗争的云谲波诡，历史大势的滚滚向前，历史人物的浮沉荣辱，有太多传奇引人入胜，有太多的故事发人深省，也有太多的疑案令人遐想，而在故事和疑案背后又有很多值得我们深思的东西。当然，需要深思的多是学者，而老百姓则更喜欢疑案和故事，毕竟这些“料”可以成为茶余饭后的谈资。

只是承担爆“料”任务的多是电视剧编剧、小说家，他们戏说甚至“胡说”历史，料上加料，让普通的观众读者看得津津有味。其实，历史本身比编出来的戏剧或者小说更精彩，只是我们的学者把太多精力花在思考宏大的命题上，花在深思上，而不太愿意降下身份把真正的历史讲给普通的观众读者听。如果我们对上述的戏说、正说与正解多做了解，就会发现这些“料”很大程度上都是围绕清代前期历史展开的，甚至可以直接说是围绕清代皇位继承展开的。在古代的皇权社会，储君是国之根本，皇位继承关乎王朝兴衰，而至高的皇权更是让无数英雄竞折腰。

从皇太极上位到乾隆帝登基，历次皇位传承都留给后世太多的遐想，但以往的著作多限于一两个皇帝，缺乏对整个清朝前期皇位继承的整体描述，更缺乏对统治架构和人物谱系的梳理，而侧重政治史的学术著作则有些理性冰冷。对于绝大多数读者来说，皇皇的《清史稿》《清实录》《清会典》等文献资料让人望而却步。这就需要学者既要有跟史料“死磕”的精神，又要有生花的妙笔，才能把那段比戏剧还要精彩的历史呈现出来。

本书虽说篇幅不长，但却写得很有特色。具体来说，我觉得本书有三个特色：一是史料准确，作者本身研究清史多年，又有扎实的文献功底，文中的叙述都是于史有征，而并非戏说或者“胡说”；二是生花妙笔，作者对史料的运用和把握驾轻就熟，能对纷繁复杂的史料进行剪辑重组，并且用生动诙谐的语言表述出来；三是选点准确，从皇太极到乾隆帝历经五位皇帝、百年纷争，有过近四十年皇太子履历和两次立废经历的允礽，是皇位争夺大戏的最佳主角，而风雨中的郑家庄成了失败者远离权力中心的象征。

清王朝是少数民族建立的封建王朝，其从一个东北地方部落发展成全国性的政权，其风俗文化制度在很短的时间内发生了剧烈变化，究其原因是不同文化的碰撞。事实上，文化的碰撞对于历史发展来说有着重要的积极意义。两种差异性的文化相互融合或相互影响，是历史发展进程中的常见现象。当然，有碰撞自然也就会有摩擦，有摩擦也就会有阵痛。

这种碰撞带来的摩擦又夹杂着各种权力争斗，使得摩擦变得更为复杂，形式更为多样。清王朝的前半部政治史由两条主线构成，一条是最高统治者集权，斗争对象是八旗分权；另一条是最高统治者立接班人，斗争对象是八旗王公与满洲旧俗。这两条主线其实是一块硬币的正反面，两者合二为一，不可分割。权力斗争是根本，而皇（汗）位接班人的争夺是一面镜子，把这种斗争毫无保留地展现在我们面前。

皇太子允礽两次废立，表面上是他与康熙帝的摩擦，其实质却是文化摩擦、制度摩擦、民族摩擦的结果。这种摩擦集中爆发在允礽一个人身上，注定了他是一个悲剧性人物，两种文化制度也最终通过他实现了妥协。通过昌平郑家庄这个名于史册的小村庄，让我们走进中国最后一个封建王朝一系列惊心动魄的最高权力之争。

古人云：读史使人明智，期待着这本书能给读者带来启发与思考。

夏连保

目　录

郑家庄（即郑家马房城）地理位置示意图

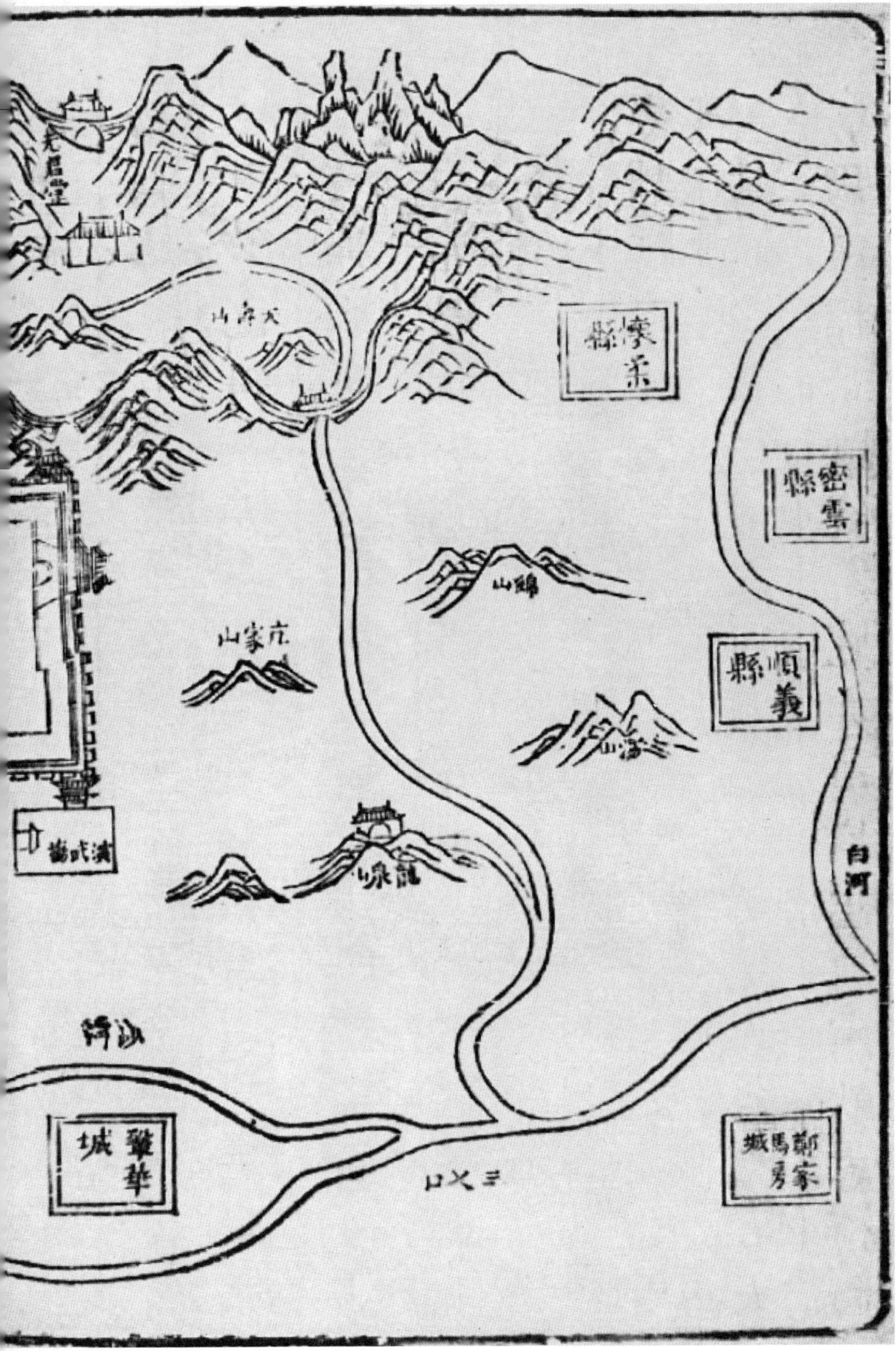

天壽山
懷柔縣
密雲縣
順義縣
白河
沙河
鞏華城
三叉口
鄭家馬房城

引　子

“思子无台异汉皇，皇孙终老郑家庄。从今正大光明殿，御管亲书禁匾藏。”这是清末文人吴士鉴所写二十四首《清宫词》之一。吴士鉴（1868—1934年），光绪十八年（1892年）壬辰科进士，殿试高居第一甲第二名榜眼，授翰林院编修，官至侍读，后曾任清史馆纂修，是清代著名的藏书家、金石学家和诗人。他在这首著名的宫词中，提到了一个人——皇孙，其为康熙帝废太子允礽之子弘皙；一件事，即弘皙被囚禁之事；一个村庄，也就是位于现在北京市昌平区北七家镇的郑各庄。全诗虽然只有四句二十八个字，却高度概括了清代康熙年间一段震惊朝野，影响极其深远的宫廷斗争历史。

这首宫词虽然用诗歌的形式写成，但所写的那段宫廷斗争史却是惊心动魄和血淋淋的。作者在这首小诗的后面，有一段小注云：“圣祖皇太子理密亲王既废，其子弘皙始而禁锢，既迁居京西郑家庄，仍袭郡王。自康熙后，不立储贰，默定继体者之名，亲书密谕于正大光明匾中，迨末命时，始派大臣启视，颁诏册立。”这一事件表面看来属于皇帝的“家事”，但事件本身对清王朝的继承制度及其历史发展都有着深刻的影响，因为皇帝的家事往往牵扯到整个国家的兴衰。

这一事件的前半幕，主要发生在宫廷之内，而后半幕的尾声，却是在昌平郑家庄收场。郑家庄原本只是南距紫禁城四十里的一个普通村庄，与清代京郊其他村庄相比，并没有什么特别之处。正是因为在康熙朝发生的这一事件与它扯上了关系，才使得原本一个普通的小村庄，一下子变成了当时人们都关注的焦点。

根据乾嘉年间礼亲王昭梿在《啸亭续录》的记载：“理亲王府在德胜门外郑家庄，俗称平西府。”昭梿所说“俗称平西府”的理亲王府所在地与吴士鉴所说的“京西郑家庄”，指的都是同一个地方，其具体位置，就在今北京市昌平区北七家镇的西侧。两百多年前，在这里上演的那场风云诡谲的历史，至今仍为人们所津津乐道。

清代郑家庄曾经存在过一个皇家城池。清入关后，设郑家庄仓房、马厂（场）。康熙平定“三藩之乱”期间，温榆河南岸郑家庄附近的洼地，被征作皇家的“御马房”，时称“郑家庄马房”。当时这里已经建起土城，《康熙昌平州志》称之为“郑家庄皇城”。经过近三百年风雨的冲刷，昔日盛极一时的皇城早已消失在人们的视野中，只留下一些残垣断壁供人们凭吊。

郑家庄现在之所以仍能引起人们的关注，是因为很多人对康熙时期“诸子夺嫡”的这段历史比较感兴趣，而郑家庄这个地方与废太子允礽家族有着千丝万缕的联系。郑家庄行宫、王府因太子允礽的被废而兴建，又因其子弘皙“心怀异志”变成“四十六”而废败，郑家庄的兴衰成为允礽、弘皙父子乃至其家族悲剧的缩影，也成为整个清王朝接班人斗争的一个缩影。

往事如烟。昔日的清王朝已成为历史，郑家庄的理亲王府也早已被历史所淹没成为一个传说，甚至变成传说中的“平西王府”。然而历史并不会随着时间久远而烟消云散，人们探求历史真相的兴趣，反而会随着时间的推移而越来越浓厚。

近些年来，原本平静的郑家庄又热闹起来，有两个原因：

一是在郑家庄修建工程时发现了一口“铜井”，并在其周边发现大面积的“三合土”地基，这些三合土地基经过专家判断，就是清代康熙时期所建的行宫和理亲王王府所在地的遗迹。“铜井”与“三合土”地基等遗迹的发现让人浮想联翩，引起了人们对探索清代那场宫廷斗争真相的兴趣。

二是根据历史记载，康熙帝晚年为了安置废太子允礽，在郑家庄修建了行宫、王府。但是，这个行宫、王府的具体位置由于史料记载有自相矛盾之处，所以过去学术界对于郑家庄的具体位置，曾有北京说、山西说、河北说等几种不同意见。近年来，经过清史专家阎崇年先生多方查找资料，深入研究，确定了康熙帝安置废太子允礽的郑家庄就是昌平郑家庄，这使得郑家庄位置的历史疑案得到了解决，郑家庄自然就成了一个人们了解研究清史文化的新窗口。[①]

从这些现象可以看出，昌平郑家庄这个小村庄之所以有名，能够引起人们一次又一次的关注，不仅仅是因为一个郑家庄皇城和王府，而是其承载了清代的历史，蕴含着丰富的历史文化。人们来到郑家庄，总能想起曾经那座神秘莫测的理亲王府和囚禁在王府中那个终老郑家庄的皇孙弘皙，从皇孙弘皙继而想到曾经当了近四十

①阎崇年:《清郑各庄行宫、王府、城池与兵营考》,《北京社会科学》，2010年第6期。

年，经过两次废立最终被囚禁郁郁而死的清代唯一的皇太子允礽，从皇太子允礽想到对清代皇位继承制度和政治制度造成深远影响的宫廷事件。

清王朝自建立政权以来，在四次皇（汗）位继承人上其斗争之激烈、事件之复杂、延续之长久，可以说是前无古人，后无来者。如果说清朝皇太子斗争史是一条河的话，那么郑家庄就是这条河的终点。

终点就是新的起点。通过昌平郑家庄这个小村庄，让我们再一次感悟中国历史文化的独特魅力。

第一章　昌平郑家庄
——清朝废太子的最后归宿

第一节　昌平郑家庄王府

一、废太子允礽之死

雍正二年（1724年）十二月十四日，爱新觉罗·允礽[①]，这位清代历史上唯一官方册封皇太子结束了自己坎坷而传奇的一生，终年五十一岁。这个时候允礽的死，对雍正帝来说是个喜忧参半的消息，喜的是这个正牌东宫皇太子二阿哥终于去地下见他父亲了，对他皇位最有威胁的政治因素彻底解除，他也可以放开手脚去对付其

① 《清世宗实录》卷二，康熙六十一年十二月辛未。从康熙帝开始其诸子均以胤字排行，雍正帝胤禛继位之后，将诸兄弟名字中"胤"改为"允"，以避"御讳"。

他政治对手；忧的是允礽的死会带来一场政治风波，毕竟前废太子的死对现任皇帝来讲都会产生不利的政治影响。

在别人眼里，允礽早已成为一个政治符号，他的亲人早已不再把他当儿子、当兄弟、当父亲十几年，但对于允礽本人而言，终于彻底解脱。三十多年的皇太子荣耀与十几年的囚犯身份随着他的死亡都灰飞烟灭。

一年三百六十日，风刀霜剑严相逼。皇宫中几十年的钩心斗角、尔虞我诈、起起伏伏的日子，可能早已使这位颇有才干的废太子看透红尘，能够混到自然死亡，已经是他最大的追求。

对允礽而言，活着就是最大的心愿。但理想是丰满的，现实是骨感的，因为想要他命的人实在是太多，而且个个都不是无能之辈。这些人既有能力也有机会让他在某年某月某个月黑风高的夜晚突然暴毙，死都不知道怎么死的。最可悲的是最想让他死的人又都是他的至亲之人，其中他父亲康熙帝也是其中之一。

但允礽最后还是得到善终，他的父亲没有像清太祖努尔哈赤那样杀死长子，这都得益于康熙帝的恩典。康熙帝最后没有杀允礽，很重要的原因是杀允礽与其平时所宣扬的“仁孝”治国理念相悖，他很爱惜自己的名声，不忍背上杀子的骂名。允礽应该感到庆幸，纵观中国历史，前废太子能够混到自然死亡的，十个手指都能数得过来。历史算是给允礽开了一个大玩笑，然而面对这样的玩笑，允礽也只剩下苦笑了。

允礽的身份从皇太子变成废太子、高级政治犯之后，康熙帝把他从以前居住的豪华宫殿——毓庆宫赶出来，给他安排了一个新的住处——咸安宫。咸安宫虽说豪华程度不如毓庆宫，但是都在紫禁城里面，条件也不是很差。康熙帝专门派人关照允礽，把他隔离起来，让他既不能参加任何政治活动，又生活无忧。康熙帝希望允礽能在咸安宫里老老实实待着，别再给自己惹麻烦。

雍正帝继位之后，不放心让废太子住在皇宫里，从政治需要出发又给允礽搬了一次家，把他从咸安宫踢到景山继续监禁，允礽最后病逝于景山禁所。①

允礽病逝，雍正帝虽然内心窃喜，但是为了减少政治压力，表面工作还是要做的。由于允礽生前是废太子，没有爵位，礼部不知道按照什么样的标准安排后事。雍正帝马上下令，要求礼部按照宗室最高爵位和硕亲王的规格为允礽安排后事。为了表示自己对二哥的情义，雍正帝还临时客串了一次职业风水师，亲自为允礽挑选出

① 奕赓:《佳梦轩丛著·管见所及补遗》，北京古籍出版社，1994年版，第114页。

殡的日子。

雍正帝把允礽的葬礼场面搞得很大，除了嘱咐允礽嫡长子弘皙要好好尽孝之外，在允礽出殡当天，又从八旗各旗中抽调了大量人员护送允礽的灵柩到郑家庄，追封允礽为和硕理亲王，谥号为密。[①]雍正帝在允礽出殡之时表现得很是伤心，哭得是一把鼻涕一把泪，并且强烈要求亲自去郑家庄祭奠允礽。在众臣的三次劝说下，雍正帝才改变初衷，改在西苑五龙亭（今北海公园内）哭祭二阿哥、理密亲王允礽。[②]

按照清朝国制:“亲王丧，俟墓院完日发引，期年而葬。郡王、贝勒五月发引，七月而葬。贝子、公以下三月发引，五月而葬。”允礽作为追封的亲王，按照国制要一年以后才能最后安葬，也就是说他的灵柩要一直放在郑家庄理亲王府。雍正帝担心有人借尸还魂，从而引起政治风波，于是把允礽的灵柩由京城运到昌平郑家庄，只安厝了十天。简单地办完丧礼之后，雍正帝就下令:“以郑家庄非可久停，亦虑火烛。蓟州黄花山现有故福晋石氏暂安放地，移金棺至彼同屋安奉。拨大人兵丁护守，俟择日营建墓院衙门。”

---

①《清世宗实录》卷二十七，雍正二年十二月癸未。

②《雍正朝起居注册》第一册，第397页。

允礽虽然死在景山禁所，但是昌平郑家庄却成为他人生的终点。这是一个很特殊的历史现象，因为按照清代的规章制度，为了防止宗室培植私人政治势力，爱新觉罗家族宗室诸王、贝勒、贝子的府邸都必须建在北京城二环以里，这些宗室王公死后，灵柩自然要从北京城里面的府邸运往埋葬地。纵观整个清朝历史，只有废太子允礽是个特例，他的灵柩先是运到昌平郑家庄，再由郑家庄运到蓟县黄花山亲王园寝下葬。出现这种特殊历史现象，还要从郑家庄这座唯一一座没建在北京城里面的王府说起。

二、康熙帝兴建郑家庄行宫王府

郑家庄现名郑各庄，位于今北京市昌平区北七家镇，这个地方在清代也叫作南郑家庄。现在昌平区郑各庄村周边还有很多例如平西府这样奇怪的地名，都是因为在清代这里曾经存在过一座皇城、一座王府。根据乾嘉年间礼亲王昭梿在《啸亭续录》的记载："理亲王府在德胜门外郑家庄，俗称平西府。"①昭梿所说的理亲王，也就是平西府的主人，指的是康熙帝嫡长孙、废太子允礽嫡

①昭梿：《啸亭续录》卷四，《京师王公府第》，中华书局，1980年版，第509页。

长子弘皙。清朝所有的王府都建在北京城里，只有郑家庄王府是个特例。郑家庄理亲王府的主人虽然是弘皙，但是追根溯源出现这个特例跟他父亲废太子允礽有直接关系。

康熙五十一年（1712年）十月，允礽的第二任皇太子证书被注销，康熙帝把他安排在紫禁城内的咸安宫居住，并亲自安排人看守。允礽虽然被废了皇太子之位，但由于之前干了三十多年的皇太子，在朝中依然有很强的政治影响力。允礽不想在咸安宫里混吃等死，总是梦想着能第三次被立为皇太子，背着康熙帝在私底下经常搞一些小动作。[①]与此同时，朝中也不断有人明里暗里地向康熙帝上折子要求复立允礽为皇太子。[②]这些事情让康熙帝大感头痛，他意识到让允礽继续住在皇宫里是一个很大的政治隐患，不管是对自己还是对将来的新皇帝都是一个麻烦。康熙帝又不想背上杀子的恶名，就想把允礽搬出皇宫，让他远离政治，自己也好专心安排新任皇太子。

康熙五十七年（1718年）十二月，经过一番权衡利

---

①《清圣祖实录》卷二百六十六，康熙五十一年十一月庚子。

②《清圣祖实录》卷二百七十七，康熙五十七年正月庚午；六十年三月丙子。

弊之后，康熙帝决定在顺天府昌平州内，北距京城四十里的郑家庄一带修建行宫、王府、城楼以及兵丁营房等设施，这项工程都是在相对保密的情况下进行。该工程耗资巨大，历时三年之久，于康熙六十年（1721年）十月才完工。根据这项工程的负责人上驷院郎中尚之顺等人的报告:“该工程包括行宫大小房屋二百九十九间，游廊九十六间，王府大小房屋一百八十九间，南济庙大小房屋三十间，城楼十间，城门两座，城墙五百九十丈九尺九寸，流水大沟四条，大小石桥十座，滚水坝一个，井十五眼。补修土城五百二十四丈，环城挖河六百七十七丈六尺。饭房、茶房、兵丁住房、铺房共一千九百七十三间，夯筑土墙五千三百五十丈七尺一寸。除取用部、司现有杉木、铜、锡、纸等项外，采买松木、柏木、椵木、樟木、榆木、青沙石、豆渣石……竹子、鳔胶等项，加之工匠银两，共计二十六万八千七百六十二两五钱六分三厘。”[①]从这个完工报告可以看出，这项工程绝对是名副其实的大工程。当时昌平郑家庄一带远没有现在繁华，周边都是大片田庄与规模较小的村落，突然冒出这么一座带城墙城楼的行宫王府，其震撼程度不亚于北京

① 台北故宫博物院:《宫中档康熙朝奏折》第九辑（《满文谕折》第二辑），第775—779页。

城里的皇宫紫禁城。

工程虽然完工，但康熙帝一直都没有向任何人透露自己的真实意图。直到康熙六十一年（1722年）三月，郑家庄行宫王府修建完成半年之后，康熙帝才对众人说道："我考虑到郑家庄已经盖好了王府与兵丁住房，想让一个阿哥过去居住，现在要求八旗每个佐领抽出一人前往驻扎。满洲兵丁编为八个佐领，汉军编为两个佐领。我要是来往此处，就由你们负责安保工作。"[①]从这段话来理解，康熙帝在郑家庄修建行宫与王府，其目的是想让一个阿哥过去居住，并在该地派了大量军队驻扎。这两个指示隐含两层意思：一是康熙帝虽然没有明说，但是大家都知道，这个王府就是专门给废太子允礽修建的高级监狱；二是按照要求，郑家庄将来要驻扎大量军队，名义上是负责安保工作，但是康熙帝的真实意图却是针对允礽。清代八旗军队驻防兵丁都不是一个人，他们驻防到某个地方都是要带家属的，这样算下来郑家庄驻防兵丁连带家属保守估计要三千人以上。按理说郑家庄既不是军事重地，又不是险关隘口，如果仅仅是为了临时安保工作也不至于如此兴师动众，因此驻扎如此多的军

---

①《清圣祖实录》卷二百九十七，康熙六十一年三月乙未。

队只能理解为看管与监视允礽。

康熙帝想把允礽迁到昌平郑家庄王府，并亲自安排该地的驻防官兵，既是为了防止允礽东山再起，又是为了保护允礽。毕竟康熙帝不想杀允礽是因为两人有父子之情，一旦新皇帝登基秋后算账，允礽这个前废太子的小命也就岌岌可危。在英明神武的康熙帝看来，把允礽赶出紫禁城，安排在昌平郑家庄是一个两全其美的好办法。

康熙帝在昌平郑家庄，而不是在通州或者大兴修建这所集行宫与王府于一体的大型宫殿，是因为昌平郑家庄具有特殊的自然地理与人文环境。

一是郑家庄的风水好。这点非常重要，古人都比较迷信，干什么事情都要讲究时运，连普通老百姓盖个房子都要翻皇历，皇帝置办产业自然更是大有讲究。首要条件就是风水旺地。郑家庄背靠“处喉吭之间，寄京师大命”的居庸关[1]，南距紫禁城、北距昌平城差不多都是四十里，正好处于两者中间。明代在设计建设北京城时为北京画了一条贯穿南北的中轴线，该线从北京永定门经紫禁城到钟鼓楼，把北京城分为东西对称的两部分。这条中轴线是北京城的根，具有很强的政治与文化属性。

---

①顾祖禹：《读史方舆纪要》卷十一，上海书店出版社，1998年版，第23页。

郑家庄正好位于这条中轴线的北延长线上，如果说北京城是一条龙的话，那么郑家庄的位置正好处于龙脊上，再加上郑家庄北靠温榆河，南向北京城，风景优美，交通便利，在古人看来这样的风水简直好得爆表。

二是郑家庄早在康熙朝前期就已经成为皇家的自留地。“三藩之乱”时期，位于温榆河南岸郑家庄附近一带就被康熙帝占有，成为皇家专门养马之地，是皇家专用的“御马房”，当时称为“郑家庄马房”。既然是皇家用地，周边已经初步建立了相应配套设施。根据《康熙昌平州志》的记载，这里当时就有一座皇城，名字就叫郑家庄皇城。[①]因此在这里修建行宫、王府水到渠成，不存在重新征地的问题。

三是郑家庄临近汤泉。汤泉是温泉的别称，清朝皇室对温泉情有独钟。康熙帝很懂养生之道，自己就是一个业余保健专家，尤其对温泉的养生作用非常推崇，经常跑到外地泡温泉，美其名曰做汤。[②]特别是康熙帝到了晚年，疾病缠身，足疾严重到不能下地，因此需要经常去汤泉疗养。北京附近虽然有很多温泉，但郑家庄温泉

---

① 《康熙昌平州志·昌平总图》卷一，康熙十二年澹然堂刻本，第1页。

② 萧奭：《永宪录》卷一，中华书局，1959年版，第41页。

是离北京最近的一处。康熙帝晚年经常住在畅春园，从畅春园去郑家庄温泉既有水利之便，距离又近。郑家庄成为他泡温泉的首选之地。

在康熙帝看来，不管是从风水位置、建设成本还是实际需要各方面考虑，在郑家庄修建行宫与王府都最为理想。如果把允礽关在郑家庄王府，既可以让他远离政治中心，又在控制范围之内，再加上当地还驻扎着名义上保护自己实质上是监视允礽的军队，还不会坏了名声。康熙帝是个运动达人，在皇宫里住不惯，经常出塞外打猎巡视，每年还有固定的节日去遵化皇陵祭祖，无论怎么走，郑家庄都是必经之路。在此处建行宫与王府，既能方便自己，又能亲自掌握了解允礽的各种动向，可谓一举多得。

康熙帝为了让废太子允礽能够得到善终，在对他的后续安排上花了很大的心思。人算不如天算，康熙帝设想得再好也不得不认命。康熙六十一年（1722年）十一月十三日，康熙帝还没等安排好后事就突然病逝，临终前连个遗言都没留。康熙帝死后，胤禛成为一匹黑马，从皇位争夺战中意外胜出。胤禛继位之后，考虑到当时的政治斗争形势，并没有按照康熙帝的意思把允礽迁往郑家庄王府，而是册封允礽嫡长子弘晳为理郡王，让弘皙代替允礽领着全家搬到郑家庄王府。弘皙一家搬入之后，郑家庄王府就正式变成理亲（郡）王府。

第二节　昌平郑家庄王府与废太子的历史渊源

一、郑家庄王府的主人弘皙

康熙六十一年（1722年）十一月十三日，康熙帝病逝于畅春园。雍正帝上台之后，为了安抚废太子允礽，刚继位不到一个月就册封允礽的嫡长子弘皙为多罗理郡王。①

雍正元年（1723年）五月，雍正帝专门传谕给宗人府："郑家庄修建房屋，派兵驻扎，我领会皇考（康熙帝）的意思，原本是要让二阿哥（允礽）过去居住，因为没有明确的指示，我不敢擅自做主。现在弘皙已经封王，让他带着子弟过去居住，比较合理。"②雍正帝这样安排，

---

① 台北故宫博物院:《宫中档雍正朝奏折》第二十八辑（《满文谕折》第一辑），第240页。

② 《清世宗实录》卷七，雍正元年五月乙丑。

跟康熙帝当初的设想有一定差别。雍正帝没有把允礽迁到郑家庄而是让他的嫡长子弘皙代替，这也跟当时的政治形势有关。

那时候雍正帝刚继位，朝廷内外还潜伏着很多敌对势力，皇位非常不稳固。为了集中火力打击政治老对手八阿哥允禩等人，雍正帝对废太子允礽父子采取了又拉又防的怀柔政策。防的手段就是继续把允礽掌控在手里，这样就可以有效防止允礽在背后搞小动作。拉的手段就是册封允礽嫡长子弘皙为多罗理郡王，安抚这对与皇位失之交臂的父子俩。雍正帝拿出康熙帝的遗愿做文章，把弘皙迁出北京城，安排在郑家庄王府，既能防止这父子俩合谋，又能把允礽当人质，客观上制约弘皙。

雍正元年（1723年）秋天，雍正帝经过一系列精心谋划，弘皙正式启动搬家工程。雍正帝安排人手，置房置地，送人送钱，把弘皙搬家的场面搞得很大，以显示其政治胸怀。弘皙领着兄弟与家眷正式搬到郑家庄王府，成为郑家庄王府的真正主人。允礽死后，雍正八年（1730年）五月，正式晋封弘皙为理亲王。[①]郑家庄王府正式更名为理亲王府。

---

①《清世宗实录》卷九十四，雍正八年五月乙未。

弘晳本是允礽第二子，由于允礽第一子早卒，弘晳实际上是允礽长子，并且是嫡长子。允礽是康熙帝嫡长子，弘晳又是允礽嫡长子，按照辈分来说，弘晳是康熙帝名副其实的嫡长孙。允礽如果不被废掉皇太子之位的话，其继位后，弘晳就是下一任皇帝的法定第一接班人。弘晳本人不但出身高贵，并且很贤明[①]，虽然不到四十岁就已经晋身到和硕亲王这样显赫的爵位，但是心里依然不痛快。外表风光的弘晳心里其实非常苦闷与不甘。

亲王虽好，但是跟皇帝比，一个天上，一个地下。

弘晳心里清楚，雍正帝把他流放到郑家庄王府，并且好吃好喝供着，目的就是让他远离政治，并运用各种规章制度把他死死地限制在郑家庄，让他成为一个政治废人。[②]这对于颇有才干并且野心勃勃的弘晳来讲无异于虎入囚笼，对父亲被废以及彻底失去皇位继承人资格耿耿于怀。尽管他四叔雍正帝以及后来继位的堂弟乾隆帝对他优礼有加，但是弘晳内心依然不满足，总是梦想着拿回本该属于他的皇位。

①吴晗辑:《朝鲜李朝实录中的中国史料》第十册，中华书局，1980年版，第4323页。

②台北故宫博物院:《宫中档雍正朝奏折》第二十八辑(《满文谕折》第一辑)，第330—332页。

有梦想不是坏事，可是弘皙这个梦想不太靠谱。为了这个不靠谱的梦想，弘皙一生竭尽全力，换来的却是跟他父亲一样的悲惨结局，其最终下场是被“忍无可忍”的乾隆帝圈禁至死。对于郑家庄王府而言，这个历史事件还引起两个连锁反应：一是郑家庄理亲王王府产生了一个新的名字——平西府；二是郑家庄理亲王王府随着主人们的相继离开，失去其担负的政治任务属性，于乾隆二十九年（1764年）三月被彻底平毁。这座清朝唯一一座位于北京城外的王府从此成为历史。

郑家庄王府现在称为平西府，根据北京大学韩光辉教授考证，在昌平州南境，原来存在着北郑家庄（今郑各庄）与南郑家庄两个村子。平房（今平坊）与在南郑家庄修建的王府成东西对应关系，故在王府建成之后，南郑家庄这个地名被平西府所取代。按照中国古代方位地名命名的原则，平西府就是平房西面的王府。①

这种解释颇为合理，但也只是平西府名字来源的说法之一。中国人民大学毛佩琦教授认为郑家庄之所以后来演变成平西府，跟郑家庄王府的主人弘皙有直接关系，平西府就是弘皙府的变音。笔者认为这种解释更为科学

① 韩光辉：《清康熙敕建郑家庄王府考辨》，《中国历史地理论丛》，1996年第2期。

合理。

弘皙是郑家庄王府的主人，后来由于政治原因被乾隆帝废掉，没有了爵位，这座昔日的豪华王府自然不能再称为王府，只能暂称为“弘皙处”。这种叫法也是清朝特有的规矩，就像当年允礽当皇太子的时候住在毓庆宫，皇宫内部人员都以毓庆宫特指允礽。自从弘皙被废黜理亲王爵位之后，官方来往的正式公文都把郑家庄称为“弘皙处”。例如乾隆四年（1739年）十二月初一上谕中说：“四执事总管首领将太监李蟠放假四五日往弘皙处，将宫内之事信口传说，太监等告假不过一日两日，岂有四五日在外之理。”民间随之也就有了“弘皙府”的叫法。

从中国古代音韵学发展历程来看，古人说话的口音跟现代人有天壤之别。由于音韵学本身就是一门很深奥的学科，元音与辅音内容复杂多变，理解起来也很困难。简单来说，根据相关学者的研究，至少在清代前期中国人说话在某些用词上还没有“j q x”的发音，只有“g k h”的发音。郑家庄与郑各庄虽然名字差异很大，但其实是一个村子，因为“家”这个字在清代就读成“各”音，有些用词上没有“j”音，只有“g”音，因此“jia”只能读成“ge”或与其相似的读音，时间长了以讹传讹，结果清代时的郑家庄到了现代叫作郑各庄。这样的例子还有很多，比如“解放军”这三个字在新中国成立初期，在有些地方还读成“盖（音）放军”，道理是一样的。要是不了解中国古音韵学知识，我们即使穿越回到清代也没用，因为他们说的话我们听起来简直就是天书。这还是离我们最近的清朝，要是回到南北朝，当那时的人开口一说话，我们肯定会认为他们说的不是汉语，而是外星语。

我们解释古代地名要用历史的眼光去分析。在清代前期，“弘晳”两字的发音跟“平西”两字很接近，大约到了乾隆后期至嘉庆时期，“弘晳府”就演变成“平西府”，并且流传至今。后来又演绎成平西王府，成为郑家庄王府新的名称。

除了平西府之外，当地还有所谓的平西王坟，这个平西王坟实际上是弘晳的坟地。弘晳这位昔日郑家庄王府的主人，死时由于没有爵位，就被葬在郑家庄西南的黄土南店村。[①]按照清代的宗法制度，没有爵位的人也就失去了死后建立园寝的资格，弘晳的葬地也就不能称作理亲王家族坟地。随着“弘晳府”被讹为“平西府”之后，

---

①冯其利:《寻访京城清王府》，文化艺术出版社，2006年版，第112页。

弘皙的坟地就被当地人称为平西王坟。

冯其利在其《清代王爷坟》一书中写道："弘皙墓地占地十五亩，东到老赵家，南至黑塔寺吴七房后，西边是车道，北边与黄土北店村接壤，如今有京包线铁路在两村搭界处通过。坟地坐东朝西，双立祖，除了弘皙的砖宝顶之外，有废太子、理密亲王允礽的第十一子弘晌的大土坟一座。"冯其利早年曾对弘皙的坟地做过调查，早在1922年的时候，当时的看坟户吴锁便开始以挖平西王坟的黄土维持生计，弘皙坟地的黄土被挖去一部分。至1924年以后，弘皙的后裔溥贵岩、溥阔臣陆续到弘皙坟地伐木变卖，1938年弘皙墓葬被盗。1960年，当地政府把弘皙墓平毁，改建成了公共墓地。

根据夏连保先生的研究，冯其利所谓"双立祖"，未知何据。盖不能以墓地上有坟两座就视为双立祖。按：弘皙卒时已被逐出宗室，不唯一庶人，而且亦是一罪人矣。以其为东宫嫡子支脉故，其后人亦不能不受朝廷严密监视控制。而弘晌并未被逐出宗室，虽然亦为废太子之后，然乾隆二十八年（1763年）卒时，仍是闲散宗室，而弘皙当时仍未复其宗籍。二人唯以同为允礽之后，故葬于其家族地产中已，弘晌后人万不敢冒大不敬，以立双祖为名而祀罪人弘皙，弘皙之后人亦万不敢以被黜出宗籍之身份以立双祖之名而抗旨复冒宗籍。恐此说法亦与传统宗法制度相悖，以数千年中国之历史之考察，亦未见有立双祖者也。且清室对宗室有宗人府专门管理，如公然以立双祖为名，朝廷岂可听其所为而不顾？[①]

当时郑家庄西南的黄土南店村一带，属于理亲王家族的私人领地。弘皙的墓冢虽然被破坏，但是他长埋于此，向世人证明他才是这块土地的真正主人。

二、郑家庄王府的政治历史烙印

郑家庄王府从康熙五十七年（1718年）十二月开始兴建，到乾隆二十九年（1764年）三月被故意平毁，历经近半个世纪。郑家庄王府因废太子允礽而兴建，又因他的嫡长子弘皙而衰败，整个兴衰过程也是这父子二人悲剧一生的缩影。从表面上看，郑家庄王府只是经历了康雍乾三朝、允礽父子两代人，这父子两人都是清朝最高权力争夺战的牺牲品，但实质上，郑家庄王府为整个清朝的皇太子之争画上了最终句号。

清朝是满族人建立的大一统封建王朝，满族人在努尔哈赤之前一直生活在偏远的东北地区，其社会组织结

---

①宋大川、夏连保：《清代园寝制度研究》，文物出版社，2007年版，第401—402页。

构较为落后。在这种特殊环境影响下，满族人逐渐形成了特有的民族属性与社会风俗，这种特有的属性与风俗扎根于每一个满族人的心里，流淌在每一个满族人的血液里，对清王朝产生了重要影响。这种影响并没有随着爱新觉罗家族走出东北、打进北京城成为全国性政权而消失，反而进一步发展扩大，把它的触角延伸到清王朝的每一个角落。其中影响最深远的就是最高权力之争，也称为接班人之争。

从努尔哈赤时期的汗位争夺，到皇太极时期的推选皇帝，再到顺治时期的立子之争，最后发展到康熙时期的两次废立皇太子，四代人的接班人斗争一次比一次激烈，一次比一次复杂。从中国历史上看，从来没有哪一个大一统封建王朝的接班人斗争像清朝这样连续出现问题，其复杂程度堪称全球第一。如果把整个中国历史上接班人斗争比作一部戏的话，可以说康熙时期两次废立皇太子无疑是这部大戏的最高潮部分。

康熙帝是一位雄才大略的君主，作为清朝入主中原后的第二代皇帝，他敏锐意识到本民族过去的接班人制度存在着很大问题。清朝统一中国后，环境变了，时代变了，在接班人的问题上也必须要进行改革，否则就会从根本上削弱清朝统治。康熙帝迎合时代潮流，按照汉族的嫡长子制度立允礽为皇太子，本想通过这种制度实现皇位的平稳交接。没想到事与愿违，康熙帝高估了自己的权威，低估了满族人的旧俗，他的这一决定不但没有解决问题，反而使问题复杂化，把接班人的斗争推向了高潮。

康熙帝两次废立皇太子允礽，在中国历史上可谓是前无古人后无来者的大事件。整个事件的最大受害者就是允礽、弘皙父子。允礽是康熙帝嫡长子，也是清朝唯一官方册立的皇太子，是皇位的第一法定继承人，本来大有希望成为下一任皇帝。没想到允礽在满族人旧俗与反对势力的联合进攻下，被康熙帝两次踢下皇太子之位，最终沦为阶下囚，老死于囚禁地。弘皙是允礽嫡长子，如果允礽能够顺利继位，那么他就会成为无可争议的下一代皇帝继承人。弘皙最后的结局跟允礽一样惨，怀着无限的愤恨与不甘死于禁所。从个人角度看，允礽父子是不幸的，因为他们背负了本来不该由他们背负的历史包袱。

正是由于有了允礽父子的惨痛教训，清朝统治者才改变了中国整个封建王朝延续上千年的皇位继承制度，探索到适合本民族特点的皇位接班人制度，最终通过“秘密立储”这种新途径实现了皇位传承的基本稳定。从历史角度看，允礽父子又是幸运的，因为他们改变了历史，为清朝的长治久安做出了无人能及的卓越贡献。

纵观中国历史，秦始皇统一六国，建立中国第一个大一统封建王朝，紧接着汉高祖刘邦推翻暴秦建立西汉。西汉统治者鉴于秦朝灭亡的历史教训，正式册立皇帝嫡长子为皇太子，这项制度也成为中国封建王朝的第一配套制度。这项制度历经千年，虽然出现过许多问题，但是大的方向与理念没有变，但是该制度在允礽身上走到终点，到他儿子弘皙身上彻底消亡。昌平郑家庄见证了这父子二人的悲惨命运，不但为清朝的皇太子之争画上句号，也为中国整个封建王朝的嫡长子太子制度画上了句号。

第二章　清王朝三代接班人的斗争

第一节　努尔哈赤称汗与第一代接班人之争

一、“英明汗”努尔哈赤

明朝万历十一年（1583年）五月，在国家的东北边陲，一个小小的落魄女真部落酋长努尔哈赤率兵起义。说其起义，并不是起兵与明朝作战，而是率部与同胞展开不是你死就是我亡的战争。这种情景在明朝统治者眼里司空见惯，并不是一件大事，因为这样的事件年年都会发生很多起。在明朝政府看来，一方面努尔哈赤只不过是一个没兵没权的小酋长，在经历祖父、父亲之死后，其部落基本上已经分崩离析，毫无威胁可言，他这种自寻死路的做法明朝政府乐于作壁上观；另一方面，东北女真各部之间的争斗与内讧，与明朝“以夷制夷”的大政方针完全符合，他们不斗争，明朝就无法有效地控制东北地区。

你们都打吧，打完了我才好收拾残局！——万历皇帝语录。

为什么说努尔哈赤所谓的“十三遗甲起兵”在当时没有多大影响力呢？因为在明朝和女真其他各部看来，努尔哈赤起兵不过是想抓住最后一根救命的稻草，这样做的目的只有一个——活命！原因跟当时东北女真各部的政治形势有关。万历年间，东北地区的女真人大致分为三种：建州女真、海西女真和野人女真。建州女真内部又有十几个大部落，每个大部落里面又有几十个小部落。按照基本的乘法计算，仅建州女真像努尔哈赤这样的小部落就多如牛毛。再加上海西女真和野人女真，整个女真部落的数量没有一千也得八百，也就是说从部落实力来讲，努尔哈赤所属部落只占全女真的千分之一。

从当时东北地区政治局势来看，刚才的分析其实是抬高了努尔哈赤殿下，因为他所属的部落本身就不大，仅仅是一个氏族大家庭而已。努尔哈赤的祖父觉昌安领导着他的几个儿子，他父亲塔克世又领导着几个儿子，下面还有数量很少的跟班与奴隶，整个部落加起来也就是几十个人，而且组织也很松散，仅仅是依靠血缘关系维持的一个原始部落大家庭。当初起兵之时，努尔哈赤基本上就是一个光杆司令。

根据相关史料记载，努尔哈赤起兵之时，“兵不满百，甲仅三十副”[1]。努尔哈赤仅仅是带领一支不到一百人的队伍，而且战马盔甲很少，只有三十副，平均三个人才有一副战甲。这个队伍人数已经相当少了，但是就这些少得可怜的队伍也不全是努尔哈赤的。努尔哈赤在起兵攻打仇人尼堪外兰的图伦城时，并不是一个人，而是联合尼堪外兰的另外两个仇家——嘉木湖寨主噶哈善、沾河寨主常书和他的兄弟——组成的“复仇联军”一起攻打（敌人的敌人就是朋友）。

这样算起来努尔哈赤的部队充其量不超过三分之一，往多了算最多四十人（一个排的兵力）。在当时所有人看来，仅仅依靠这三十几个人就妄想统一女真建立政权，征服全中国，无异于痴人说梦。就眼前这点人，随便一场仗打下来，努尔哈赤的一个“排”就得全军覆没。

年轻的努尔哈赤（时年二十五岁）起兵名义上是为

①《清太祖实录》卷一，第27页。

了报祖、父之仇，其实质是为了保全性命，也是为了维护最后的尊严。

杀父之仇不共戴天，光脚的不怕穿鞋的。不起兵家族早晚要分崩离析，自己早晚也会像条狗一样让仇人赶尽杀绝。横竖都是死，索性咱们来个鱼死网破，我活不成，也不能让你们好过！就这样努尔哈赤率部众几十个人以“十三副遗甲”起兵。起兵的口号是报杀祖、父之仇。其祖、父是被明军所杀，但是努尔哈赤义无反顾地把报仇目标对准女真同胞——图伦城主尼堪外兰。出现这种匪夷所思的事情，还要从其祖、父被杀的缘由说起。

万历十一年（1583年）二月，辽东总兵李成梁率领大军围攻女真强酋阿台的老巢古勒寨。攻打阿台是因为阿台和他爹王杲数十年与明帝国作对，不停地在东北边境折腾，率领部落人马不断袭扰明军，攻击明朝边境城池。通过数十年的游击战，王杲与阿台父子俩不但发了大财，还成为女真部落中少有的强大部落，大有“炸平庐山，停止地球转动”之势。

鉴于对东北地区女真各部平衡的需要，早在万历二年（1574年），明朝政府就派东北悍将李成梁率军剿灭王杲。李成梁带领军队围杀王杲寨落，并于万历三年（1575年）擒获王杲。明朝为了显示国家权威，震慑女真各部，将王杲押回北京磔于市。王杲死后，其子阿台为了报杀父之仇，继续与明军作战。李成梁对其安抚不成，遂决定对阿台的部落斩草除根。

古勒寨是阿台的老巢，宁远伯李成梁率军把古勒寨围了个水泄不通，虽然围困了古勒寨，但是久攻不下。不是李将军无能，实在是这个古勒寨太难打。东北地区山高林密，又到处都是河，遇到一些险要关口连个马都没办法骑，更别说大部队行军了。女真人世居于此，对地形极为熟悉。王杲父子能够屡胜明军，坚守险寨是法宝之一。阿台的老巢古勒寨更是山峭地险，“三面壁立，壕寨甚设”，基本上是三步一险，五步一关。这些关隘险口给明军行军带来极大困难，也给明军带来了很大伤亡。

为了减少伤亡和掌握地形，李成梁找来很多当地的向导。说是向导，并不是张三李四王二麻子这样的小人物，而是当地各个部落首领。李将军率领的大军所到一处，就召集当地首领开大会，大概意思是说明朝大军这次的目标是要剿灭阿台，其他人不要惊慌，抵抗者玉石俱焚，合作者封官赏赐，你们看着办吧！

这些部落首领都是人精：明朝是天朝上国，谁敢得罪（精神压力），和明朝合作还能有功受赏（物质诱惑）。

在座的各位部落首领毫不犹豫地选择了后者，充当明军的女真奸。这些部落首领里面就有努尔哈赤的爷爷和父亲——觉昌安父子。觉昌安不但认识王杲父子，还和阿台是联姻关系，他的孙女是阿台的妻子。看来到了生死关头，亲家也是靠不住的。觉昌安投到李成梁麾下，为明军攻灭阿台提供了有力的地形保障，因为觉昌安就是活地图。

在觉昌安等部落首领的引领下，明军很快就扫清古勒寨外围的抵抗。但是由于古勒寨地势险峻，阿台等人坚守险寨最后一个据点，采取拖延的办法，打算把明军拖死，无论李将军怎么忽悠就是不出兵与明军作战。明军久攻不下，伤亡也极其惨重。李成梁率领大军久处凶险之地，也非万全之策，于是他决定派部落首领去寨里劝说阿台投降。不知是出于何种原因，觉昌安父子混进了防守严密的古勒寨。不久之后李成梁派人询问各部首领，问他们为什么劝降的事情还没办成功。没想到这简单的一句问话改变了中国历史。

李成梁也就是随便问一句，没别的意思。可能是传话的人语气有点生硬，使其中一个女真奸首领尼堪外兰害怕了，以为这是太师李成梁下达的最后通牒，再这样拖延下去惹怒了李太师，搞不好自己也得送命。情急之下尼堪外兰急中生智，向寨中大声喊话:“李太师有令，谁杀死阿台，谁就做古勒寨的寨主!”

此话一出，寨中顿时大乱，有讲义气的人就有不讲义气的人，很多人城也不守，拎起手中的片刀就去找阿台拼命（寨主谁不想当）。明军看到有机可乘，便挥兵猛攻寨门，在内外夹击下，古勒寨很快便被攻破。明军占领古勒寨之后，由于之前伤亡惨重，士兵杀红了眼，早就把民族政策抛到脑后，对寨中进行大肆掠夺。可怜的觉昌安父子也被乱军杀死，还没等父子俩亮出“自己人”的身份，便一命呜呼。父子俩死得确实比窦娥还冤。

祖、父之死，成为努尔哈赤起兵的导火索。虽然明朝政府在查明事情原委之后，给了努尔哈赤一个交代，包括送还两人的尸体，赏赐努尔哈赤“敕书三十道，马三十匹”，另外给了他一个指挥使的虚衔，让他在家老实待着别惹事。[①]努尔哈赤虽然内心对明朝和李成梁恨之入骨，但因实力太小，敢怒不敢言，便把复仇的目标对准图伦城主尼堪外兰。冤有头债有主，要不是你尼堪外兰信口雌黄，假传军令，我爷爷和我爹也不会被明军所杀，因此努尔哈赤起兵之后，第一个攻打的就是尼堪

---

① 《清太祖实录》卷一，第26页。

外兰的图伦城。

令所有人都没有想到的是，这个小小的年轻酋长打起仗来一发不可收拾。

万历十一年（1583年）五月，攻占尼堪外兰的图伦城，把尼堪外兰打成了游击队长（出来混，迟早要还的）；

万历十三年（1585年）四月，与哲陈等部大战凡浑河畔，八十人追着八百人跑；

万历二十一年（1593年）九月，与叶赫等九部联军大战古勒山，几千人把三万人打退；

万历二十七年（1599年）九月，灭海西女真哈达部；

万历三十五年（1607年），灭海西女真辉发部；

万历四十一年（1613年），灭乌拉部；

万历四十七年（1619年），与明军大战萨尔浒，击退明军二十多万人。

努尔哈赤在三十多年时间里，打了大小百余战，胜多败少，在当时可以说是打遍天下无敌手。经过三十多年的血战，努尔哈赤逐步统一了女真各部。羽翼丰满之后，努尔哈赤最终亮出他的獠牙，不但要在东北地区裂土称王，还要报仇雪恨，与明朝展开激烈的地盘争夺战。

万历四十四年（1616年）正月，努尔哈赤在赫图阿拉（今辽宁省抚顺市新宾县）被诸部落共同推举为大汗，建立政权，国号“金”，年号“天命”，史称后金，努尔哈赤被尊为“覆育列国英明汗”。[①]此时的努尔哈赤已经征服了大部分女真各部，手里掌握了数万人的部队。早在辽契丹人统治女真时期就流传着一种观点——不能让女真人的部队上万，一旦上万，则天下无敌。“英明汗”努尔哈赤手里有了数万八旗军队，也就有了与明朝抗衡的资本。在野战方面，女真人更是无人能挡，与明军作战屡战屡胜，几乎没有败绩。论野战能力当时八旗骑兵的战斗力确实天下无敌。

后金天命六年（1621年），努尔哈赤通过智取和强攻，占领明朝在东北地区的两大中心——沈阳与辽阳，完全控制了东北地区。“自东海至辽边，北自蒙古嫩江，南至朝鲜鸭绿江，同一语音者，俱征服，是年诸部始合为一。”[②]

从那时起，“英明汗”努尔哈赤成为名副其实的东北王，明朝已经无力维持在东北地区的控制权。“英明汗”的诞生与后金的建立，为日后清朝的建立、满族的形成奠定了坚实的群众基础。

---

① 《清太祖实录》卷五，天命元年正月壬申。

② 《清太祖实录》卷六，第92页。

二、具有地方特色的后金政权

明万历四十四年（1616年）后金政权建立，努尔哈赤从一个部落小酋长，摇身一变成为万民敬仰的“覆育列国英明汗”，后金的最高统治者。古人云：“与君王交，同甘苦易，共富贵难；与匹夫交，共富贵易，同甘苦难。”

按照我国“优良”的历史传统和万年不变的历史规律，一个政权建立之后，下一步就开始内斗，政治斗争逐渐成为后金的政治主线。毕竟以前大家都穷的时候，谁也不抱怨，不患寡而患不均。一旦有钱有势，思想上就会来个一百八十度大转弯，凭什么你当老大？凭什么他比我官大？某某人何德何能在我之上？许多人开始不务正业，脑子里所思所想都变成“十万个凭什么”。后金虽然是少数民族建立的政权，但是无法逃脱这个历史规律。

“英明汗”努尔哈赤能够打下万里江山，当上名副其实的东北王，靠的是什么？一人计短，百人计长，光凭他自己即使有通天的本领也得被如来佛祖压到五指山下。努尔哈赤能够当上“英明汗”，主要依靠三点：

一是本领大，敢拼命，会使计，智商、情商都高人三等；

二是兄弟、子侄辈听指挥，能打能冲，敢和敌人玩命；

三是八旗制度（这个最厉害）。

鉴于以上三点，努尔哈赤当上东北王之后，他的兄弟和跟班（五大臣），还有儿子们、侄子们、孙子们都当了大官，拥有大量人口和财富，并且手中掌握兵权。政治斗争也就在这些人中上演了，都是兄弟亲人，大家低头不见抬头见，斗什么呢？既不斗气，也不斗财，政治斗争的核心就是谁当“英明汗”的接班人，说白了就是“英明汗”死后，谁当下一任大汗。这可是一个大是大非问题，无数人飞蛾扑火般地投入这个残酷的政治游戏中，目的就是想得到大汗宝座，成为后金最高统治者。

千里江山，引无数英雄竞折腰。尤其是“英明汗”努尔哈赤的兄弟和儿子们，为了大汗宝座，彼此撕破脸，拉开了战幕。

后金是以女真人为主体的政权，从女真人到后来的满族人，他们有自身的民族特点，因此后金政权也处处体现女真人的性格和气质。这种民族特点对汗位继承人，到后面皇位继承人的变迁产生了深远影响。努尔哈赤生活的时代，女真人长期生活在东北地区，由于受到自然环境的影响，其社会组织形式发展缓慢，始终处于较低水平。

从其远祖商周时代的肃慎，到汉唐之际的勿吉、靺鞨，再到宋辽金元明时期的女真，女真人虽然经历了数次汉化，在辽宋之际也建立过强盛一时的完颜氏金国，但是直到明代依然生活在原始社会时期。女真人的社会组织结构依然是以家庭为主的父系氏族形态，再到氏族部落联盟，相当于中原文明的新石器时代晚期阶段，落后中原华夏文明三千多年。国家名称虽然叫金国，有年号（天命），但是最高统治者称为大汗，这是典型的游牧型少数民族在较低级社会组织结构下对领导者的尊称，属于自发式武力崇拜的原始形式，因此大汗对整个国家具有绝对控制权。

女真人的上述特点，决定了努尔哈赤领导的后金政权具有三大显著特征：

第一，努尔哈赤氏族父权思想浓厚，他不但是后金的"英明汗"，更是后金全体臣民的大家长，具有至高无上的权威（汗非只一二人之父，乃举国之父也），他和他的家族是所有臣民的主子（天子为汗，汗子为诸贝勒大臣，诸贝勒大臣之子即为民，主之子即为奴）。所有后金统治下的臣民都是努尔哈赤家族的奴隶，这个家族对他们有生杀予夺之权。后世清朝官员厚颜无耻地喜欢自称"奴才"就是从这里来的。

第二，原始氏族时期的军事民主思想在天命汗时期占有一定地位。在天命政权内部，努尔哈赤家族是上层建筑，八旗制度是基础。八旗的几个旗主贝勒有很大的独立性，掌握财政权和人事权，还拥有自己的军队。旗主虽然都唯大汗马首是瞻，但八旗之间没有隶属关系，因此在大的军事行动之前，大汗和八旗旗主需要进行协商，统一行动。这种思想在女真人眼里是合理合法的，相反独裁专权式的命令被认为是“有违祖制”，这种思想也为后面接班人斗争高潮埋下伏笔。

第三，在汗位继承人问题上，女真人有约定俗成的社会传统。处于原始部落时期的女真人，父亲的家产往往都是由幼子继承，年长诸子都要分家单过，自力更生，混得好不好都要靠自己，不能和父母共处一室，“生女真之俗，生子年长即异居”①。这种幼子继承制习俗在尚武的少数民族随处可见，蒙古族也是流行这种幼子继承制度。“英明汗”努尔哈赤本人也是十九岁便与父亲分家单过，挖过参，贩过马，靠自己的双手打江山，没获得过父母任何物质财富，算是实实在在的富一代。但是女真人幼子继承制度继承的重心偏重于家产，而上层贵族中

---

①《金史》卷一《本纪第一》《世纪》，第23页。

关于酋长头衔等政治权力的继承又有兄终弟及的传统，完颜氏金国便施行这种制度。

正所谓“成也萧何，败也萧何”，女真人这些特有的传统习俗影响着努尔哈赤，也影响着后金的权贵们。后金政权中与中原文明格格不入的旧习俗旧传统，最终通过大汗宝座争夺战集中爆发。

三、三都督舒尔哈齐

努尔哈赤经过几十年如一日的浴血奋战，逐渐成为女真各部落中最大的酋长，其权势与地位早在称汗建国之前已经确立。随着努尔哈赤渐渐老迈，其“大酋长”的政治头衔也成为众人争夺的焦点。后金建国之前，女真人“兄终弟及”的旧传统使舒尔哈齐成为这场政治斗争的第一个牺牲品。

舒尔哈齐,“英明汗”努尔哈赤的三弟，是努尔哈赤同父同母的亲兄弟，人送外号“三都督”。万历十一年（1583年）起兵之时，舒尔哈齐便追随大哥努尔哈赤一起南征北战。当初起兵时条件极为艰苦，缺兵少将，没武器没装备，又都是年轻人，努尔哈赤的长子褚英才三岁。打仗是个技术活，别人又靠不住，努尔哈赤只能依靠亲兄弟。努尔哈赤兄弟五人，他是老大，虽然下面还有四个弟弟，但三弟舒尔哈齐是努尔哈赤最重要的得力助手和干将，也是他最信任的人。

在统一女真各部的过程中，舒尔哈齐性格彪悍，勇猛善战，表现突出，逐渐成为努尔哈赤的左膀右臂。努尔哈赤是一把手，他一直充当二把手的角色。在遇到重大事件时，兄弟二人都是共同商议（兄弟始登坌而议，继则建台，策定而下，无一人闻者）。在明朝人看来，舒尔哈齐本人作战勇猛，足智多谋（多智习兵）；从朝鲜人的记载来看，舒尔哈齐本人亦是功勋卓越，威望极高①，二者都把舒尔哈齐和努尔哈赤相提并论，两人都是女真强酋。

从当时二人的军事实力来看，也是旗鼓相当。朝鲜人河世国于万历二十三年（1595年）访问过女真部落，看到的真实情景是：努尔哈赤手下有士兵一万人左右，战将一百多员，战马七百余匹，而三都督舒尔哈齐手下也有五千多人，战将五十多员，战马四百余匹。他去拜见这两位女真强酋时得到的待遇也都一样，几乎没有高低之分。②另一个朝鲜人申忠一看到的情景是：二人同时

①［朝鲜］李民寏：《建州闻见录》："有战功，得众心。"

②周远廉：《清朝兴起史》，广西师范大学出版社，2006年版，第69页。

修建的房屋，基本上也都是一个级别。《朝鲜李朝实录》记载，朝鲜人称努尔哈赤为老乙可赤、老酋，称舒尔哈齐为小乙可赤、小酋。从称呼上来看，舒尔哈齐与努尔哈赤的地位也是并驾齐驱，二人在女真部落中都是有头有脸的大人物。

随着努尔哈赤占领的地盘越来越大，征服的部落越来越多，舒尔哈齐也水涨船高，拥有大量人口和兵将，称雄于女真部落。有了地位和财富之后，舒尔哈齐的政治野心也越来越大，开始不满足现在的二把手现状，有想当一把手的强烈愿望，不要一人之下，只要万人之上。要实现这个目标，只有两种可能：

一是继承努尔哈赤的政治衣钵。

二是另建山头单干。以前算是搭伙造反，现在造反有了成果，自己有人有山头，要另起炉灶。

在舒尔哈齐看来，按照女真原有的社会风俗，兄终弟及是有可能的，打了十几年的仗，努尔哈赤也老了，传位给他是迟早的事情。没想到这个希望很快就破灭，一方面努尔哈赤身体好，并无英年早逝的迹象，反而越活越妖；另一方面随着努尔哈赤的儿子们逐个长大成人，舒尔哈齐越来越不受大哥待见，军国大政努尔哈赤和他的儿子们全部打包，没给他留一点机会。跟大哥混了近二十年，政治上的事情到头来只能完全靠边站，舒尔哈齐似乎闻到了浓浓的阴谋味。

“大哥，你太不够意思了，我们刚有点胜利成果，你就想把我一脚踢开，玩‘飞鸟尽，良弓藏；狡兔死，走狗烹’的把戏。看来接班是不能指望了，要想当一把手只能自己单干。”

同时，明朝政府在这亲兄弟俩反目成仇上面也是功不可没，狠狠地烧了几把火。要阴谋、玩诡计，明朝的政治老油条们干起来那是轻车熟路。明朝政府看到舒尔哈齐实力雄厚，可以与努尔哈赤相抗衡，便对其百般拉拢，目的就是要分裂敌人内部，使其祸起萧墙，以达到削弱敌人的目的。①

三都督舒尔哈齐曾经四次单独领人进京朝贡。明朝政府都是挖空心思，想尽一切办法拉拢他。政府高官亲自超规格接待，送钱送物送美人，最重要的是送“帽子”，许愿让他管理女真各部，明确表态我方完全支持你跟努尔哈赤对着干，自己当一把手。老太师李成梁重新被起用之后做得更绝，上任之后干的第一件事，就是让儿子李如柏娶了舒尔哈齐的女儿当妾，给努尔哈赤来

---

①《熊廷弼书牍》卷一，第35页“间速酋，以断其手足”。

个釜底抽薪。要说姜还是老的辣。

有人有钱有政治靠山，舒尔哈齐想要独立的思想越发强烈，对大哥也是越来越不满，从行动上开始闹独立，开展了“非暴力不合作”运动。具体表现为：

一是嘴上没把门的，天天牢骚不断，逢人便说郁郁不得志。对朝鲜使者说：以后你们要有礼品相送，不能厚此薄彼，大哥那边都是一等品，送给我的全是二等品。①

二是工作态度消极，出工不出力。万历二十七年（1599年），努尔哈赤征哈达部，其他部队都奋勇杀敌，只有舒尔哈齐的部队行动迟缓，遭到努尔哈赤的严厉训斥；万历三十五年（1607年）乌碣岩大战，努尔哈赤借口舒尔哈齐作战不力，要杀他手下的二将。舒尔哈齐据理力争，表示：要是杀了这二人就等于杀我，大哥你不能这样干（诛二臣，与我死无异）。②努尔哈赤不得不收回成命饶了二将。这件事让努尔哈赤很没面子，兄弟二人之间已经彻底决裂。

舒尔哈齐实力不如大哥，又不能接班，处境越发微妙，最后决定铤而走险。万历三十七年（1609年）年初，

---

①［朝鲜］申忠一：《建州纪程图记》：“日后你佥使若有送礼，则不可高下我兄弟。”

②《清太祖实录》卷二，第49页。

舒尔哈齐带领几个儿子和部属离家出走，把大本营扎在黑扯木（今辽宁省清原县黑石木村），脱离了努尔哈赤，要自立为王。舒尔哈齐这种擅自脱离组织，有组织无纪律的行为彻底越过了努尔哈赤的底线，也激怒了这位“猜厉威暴”的东北王。

你小子敢出走闹独立，我就废了你。

努尔哈赤当机立断，二话没说先杀了舒尔哈齐两个儿子，然后烧死其心腹爱将，紧接着就向全东北地区发布大汗令，宣布在经济上制裁舒尔哈齐，没收赐予他的所有人口和财富。大汗令一发出，舒尔哈齐彻底成了女真部落的孤家寡人，没人没钱没粮，总不能天天带着手下去山上挖野参。没过几天，部属便分崩离析，纷纷倒戈，回归努尔哈赤的怀抱，“三都督”舒尔哈齐顷刻间变成“光杆都督”。

舒尔哈齐看到大势已去，明白这辈子注定是斗不过大哥，便负荆请罪跑到努尔哈赤帐前，声泪俱下地请求原谅：我的一切都是大哥赐予的，我还要闹独立，实在是该死（兄汗之养甚厚，吾欲另住，实不当也）。[1]

但为时已晚，冷酷无情的努尔哈赤不会再给亲弟弟

①《满文老档 · 太祖》卷一。

任何机会，更不会留下这个会给儿子带来麻烦的兄弟。看完三弟的表演之后，努尔哈赤便把舒尔哈齐囚禁起来，没过两年正值壮年的舒尔哈齐便一命呜呼，横死狱中（政治暗杀）。

舒尔哈齐死了，女真风俗中所谓兄终弟及的旧有观念，被老谋深算的努尔哈赤彻底击碎。舒尔哈齐的死可谓是一箭三雕，既能保住努尔哈赤“即使你背叛了我，我也不杀亲弟”的好名声，又除去后金政权中的一大政治隐患，同时又为儿子在继承汗位的问题上铺就了金光大道。

从个人角度看，舒尔哈齐不是笨人蠢人，其个人能力极强，有勇有谋，但是在“智商情商高人三等”的努尔哈赤面前，三个舒尔哈齐也不是努尔哈赤的对手。从历史大规律来讲，分久必合，合久必分。女真各部落分裂了几百年，历史车轮走到统一的十字路口，各部落在努尔哈赤的带领下，正在快速融合和统一，这种趋势任何人都无法阻挡。舒尔哈齐的自立梦想被历史车轮狠狠地碾轧，被压碎的不仅仅是他想自立为王、分裂女真的行为，连带他的生命也随之烟消云散。

四、“英明汗”长子褚英

褚英是努尔哈赤的长子，生于万历八年（1580年），母亲为佟佳氏。佟佳氏是努尔哈赤原配正室，也是他发迹之前的糟糠之妻。佟佳氏为努尔哈赤生了两个儿子，老大是褚英，老二是代善，这两个儿子也是努尔哈赤的长子和次子。佟佳氏命短，没赶上努尔哈赤称汗称王，三十岁出头就病死。她的两个儿子也是一对苦难兄弟，都与大汗之位失之交臂。老大褚英甚至为此丢掉性命，跟他三叔舒尔哈齐一样被努尔哈赤所杀，成为这场政治斗争的第二个牺牲品。

褚英三岁那年，努尔哈赤便起兵报仇。当时是努尔哈赤把脑袋别在裤腰带东征西战的关键时期，过了今天还不知道能不能看到明天的太阳，因此对这个长子无暇顾及。褚英小时候也没受过文化教育（没文化），从小练的都是舞刀弄剑的本事，对待任何事情的看法也是“狠”字当先。所谓两军相遇勇者胜，这种思想从根本上害苦了这位原本大有前途的大汗长子。

作为努尔哈赤的长子，褚英很小就随军作战，帮助父亲打江山。虎父无犬子，褚英不但自身武艺高强，能打能射，而且带兵打仗也是一把好手。万历二十六年

（1598年），年仅十八岁的褚英就首次率领一支一千多人的队伍，征讨安楚拉库并且首战告捷，夺取敌人村寨二十多处，俘获的人口和牲畜以万数计，大胜而归。[1]

这次胜利意义重大，褚英是长子，长子的优异表现让努尔哈赤倍感欣慰，打仗亲兄弟，上阵父子兵。以往出兵打仗，努尔哈赤都是带领兄弟和五大臣，下一代能够独立领兵作战独当一面，使努尔哈赤又增添一股最可靠的政治力量，统治基础更为牢靠。鉴于这次战斗的英勇表现，努尔哈赤赐予褚英"洪巴图鲁"的称号，意为旺盛的勇士，并立刻晋升其为贝勒（看来还是儿子亲）。

褚英人生最为精彩的一笔展现在乌碣岩大战。万历三十五年（1607年）三月，二十七岁的褚英参加了与乌拉部贝勒布占泰争夺地盘的乌碣岩大战。在这场决定建州女真盛衰的大战中，褚英表现英勇，指挥得当，为最后的胜利立下大功。当时双方力量悬殊，敌人上万，己方只有三千人，并且乌拉部贝勒布占泰也不是善茬，手下人马战斗力极强，都是不要命的主。再加上"现场指挥官"三都督舒尔哈齐出工不出力，建州女真基本上算是群龙无首，眼看就要有全军覆没的危险。

---

①《满洲实录》卷二，第107页。

在这千钧一发之际，褚英勇于担当，领着弟弟代善亲自督战，指挥各路部队猛攻乌拉部，利用分军袭击敌人的战术，取得战斗的最后胜利。此战之后，女真各部望风臣服，再也没有哪个部落能够与努尔哈赤相抗衡（其势大盛，雄于诸部）。[①]此役过后，努尔哈赤赐予褚英“阿尔哈图土门”的称号，意为广略，因此褚英外号“广略贝勒”。努尔哈赤在称赞褚英有勇有谋的同时，认为其可堪大任，面对三弟舒尔哈齐在政治上步步紧逼的不利局面，让褚英担当接班人的想法越发强烈。

万历三十六年（1608年），褚英作为主将，带领贝勒阿敏率军五千征讨乌拉部，攻克宜罕山城，杀敌一千多人，缴获战甲三百多副，俘虏大量人口牲畜胜利而归。经过多次的军事历练，五十多岁的努尔哈赤到了知天命的年龄，认为长子褚英有能力继承他的事业，便于万历四十年（1612年）把建州女真的国政大权交给褚英。努尔哈赤的意思很明确：将来我死了，我的位置让广略贝勒来坐，你们都要接受他的领导。

努尔哈赤这个接班人任命算是捅了马蜂窝，因为在女真社会风俗中，从来没有长子应当继承父亲全部家产

---

①吴晗辑：《朝鲜李朝实录中的中国史料》第八册，中华书局，1980年版，第3085页。

的先例，也就是说褚英执政是不被社会、家族所承认的，只是努尔哈赤的一厢情愿。下面还有很多兄弟，父亲的财产这么丰厚，你全包圆，让我们去喝西北风？都是努尔哈赤的子孙，凭什么你吃独食？因此褚英当上国家二把手之后，政治上受到各方面的强烈抵制。内有“四大贝勒”暗中搞破坏，外有“五大臣”阳奉阴违，各项工作很难展开。

“四大贝勒”分别是大贝勒代善、二贝勒阿敏、三贝勒莽古尔泰、四贝勒皇太极，这四人是努尔哈赤“爱如心肝之四子”，是国家的柱石。他们都是有权有势、有兵有将的旗主贝勒，对所在旗内一切事务有生杀予夺之权，因此根本没把嗣君褚英放在眼里。

“五大臣”分别是费英东、额亦都、扈尔汉、何和里、安费扬古，这五人最早跟随努尔哈赤打天下，在统一女真过程中立下过汗马功劳，是国家的开国元勋。这五人跟随努尔哈赤打天下的时候褚英还在襁褓之中，在他们眼里，褚英根本不配当国家一把手。努尔哈赤立嫡长子为嗣君的做法，引起他们强烈不满。“五大臣”一致认为这不符合祖宗规矩，是赤裸裸的独裁专制，对褚英的各项命令更是不屑一顾。

这些势力强大的反对者，使褚英执政之路举步维艰，也让他变得更加疯狂。年轻的褚英是在刀尖上混饭的，从小接受的教育就是凡事都拿刀子说话。他的政治谋略和权术近乎零，不懂得什么叫树大招风、低调做人、口蜜腹剑、暗度陈仓、欲擒故纵、借刀杀人、拉帮结派，只知道一味地用武力进攻，认为这是消灭对手的最好办法。

按照这个逻辑，褚英开始用他的“硬碰硬”办法执政，具体表现为：思路上，趁着努尔哈赤在世之际逐步剥夺反对者的财富和权力，以便巩固接班人的地位；手段上，肆无忌惮地向其他兄弟索要财物；语言上，威胁他的弟弟们要效忠于他，不然就惩罚他们，甚至说出“吾即汗位后，将杀与吾为恶之诸弟、诸大臣”这样政治上的蠢话。

褚英这样不知韬光养晦、杀气腾腾的语言，让“四大贝勒”和“五大臣”都感到人人自危。这种威胁使得原本就钩心斗角、互相拆台的“四大贝勒”放弃以前的固有成见，决定手拉手一致对外。咱们不打了，先把褚英拉下台，不然大家最后都得一起完蛋。

于是“四大贝勒”与“五大臣”一起暗中策划，联合向努尔哈赤告发嗣君褚英。根据《满文老档·太祖》万历四十三年（1615年）的一条记载，他们控告褚英的罪状是：

第一，使“四大贝勒”“五大臣”彼此不睦，挑拨他们之间的关系（你们不睦还能联合告发？）；

第二，声称要索取诸弟的财物、马匹（经济上敲诈）；

第三，曾言“吾即汗位后，将杀与吾为恶之诸弟、诸大臣”（政治上迫害）。

当这份联名告状信摆在努尔哈赤面前时，努尔哈赤感到十分意外，他马上找来褚英质问：“我看了这些人告发你的联名信，你怎么解释？”没想到政治上没心没肺的褚英当时竟然说：“我无话可说（吾无辩言）。”

这件事让努尔哈赤倍感震惊，他震惊的并不是褚英所犯之罪，而是对褚英的执政能力产生了严重怀疑。老谋深算的努尔哈赤没想到长子的政治水平如此之差，刚干几个月，手下人都反对他，怎能将万里江山交给这种毫无情商之人；“四大贝勒”和“五大臣”都是实权派，维护褚英很有可能导致骨肉相残，祸起萧墙，使自己奋斗三十多年的基业瞬间化为乌有；褚英心胸如此狭窄，毫无容人之量，还没当上大汗就敢杀亲兄弟，难保将来不杀父汗。

努尔哈赤看到长子如此不争气，便断然采取措施，废掉这个接班人，并有计划地逐步打击褚英的势力。努尔哈赤打击褚英的势力主要体现在两个方面：一是经济上收回赐予褚英的大量人口和财富，并把这些人口与财富分给告状的“四大贝勒”和“五大臣”；二是政治上疏远褚英，限制他的权力，不再给他领兵作战建功立业的机会。

褚英没有政治头脑，看到煮熟的鸭子竟然飞了，不但不知悔改，反思自身原因，反而把一切过错都推给诸弟和诸大臣，甚至对努尔哈赤也产生怨恨。万历四十年（1612年）九月，努尔哈赤亲自领兵出征乌拉部，让褚英在家看门。也不知道褚英是哪根神经出了问题，竟然对身边人说：“父汗把原属于我的部众与诸弟均分，这对我而言是奇耻大辱，我宁愿死掉。这次他们出兵失败最好，我就不让他们进城。”这种诅咒努尔哈赤和诸弟的言论，很快便被努尔哈赤所知悉。

努尔哈赤看到长子如此不肖，倍感痛心的同时又极为震怒，出征回来没几天就把褚英囚入高墙幽禁起来。经过两年多的观察，努尔哈赤发现褚英毫无悔过之意，留下这个儿子对他和政权都不利，便于万历四十三年（1615年）八月将其处死。

第二节　八和硕贝勒“共治国政”

一、“最后一根稻草”大贝勒代善

万历四十四年（1616年）正月，努尔哈赤在赫图阿拉被诸部落共同推举为“覆育列国英明汗”，正式建立与明朝针锋相对的后金政权。称汗之时努尔哈赤年近花甲，英雄迟暮，精力渐渐不济，选择汗位接班人便成为他建立政权之后的第一等大事。三弟舒尔哈齐与长子褚英相继出现的各种问题，使得努尔哈赤不得不考虑采取新的制度选择接班人。但是固有的传统观念依然影响着“英明汗”，这种影响使得努尔哈赤又选择老二代善作为汗位继承人。这次选择也成为“压倒骆驼的最后一根稻草”。

代善是努尔哈赤第二子，生于万历十一年（1583年），母亲为佟佳氏。哥哥褚英被杀之后，代善便递补成为努尔哈赤的长子，这种身份使得代善在后金政权中占有举足轻重的地位。

代善出生那年正是努尔哈赤起兵之时，生存环境决定了代善跟他哥哥褚英一样，从小就得披甲上阵。生于乱世，长于乱世。在枪林弹雨之中成长起来的代善，打仗杀人如家常便饭，依靠军功一步步成长为努尔哈赤手下第一号战将。万历三十五年（1607年）的乌碣岩大战不但成就了褚英，更成就了代善。

当时建州女真兵少，乌拉部布占泰人数上万，敌众我寡，再加上舒尔哈齐态度暧昧，两军突然相遇，众将士出现畏敌情绪，大军处于极为危险的境地。在这关键时刻，褚英勇于担当，成为临时指挥员，领着副手二弟代善激励大家说："大家不要怕，布占泰是我父亲的手下败将，曾被我们活捉，要不是我父亲可怜他，他早就死了，现在又来挑衅。别看他兵多，都是乌合之众，在父汗的威名庇佑下，咱们这仗必胜。"①众将士听完褚英的忽悠之后士气大振，个个跟打了鸡血一样，纷纷表示要和敌人决一死战。

战事一开，代善便领着五百人率先发起冲锋，骑着战马第一个冲进敌阵，正好遇到乌拉部大将博克多，二

---

①《清太祖实录》卷三："吾父素善征讨，今虽在家，吾二人领兵到此，尔众毋得愁惧。布占泰曾被我国擒捉，铁锁系颈，免死而主其国，年时未久，布占泰犹然是身，其性命从吾手中释出，岂天之耶？尔勿以此兵为多，天助我国之威，吾父英名夙著，此战必胜。"

话没说抡刀就砍，几个回合下来博克多便招架不住了。代善在马上用左手拉住他的战甲，右手一刀将其砍死（从马上，左手攫其胄而斩之）[1]。主将一死，乌拉部如鸟兽散，大败而归。乌碣岩一战，建州女真从真正意义上成为东北女真各部的霸主。

由于代善此战过于勇猛，努尔哈赤赐其“古英巴图鲁”的称号。“古英巴图鲁”的意思是钢铁勇士，乃是勇士中最为尊贵的称号。代善是获得这个称号的第一人，也是最后一人。

钢铁勇士代善不但敢打敢拼，作战英勇，而且极具战略眼光，这种眼光甚至连努尔哈赤都自叹不如。万历四十一年（1613年）正月，努尔哈赤亲率三万大军征讨乌拉部，拿出全部家当想要一举消灭老对手乌拉部贝勒布占泰。布占泰同样领着手下三万人马迎战，决心保家卫国并要和努尔哈赤决一雌雄，双方都表现出有你没我的拼命架势。

没想到刚一开战，努尔哈赤看到布占泰人多势众，手下人马战斗力又极强，自认为布占泰势力太大，不能一次性解决，便心里萌生退兵的念头，准备向全军下达

---

①《清太祖实录》卷三，第48页。

撤退命令。两军对垒，主帅犹豫不定，建州女真的士气大受影响，有全军溃败的征兆。努尔哈赤一向说一不二，决定的事情很难改变，不服从命令的人甚至要受到严惩。当时手下人都想出战，但是因为害怕没人敢向努尔哈赤进言，关键时刻代善挺身而出，跑到努尔哈赤帐前陈说利害。

代善看着喜怒不定的努尔哈赤，小心翼翼地说道："我军劳师远征，就要速战速决，怕就怕布占泰不出战，现在布占泰领兵来战，正中我们下怀，为什么敌人来了我们不出战呢？"①经过代善再三劝说，努尔哈赤才最终消除所有顾虑，下定决心挥兵进攻，结果大败布占泰，杀敌一万余人，俘获的人口与战利品数以万计。建州女真占领乌拉大城，布占泰仅以身免，逃到叶赫部，乌拉部灭亡。从当时的军事实力看，乌拉部是努尔哈赤最后一个强敌，它的灭亡也就意味着无人再能阻止努尔哈赤统一女真各部。

在这场决定建州女真成败的关键战役中，代善起到了决定性的作用。

后金天命三年（1618年）四月十三日，努尔哈赤与

---

①《清史稿》卷二百一十六，《列传》三，《代善》："我师远伐，利速战，虑布占泰不出耳。出而不战，将谓之何？"

明朝彻底翻脸，以“七大恨”誓师伐明，率领大军准备偷袭明朝辽东军事重镇抚顺。没想到天公不作美，刚走两天就天降大雨，老“英明汗”努尔哈赤一向比较迷信，刚出兵就下大雨，认为这是老天爷不让他出兵，想要撤军不打了。

代善看到父汗又要往后缩，便再次跑到努尔哈赤面前，分析目前敌我形势，说道：“父汗，我们的军队已经进入明朝地盘，现在又要突然撤军，难道还能和明朝重新和好吗？我军已经出动，明朝怎么会不知道？瞒是瞒不过去的，现在下雨正好使明军防守松懈，我们应该加速行军，打敌人一个措手不及。”[①]努尔哈赤犹豫再三，最终坚定了出兵的决心，采纳代善的建议，率领军队一口气攻下辽东重镇抚顺等城堡五百余座，俘获人口和牲畜三十多万。此战改变了整个东北地区的军事格局，使得后金实力猛增数倍，有了与明朝抗衡的本钱。此战之后，后金政权才真正意义上成为一支独立的强大政治力量活跃在中国历史舞台。

后金天命四年（1619年）二月至三月发生的萨尔浒

①《清史稿》卷二百一十六，《列传》三，《代善》：“我师既入明境，遽引还，将复与修好乎？师既出，孰能讳之？且雨何害，适足以懈敌耳。”

之战，代善真正意义上充当了一次二把手角色。虽然努尔哈赤英雄盖世，天下无双，但毕竟年过六十，无法再像年轻时那样披甲上阵，持刀砍人的事心有余而力不足，因此只能在幕后动动脑子，部署部署战略战术，具体执行人只能交给子侄辈。

代善充当了带头大哥的角色，也就是说努尔哈赤是全军统帅，代善是副统帅。作为副统帅的代善很好地领会了父汗的战略意图，领着小兄弟们东奔西战，先后击溃明朝四路人马十几万大军（当时号称二十万）。[①]萨尔浒之战不但挽救了年轻的后金政权，也是两国对立之后，后金政权有史以来取得的最大胜利。能够击溃十几万明军，钢铁勇士代善功不可没。

代善不但作战勇猛，深谋远虑，更难能可贵的是其本人性格并不是张飞式的猛人，而是一位性格温和、待人宽厚的长者。这种性格让他获得众多兄弟、将士们的一致拥护（个别人除外），在后金政权中的威望仅次于“英明汗”努尔哈赤。[②]代善这种性格在后金政权领导阶层中尤为可贵，女真人的性格一般都比较野蛮，两句话不和就动刀动枪，拿拳头去讲道理。代善身为高级贵族

① 《清史稿》卷二百一十六，《列传》三，《代善》。
② ［朝鲜］李民寏：《建州闻见录》：“宽柔能得众心。”

的领头人，这种能包容人的性格不被人拥戴才怪。令人遗憾的是代善这种性格既成就了他的人生，也被他的对手所利用，最终让他失去大汗接班人的资格。

后金政权建立之后，除了“英明汗”努尔哈赤之外，代善无论是论资历、战功还是能力都无可争议地排名第一。代善要说自己排第二，没人敢说第一。在代善身上，努尔哈赤似乎看到了后金的美好未来，封这位见识过人的长子为“四大贝勒”之首，称号为大贝勒，并且让他掌管正红旗、镶红旗两旗的兵力。从这方面可以看出，努尔哈赤对代善的信任和偏爱。因为在八个旗的分配上，只有努尔哈赤（亲自掌握两黄旗）和代善是两个旗的旗主，另外四旗都是一人管一旗。

努尔哈赤让代善掌管两红旗，并委以后金国政，一方面树立代善的权威，另一方面明确其汗位接班人的身份。努尔哈赤曾在公开场合立下政治遗嘱：我死之后，我的老婆和小儿子们都交给大贝勒代善抚养（诸幼子及大福晋交由大阿哥抚养）。[1]

代善汗位接班人的地位刚一确立，屁股还没坐稳，后金就接连发生几次政治风波，矛头直接指向大贝勒代

---

①《满文老档》上册，第134页。

善。代善的竞争对手们完全不顾兄弟情义，撕破脸面要把他搞垮，不仅要把代善从接班人的位置上拉下来，更要置其于死地，除之而后快。

竞争对手的阴柔狠毒、“英明汗”努尔哈赤的天威难测以及代善自身性格的内在缺陷，这三者的连续碰撞最终断送了代善的“太子”之命。

第一回合，亲兄弟暗中使坏，名声上要搞臭代善。后金天命五年（1620年）三月，努尔哈赤一个小妾突然向大汗告发，指出大贝勒代善与大福晋（努尔哈赤正妻）之间有暧昧关系。理由有三：一是大福晋曾经给代善和皇太极两人送食物，代善接受后吃了，而皇太极接受却没吃；二是大福晋有时候大白天派好几拨人往代善家跑，甚至深更半夜都出宫两三次，不知道干什么去了，应该是跟什么人有阴谋；三是每逢大汗举行重要宴会，只要有代善在场，大福晋必然会浓妆艳抹，穿戴珠光宝气在代善身边来回晃悠，并且偷偷地看代善。①

历史上的政治斗争经验告诉我们：一个小人物敢于主动告发比他厉害的大人物，只有两种可能：一是这个人疯了，二是小人物背后有大人物指使。这个小妾没有

① 《满文老档·太祖》卷十四。

疯，必然是有人指使。努尔哈赤这位小老婆没儿没女没根基没权势，只是一个很普通的女人，竟然敢告发大汗的大老婆和“太子”这两个除了大汗之外最有权势的人物，不计后果，不担心被报复，心理素质如此之好，显然是有所倚仗。

努尔哈赤听完小妾告发代善的内容之后勃然大怒，老了老了竟然被儿子戴绿帽子，这还了得！他马上命令手下四个人组成一个调查组去调查此事。令人意外的是，调查结果具有强烈的倾向性（很反常），认定代善与大福晋确实存在暧昧关系。如果把这个结果公之于众，这两人就算浑身是嘴也说不清。

这个阴谋极为狠毒，幕后策划人瞄准努尔哈赤年老体衰，最忌讳老婆出轨的特点，判断努尔哈赤必然会失去理智彻查此事。子奸继母，再加上是大汗的老婆，代善就是有一百个脑袋也不够砍。这项罪名一旦成立，代善必然名声扫地、粉身碎骨。派去调查此事的四个人，并没有掌握确凿证据就草率地下结论，说明这四人也是这次阴谋的一个环节。这四人中有三人隶属于正白旗，另一人跟代善有矛盾，而此时的正白旗旗主正是皇太极。

努尔哈赤怒火中烧，认为是老婆勾引儿子，毫不留情地遗弃了大福晋，把她赶出宫。等到努尔哈赤看完整个事件的调查结果之后，理性分析事情的来龙去脉，也闻到了阴谋的味道。没有捉奸证据，到处都是“莫须有”的推测，便对代善采取冷处理，使他逃过一劫（没被人当枪使）。努尔哈赤虽然没有公开处分代善，但是心里的刺是彻底扎上了。

第二回合，代善争房争地，惹怒“英明汗”。就在第一场风波过去不久，努尔哈赤认为他和各大贝勒的府邸不足以显示爱新觉罗家族的新气象，便率领诸贝勒迁居萨尔浒。根据《满文老档·太祖》卷十四记载：努尔哈赤按照地势划分几个区域，让各大贝勒建造新府邸。得到命令之后，大家开始各自平整大汗划分的宅基地，准备盖豪宅。没想到代善发现长子岳托的宅基地风水好，就想占为己有，又不便明说，于是跑到努尔哈赤面前假惺惺地说岳托的宅基地是块风水宝地，请父汗居住。

努尔哈赤到现场一看，发现岳托的宅基地风水确实很好。努尔哈赤比狐狸都精，一眼就看出代善的意图，又不想驳他的面子，便采取折中办法，让代善住他的地方，他住代善所修整之地。代善本人当时也表示同意，努尔哈赤本以为这样可以平息一下代善的小九九。没想到代善脑子进了水，不但嫌弃大汗所住之地狭窄，而且铁了心要霸占长子的宅基地，私自派大量劳动力对其进行土地修整。

在这个过程中，代善还虚情假意、三番五次地请求大汗居住岳托之地。等到这三处地方都修整完毕准备居住之时，代善出尔反尔，嫌弃大汗所住之地不气派，不想往里面搬，再次向努尔哈赤申请其他宅基地。努尔哈赤听后勃然大怒，恶狠狠地对代善说："既然你嫌弃我的地方小，那我继续住，你认为哪个地方好，就带着老婆孩子住哪儿好了，我不管你。"

最后出现的局面是，二把手代善所住之地高端大气上档次，而离他家不远，一把手努尔哈赤所住之地低端小气没档次。努尔哈赤确实生气了，代善你小子想住好房子也不能忽悠你爹，拿你爹当猴耍？你的房子比我的还气派，到底你是大汗还是我是大汗？好房子不给我，你住得心安理得，有没有一点孝心？

大汗很生气，后果很严重。这件事给努尔哈赤本就不纯洁的心灵带来极大刺激，心里又狠狠地扎下一根刺。

第三回合，代善听信后妻枕头风，虐待前妻之子。就在代善刚住进新建的豪宅不久，政治对手们看到两次危机都没能打倒代善，便使出杀手锏——人多力量大，联合起来告发。于是在后金天命五年（1620年）九月，诸贝勒又联合起来向努尔哈赤告了代善一状，指出代善权势过大，在家里又被妻子迷惑，对其言听计从，不但虐待前妻所生的岳托、硕托两兄弟，而且对诸王贝勒也是百般折磨勒索，大家都很怕他，又不敢向大汗禀报。

这次告发和几年前“四大贝勒”“五大臣”联合告发“前太子”褚英虐待诸弟和诸大臣如出一辙。不一样的人，同样的手段。代善这次由当年的第一原告变成如今的第一被告。

另外值得一提的是，这次联合告发与“褚英事件”相比有一个鲜明特点——个人目的更加隐蔽，表明其幕后组织者的政治斗争水平很高。从告发信内容来分析，其实也是向努尔哈赤指出后金政权存在的三大隐患：

第一，代善作为二把手权势过大，我们都很怕他，大汗您的权威受到挑战。

第二，代善虽然作战勇敢、待人宽和、深谋远虑，但是为人不果敢，容易受到妇人影响。作为一个国家领导人，尤其是后金的大家长，这点非常不利于国家的长治久安。

第三，代善虐待前妻之子，导致统治阶级内部失和，硕托有叛逃明朝的嫌疑。大家都人人自危，不利于后金政权的巩固。

总而言之，代善将来要是当了大汗，这个国家就没有前途，大汗您看着办吧！

努尔哈赤收到这封要人命的实名举报信之后，马上找来代善进行询问。面对父汗的质问，代善避重就轻，不谈虐待儿子的问题，反而数次跪求努尔哈赤，指出要是儿子真有叛逃明朝的嫌疑，他要亲手砍了亲生之子。努尔哈赤没有被代善表面上的“大义灭亲”所迷惑，暗中派人去调查，发现岳托、硕托兄弟俩的部属和财产确实跟异母弟没法比。代善分给他们的部众不是老弱病残，就是别人挑剩下的残羹冷炙，财产更是少得可怜，两兄弟的日子过得确实紧张。

掌握真实情况之后，努尔哈赤再一次找来代善质问。代善却耍起无赖，往儿子身上泼脏水，解释说这样对待他们是因为硕托大逆不道，和自己的小妾通奸，这事虽然没有抓住现行，但有一个叫喀勒珠的下人可以做证。努尔哈赤二话不说，马上亲自审讯喀勒珠。喀勒珠一见到努尔哈赤便瞬间失控，还没上刑就如实交代事情的前因后果，说她没见过通奸现场，是代善的大福晋指使她诬陷硕托，她做的是伪证。努尔哈赤愤怒了，这种事情让他很敏感，因为他内心最深处有阴影。

代善搬起石头砸自己的脚，他虐待前妻之子虽然表面看起来是他的家事，但是往深处看，他也是努尔哈赤前妻之子，努尔哈赤曾经也是塔克世前妻之子。努尔哈赤当年备受后妈挤对，分家时父亲塔克世只分给他少得可怜的财产，他后妈可谓是功不可没。努尔哈赤有过这种痛苦经历，生怕前妻之子受委屈，于是便把最好的财富都分给代善他们。没想到儿子如此不争气，听信后妻之言，虐待前妻之子。

努尔哈赤最忌讳什么代善就干什么，很明显是作死的节奏。再联想到前两次政治风波心里扎下的刺，努尔哈赤一方面有种大权旁落的失落感，另一方面后金政权是他奋斗几十年，九死一生才开创出来的，不能让一个败家子给败了。于是努尔哈赤马上把代善召来，狠狠地骂了一顿："你小子竟然听信老婆的挑拨，想要杀死亲生儿子和亲弟弟们，就你这种水平怎么能够当好这个家，怎么能够当好一国之君？"①此言一出，代善的二把手角色也就当到头了。

努尔哈赤一向说一不二，办事雷厉风行，骂完代善之后，马上召集诸贝勒和大臣开会，公开宣布："我本来打算死后让代善接我的班，立他为汗位接班人，让他管

---

①李鸿彬：《皇太极继嗣的几个问题》，《历史档案》，1981年第3期。

着你们。现在我要废除他，他的所有特权一并收回。”[1]只需一句话，努尔哈赤就收回后金的全部军政大权。代善只能靠边站，彻底失去继承大汗之位的资格。

代善事后虽然采取补救措施，例如杀死妻子、三番五次跑到努尔哈赤面前恳求父汗原谅，但为时已晚。努尔哈赤考虑到代善的政治作用，并没有进一步处罚他。但失去大汗继承人身份，对代善来讲，犹如一个普通人突然中了五百万，等到去兑奖之时发现彩票找不到了，等找到彩票之后又过了兑奖期，不吐血才怪。

褚英和代善相继出现问题，引起努尔哈赤对汗位继承人的深深思考。老谋深算的“英明汗”不可能在同一个地方跌倒三次，他发现不管立谁为接班人，必然会引起其他人的不满。不满的后果就是亲兄弟们各成一派，你争我夺，相互攻讦，自相残杀。这些人手里都有人有实力，真打起来谁也控制不住，这样下去国家不亡，老天爷都不答应。

代善出事之后，努尔哈赤在接班人问题上有了更深刻的认识。女真人强大的社会旧俗是不能不考虑的，专制独裁并不能解决一切问题。在选择接班人问题上要有

---

①《旧满洲档·昃字档》。

新的思路和途径，要符合金国的国情和世情。一向睿智的“英明汗”努尔哈赤在总结过去经验教训的基础上，开创了接班人新制度——汗位推选制度。该制度明确下一任大汗由八和硕贝勒共同选举确定，八和硕贝勒既有选举权又有被选举权。努尔哈赤创建这项新制度的目的是告诉儿子们别争了，老子不立接班人，将来我死了，大汗之位你们自己去选，谁票多谁当。努尔哈赤希望能够用这种制度遏制诸子的争位之心，避免祸起萧墙，从根本上保证后金政权的稳定。

二、八旗制度

八和硕贝勒汗位推选制度是努尔哈赤独创的新汗位继承制度，其目的是防止诸子争夺大汗宝座出现自相残杀的局面。所谓八和硕贝勒就是后金八旗的八个旗主贝勒，这八个旗主贝勒在后金政权中占有极为重要的地位，可以说离开他们，后金政权就玩不转了。对后金政权而言，八旗制度的存在是八和硕贝勒汗位推选制度产生的前提条件。

努尔哈赤能够从一个小小的部落酋长，摇身一变成为名副其实的东北王，其成功因素除了个人素质高、敢玩命之外，最厉害的一招就是创立八旗制度。努尔哈赤在起兵统一女真各部的过程中，随着占领的地盘越来越大，征服的部落越来越多，掌握的人口也呈倍数增长，这样一个局面是部落历史上从来没有出现过的。以前也就是指挥几十个人，最多上千人，现在手里掌握的人口数以万计。如此多的人口如果没有一个科学合理且行之有效的制度去管理，必将成为一盘散沙，再强大的政权也会昙花一现。努尔哈赤经过一番摸索，把女真社会流行于老百姓日常生活中打猎必用的牛录习俗加以改造，使之成为一种制度，既然是老百姓喜闻乐见，必然容易让大家接受。再进一步把牛录制度加以扩大和规范，形成最终的八旗制度。

牛录最初的含义是指射兽用的“大箭”。女真人长期生活在东北地区，种地没种子，大部分人都靠打鱼打猎为生。打猎单枪匹马肯定不行，它需要依靠集体的力量。长久以来，女真人出去打猎往往是一个村寨或者家族统一行动，不分男女老幼一起上阵。打猎是个技术活，不是小孩过家家，打不着猎物大家都得饿死，并且打猎本身也是一项非常危险的社会行为，稍不小心就会成为野兽的美餐。

女真人数百年留下的打猎习俗是“打猎的时候十个人各出一支箭，任命一个指挥官，指挥这九个人按照计划行动，任何人都不许乱跑，大家称这个指挥官为牛录额真”[1]。牛录额真直译过来就是“大箭主”，牛录额真是女真人为了生存，打猎之时临时任命的一个小队长，打完猎分完猎物之后，各回各家各找各妈，下次打猎再临时任命，完全是一种无组织有纪律的状态。

万历二十七年（1599年）九月，努尔哈赤彻底干掉海西女真哈达部，俘获的人口、牲畜和财物不计其数，数钱数到手抽筋。如此多人口与财富集中在自己手里，一个人又管不过来，如果没有统一的管理与分配制度必然导致这些财富瞬间变成火药桶。

努尔哈赤发现牛录习俗能够有效组织和管理女真人，于是在万历二十九年（1601年），把牛录习俗首先应用于军事，并对其进行整编和改造。努尔哈赤打破旧牛录习俗原有以部落或者家族为主的格局，按照新的形式重新编设牛录，并用四种颜色的旗帜加以指挥，旗色分为黄、白、红、蓝，每三百丁组成一个固定的牛录，设置固定的牛录额真进行管理，正式建立正黄、正白、正红、正蓝四旗。除了征兵打仗之外，努尔哈赤还让牛录额真负责老百姓的日常管理工作，这样一来牛录额真便成为

①《清太祖实录》卷三，第46页。

一级固定管理机构的长官。通过这个机构，努尔哈赤可以快速有效地组织军队、分配战利品、管理老百姓。四旗和牛录制度建立之后，这种制度的优越性很快便发挥出来，努尔哈赤依靠这个强大的战争机器，迅速征服其他女真部落，成为女真各部中最大的奴隶主。

随着战争形势飞速发展，统一女真各部的速度加快，“大汗——牛录额真”这种管理体制很快便无法适应新的发展形势。努尔哈赤于万历四十三年（1615年），也就是后金政权建立的前一年，出台正式文件，规定“每三百人设立一个牛录额真，五个牛录组成一个甲喇，设一个甲喇额真，五个甲喇设一个固山（也就是旗）额真。在原有的黄、白、红、蓝四色旗的基础上镶上颜色，增设镶黄、镶白、镶红、镶蓝四旗，一共是八种颜色，合称为八旗”①，正式确立八旗制度。

后来随着后金发展壮大，人口的增加，一个旗的编制往往突破五个甲喇的限制，一个甲喇所隶属的牛录也有多有少，数量不一，但八旗编制确立之后一直没有变化。之后在皇太极时期，又组建蒙古八旗、汉军八旗，加上满洲八旗，一共是二十四旗，总称为八旗。②

---

①《清太祖实录》卷四，第62页。

②（乾隆）《清会典》卷九十五。

从创建八旗的文件来看，八旗在组织规定上实行三级管理体制，就像现在的省、市、县三级行政机构一样。三级机构的领导人分别是固山额真（旗主）、甲喇额真、牛录额真。既然三级领导人行使的是行政机构的权力，中间还有很多管理人员进行业务管理，例如：军事行政上旗主之下又设有两个副手（梅勒额真）；牛录额真下面又有代子、章京、村寨拨什库等职位；财务收支上有十六大臣、巴克什；监察司法有八大臣、审事官等职务，可以说八旗制度的职权范围涵盖了后金政权军事、行政、财政、司法等各个方面，是一种全新的国家管理体制。

这种制度看似简单，实质上凝聚了努尔哈赤毕生的政治智慧。女真人对待事情的态度就四个字——简单实用，八旗制度就是简单却实用的代名词。在大汗的统一领导下，大家各司其职，打仗一起打，战利品一起分，老百姓一起管，权责分明，互不影响。干得好有奖，干得不好就撤职滚蛋，简单明了，非常适合女真人当时社会结构简单这样一个客观现实。

需要注意的一点是，八旗之间没有隶属关系，虽然大家都是接受大汗的统一领导，但是对于各旗之间的内部事务，各旗旗主说了算。这种制度类似于美国当年曾经实行过的邦联制度，邦联体制下的美国各州独立性很强，内部事情州长说了算，总统无权过问。正红旗的人出了事，哪怕是天大的事情，正白旗旗主没有处置权，还得由正红旗旗主来处置。就连努尔哈赤本人也不能随便直接处理，其他旗的人要想越俎代庖，马上会引起纠纷，打起来都是有可能的，谁让你染指别人家的事情。

八旗旗主就是本旗的“大汗”，努尔哈赤是整个后金的大家长，旗主是本旗的大家长，一个人说了算，搞一言堂是家常便饭。旗主的权力辐射到旗内每个人的衣食住行、吃喝拉撒，什么都能管，哪怕看你不顺眼杀了你，你连喊冤的地方都没有，因为八旗旗内所有人，按照后金的法律规定都是旗主的奴隶，而奴隶主就是本旗旗主。在爱新觉罗家族的家长们看来，主人杀奴隶从来都不需要理由。八旗的独立性很强，属于个体封闭性管理，从某种意义上说，后金的实际统治者是八旗的旗主贝勒。努尔哈赤设计的这套管理体系对于后金政权以及后面的清朝来讲可谓是影响深远。

最大的影响就是八旗制度彻底改变了女真人和东北地区其他少数民族的社会形态，不管你是住在深山老林，还是住在中俄边境，只要你生活在后金就必须全部入旗，一个都不能少。以前大家自报家门一开口就是我是哪个族哪个部落哪个城的，八旗制度一施行，不分部落和家族，大家自报家门全部改称我是哪个旗的。东北地区各个少数民族几十万人从此便整齐划一，不分彼此。努尔哈赤这样一搞，满族民族就应运而生了。

最直接的影响是八旗的旗主贝勒都变成了大爷，谁也不服谁，自己在本旗内部向来都是说一不二，就是土皇帝，甚至在某些方面比皇帝还牛。要人有人，要钱有钱，要枪有枪，除了努尔哈赤这个养育他们的“英明汗”，其他人从来都不入他们的法眼（包括后金的下一代大汗）。这种敢于藐视大汗，唯我独尊的观念使得八旗制度成为后金（包括后来的清朝）政治斗争的另一面镜子，而镜子中最精彩的部分非大汗宝座争夺战莫属。

从根本上说，八旗制度的实质是用旗这种最高社会组织形式来统治老百姓和统领国家军队①，特点是兵民合一、军政合一。女真人出征就是士兵，回到家里就是老百姓，可以说种地打仗两不耽误。整个后金就是一部庞大的战争机器，时刻准备压碎一切敌人。依靠这个强大的战争机器，女真人逐步征服了在草原上威风数百年的蒙古各部，捎带手从明朝手中抢走朝鲜，并在与明朝几十年的战斗中坚持到了最后。

---

①《清朝文献通考》卷一百七十九，“以旗统人，以旗统兵”。

三、八和硕贝勒“共治国政”与汗位推选制的确立

在代善被废掉汗位接班人、杀妻请罪之后，努尔哈赤并没有进一步打击代善的势力，反而是把四大贝勒代善、阿敏、莽古尔泰、皇太极叫到一起，以一种近乎命令的口吻警告他们要精诚团结，不要总是自己人搞自己人。努尔哈赤心里跟明镜似的，知道代善、莽古尔泰、皇太极三人之间的矛盾是主要矛盾，这三个人是内斗的罪魁祸首。努尔哈赤这三个宝贝儿子都想当下一任大汗，干起事情来不择手段，无所不用其极，闹得整个后金乌烟瘴气。

后金天命五年（1620年）九月，努尔哈赤召开后金政治大会，让八旗的头头们当着满朝文武的面分别盟誓，不再为大汗宝座相互攻讦，保证以后团结一心，共同发展后金。这份誓书大致内容为：立阿敏、莽古尔泰、皇太极等八贝勒为和硕额真，大汗不能对八个旗的内部事务任意横加干涉；如果其中某人犯了错，其他七个贝勒可以绕开大汗，集体决定并发出处置告知单；大汗要是处事不当，其他七个旗的旗主贝勒可以跟大汗对着干。[1]

---

① 《旧满洲档·昃字档》。

这份誓书从内容上分析有两个看点：一是第一次提出“八和硕贝勒”这个特定名词，并且公布了这八个贝勒的名字。需要注意的是八和硕贝勒并不是简单地指八个自然人，而是代表后金八个旗，不管和硕贝勒有几个，八旗永远是八个旗。二是对下一任大汗的权力进行限制，同时扩大八旗旗主的权力，使二者能够相互制约，共同维持后金上层建筑的平衡。这份誓书反映出努尔哈赤准备限制大汗权力，计划施行八旗“共治国政”的想法。

这次大会虽然是“团结”的大会，但不是“胜利”的大会。这次会议努尔哈赤虽然重新规定大汗和八和硕贝勒的权利与义务，扩大了八旗的权力，削减了大汗的特权，但是后金的政治核心问题——大汗继承人的选择——依然没有解决。政治核心问题没有解决，因此想当大汗的几个贝勒依然我行我素，完全不把誓言当成一回事，表面上称兄道弟你好我好，背地里继续拉帮结派，互相捅刀子。

后金天命六年（1621年）九月的一天，努尔哈赤闲来无事，随口向他身边一个亲信阿敦问了一句“谁可以继承大汗之位”这一政治敏感问题。这是一个能要人命的问题，阿敦要是识时务本应该主动回避或者跟努尔哈赤打个太极。令人意外的是，阿敦面对这个棘手问题犹如打了鸡血一般，先是慷慨陈词地对努尔哈赤说皇太极最合适，刚走出大汗的宫门，他马上又拐到代善家对其义正词严：“皇太极和莽古尔泰、阿济格等人要背后黑你，事情很紧急，你要多防备。”

“老实巴交”的代善信以为真，感到生命受到严重威胁，马上跑到努尔哈赤面前连哭带闹地说：“他们要整死我，我活不下去了，父汗你要给我做主啊。”努尔哈赤感到事态严重，急忙找来这三个人问话。三人心有灵犀地相互看了一眼之后，马上矢口否认，连忙说大哥您这是做甚，发毒誓称绝无此事。努尔哈赤又一次震怒，阿敦你小子还敢在我面前玩两面派的把戏，挑拨我儿子们之间的关系，你嫌命长就不要怪我。努尔哈赤让人用铁链把阿敦包成粽子关进死牢，审完之后就把他砍了。[①]

疏不间亲，阿敦只是一个外人，就有如此大的胆量挑拨诸贝勒之间的关系，确实是在找死。更为关键的问题是，凭阿敦简单几句话就能挑拨成功，说明大贝勒代善和四贝勒皇太极两人的关系已经闹到水火不容的地步。

在代善看来，皇太极是拉他下马的幕后黑手，这个

① 《满文老档》上册，第241—242页、第478页。

仇必须报，而皇太极更是把代善视为眼中钉肉中刺，是他成为下一任大汗的最大威胁，这个人必须要除掉。代善与皇太极因为大汗宝座结下死仇，对天发誓也是白搭，不弄死对方誓不罢休。两个人都不是省油的灯，你争我夺互相挖坑，导致双方的猜忌也是越来越深。[①]尤其是皇太极，仗着努尔哈赤对他的喜爱，从不把代善放在眼里，甚至暗地里有杀兄的想法。[②]

努尔哈赤的情商真不是白给的，眼看双方矛盾无法调解，索性给他们来个釜底抽薪：老子不立接班人，看你们还争不争。后金天命七年（1622年）三月，努尔哈赤通过正式法律文件（汗谕）安排身后事宜，立下政治遗嘱：我死之后，后金实行八和硕贝勒“共治国政”体制。

在这份政治遗嘱中努尔哈赤强调了两点：

第一，一个人的才智是有限的，只有大家一起商量才能治理好国家，分封八个旗主贝勒为八王，国家大事一起商量解决。我死之后，新任大汗也从你们这八个王中选出，要是新任大汗能够从善如流，你们就支持他，

---

①吴晗辑：《朝鲜李朝实录中的中国史料》第八册，第3137页。
②王钟翰辑录：《朝鲜〈李朝实录〉中的女真史料选编》，辽宁大学历史系清初史料丛刊本，第284页。

要是他不听别人劝告，刚愎自用，胡作非为，你们有权力废除他并选举新的大汗。

第二，政治上，八王要同心同德，积极参加国家各项事务，要互相监督，共进共退，不能私底下搞阴谋诡计；经济上，后金各项收入（主要是抢夺的人口与财物）八家要平均分配，任何一家都不能搞特殊化，哪怕这个人是大汗；司法上，八王享有共同审理各项民事刑事案件的权力，最终结果要八王共同商议，新任大汗不得在司法上任性处理，独断专行；人事上，凡是涉及各级官吏任免、对有关人员进行奖罚等事情，需要八王共同评定；礼仪上，将来遇到重要节日，新任大汗要先以家礼给长辈行礼，然后才能坐到大汗宝座上，与各个旗主贝勒并坐一排，共同接受大家的朝拜。①

此文件一出台，后金政权形式瞬间由“大汗家长式专制”转变成为“八和硕贝勒民主共和制”，大汗的权力范围被大大压缩，而八和硕贝勒的权力被无限扩大。从此之后，后金军国大政大汗一个人说了不算，新任大汗不管想干什么都不能独断专行，必须要和其他几个旗主贝勒一起商议。如果其他几个旗主贝勒表示不同意，大

---

①《满文老档·太祖》卷三十八。

汗是不敢乱来的，不然有被废掉的危险。

最为重要的一点是关于新任大汗接班人的选择问题。这件事新任大汗已经不用操心，因为按照后金最新的法律规定，新任大汗要是出现意外，下一任大汗也是要选举产生，大汗彻底失去指定接班人的权力。汗位推选制成为大汗新的继承制度，八王之间任何一个人要想当大汗，必须要通过大家的推选，不然即为非法。

可以说八和硕贝勒“共治国政”制度是努尔哈赤毕生智慧的一次大总结，他设计的这套政治体系用两个字来形容就是“平衡”。古往今来的圣主，尤其是新政权的开创者，由于本人太牛，自我感觉良好，往往自认为下一代都不堪大任。努尔哈赤就是这样一个人，认为后金政权是他一手建立的，儿子们的能力都比不上他，下一任大汗无法像他一样很好地掌控国家，既然一个人无法掌控国家，就必须实行集体领导，既然是集体领导，大汗和八王之间、八王彼此之间就必须实现权力平衡，只有在势力均衡的情况下，才能真正起到相互监督和制约的作用。

这种政治上相对平衡的体制，可以有效保证后金不会因为出现一个败家子而把整个国家败亡的局面，避免“其兴也勃焉，其亡也忽焉”的命运，从根本上保证国家的长治久安。努尔哈赤可谓是用心良苦。

新制度虽然出台，但努尔哈赤深知“知易行难”的道理，趁着他还在位，赶紧逐步实施上述各项规定政策。努尔哈赤最担心将来新任大汗即位，破坏游戏规则，导致他的心血付诸东流。

从后金天命七年（1622年）三月开始，到天命十一年（1626年）八月他去世之际，努尔哈赤基本上不管政事，后金军政大权全部移交给八和硕贝勒。八和硕贝勒按照大汗的既定国策开始集体行使各项权力，共同管理国家的日常事务。从此之后，努尔哈赤当起甩手掌柜，只要是八王商议过的事情，有了决议报给他，他从来不反对，可以说起到了很好的表率作用。连我自己的命我都敢革，我看将来你们谁敢乱来。

这项制度产生的另一个深远影响，就是基本上结束了前一段时间出现的为了争夺大汗宝座，大家互相拆台的局面。汗位既然是选举产生，那现在争来争去也没用。按照规定，八王都有选举权和被选举权，就算是搞阴谋诡计也找不到对象，关键时刻还得拼人品。既然是内部“民主选举”，自然是支持你的人越多，你的票数就越多，当上新汗的概率也就越大。从此之后，汗位的主要竞争者，尤其是代善和皇太极，改变斗争策略，开始韬光养晦，低调做人。他们在干好本职工作的同时，暗地里继续拉帮结派，在八王中寻找各自的支持者。

第三节 皇太极时期集权与第二代接班人之争

一、皇太极登基与八王之间的权力斗争

后金天命十一年（1626年）八月十一日下午，“一代天骄”努尔哈赤怀着无限的不甘与悲愤去世。这种不甘与悲愤主要来自与明朝作战的失利，而对于后金政权内部的权力交接问题，努尔哈赤倍感欣慰。为了国家和后世子孙，他认为自己设计的这套政治体系必然能够保证爱新觉罗家族长盛不衰。

就在努尔哈赤病逝前两个月，他发布人生中最后一次训谕，对八和硕贝勒“共治国政”体制做了最后一次重要批示：现在四大贝勒和四小贝勒你们八个人，共同继承我打下来的这万里江山。[①]努尔哈赤死时并没有留

① 《清太祖实录》卷十，天命十一年六月乙未。

下任何遗言，因为在人事安排问题上，几年前他就有过明确指示，无须多言。[1]

努尔哈赤一死，他的子孙们擦干脸上的鼻涕和泪水，开始进行下一项重要工作。国不能一日无君，按照努尔哈赤制定的新大汗继承法，大家要马上开会，投票选举新的领导人才是正事。

努尔哈赤死时，后金的政治格局是八旗的八个和硕贝勒掌权，八和硕贝勒又分为四大贝勒和四小贝勒。四大贝勒分别是大贝勒代善（正红旗旗主）、二贝勒阿敏（镶蓝旗旗主）、三贝勒莽古尔泰（正蓝旗旗主）、四贝勒皇太极（正白旗旗主），四小贝勒分别是阿济格（正黄旗旗主）、多铎（镶黄旗旗主）、岳托（镶红旗旗主）、杜度（镶白旗旗主）。[2]

虽然后金法律规定八个和硕贝勒都有选举权和被选举权，但规定是死的，人是活的。你票多才能当选，光自己选自己没用，而且又是公开选举，又不是选班级卫生委员（不存在互相谦让的可能），说到底实力才是王道。四小贝勒中阿济格和多铎虽然都是努尔哈赤的儿子，

---

①《清入关前史料选编》第一辑，第393页。

②杜家骥:《八旗与清朝政治论稿》，人民出版社，2008年版，第27页。

但是年龄都很小，没啥军功（这点很重要）；岳托是代善的长子，有他爹在，肯定没戏；杜度是褚英的长子，鉴于他爹的不良政治影响，他也只剩下选举权。总而言之，四小贝勒全部靠边站。

有实际被选举权的四大贝勒中代善属于“废太子”，也就混口饭吃，想当大汗恐怕难以服众，因为废他的人是努尔哈赤。阿敏是“三都督”舒尔哈齐的儿子，努尔哈赤是他大爷，这种身份能被选上大汗的概率基本为零。三贝勒莽古尔泰是努尔哈赤第五子，虽然战功卓著，但是其为人跟名字一样，是个莽撞人。另外，此人名声很臭，有犯罪前科，竟然把亲生母亲杀了（确实不如禽兽）①，基本可以排除，最后只剩下皇太极。

皇太极是努尔哈赤第八子，是个“四有达人”，有文化（其他人基本上都是文盲、半文盲），有战功（很会打仗），有人品（很会拉帮结派），有权谋（阴谋、阳谋样样精通）。努尔哈赤生前也确实很喜欢、很欣赏这个儿子，可以说皇太极是“智勇双全，人皆称道者”②。新任大汗的人选，皇太极个人综合素质比其他人高出一

①唐志邦:《清皇室四谱》卷二,《后妃》。

②吴晗辑:《朝鲜李朝实录中的中国史料》第八册，中华书局，1980年版，第3145页。

大截，确实是不二人选。再加上皇太极把工作都做到平时，四小贝勒中很多人都跟他穿一条裤子。努尔哈赤死的当晚，岳托就火急火燎地跑到他爹代善面前说：“明天选举新任大汗，谁要是不选皇太极，咱们就跟他拼了。”（百思不得其解）

努尔哈赤死后第二天，八旗旗主们召开新汗选举大会。代善看到大势已去（亲生儿子都不支持他），便和儿子一起提名皇太极为大汗候选人。代善是老大哥，虽然当不上大汗，但提名还是很有分量的，这一提案马上获得阿敏、莽古尔泰以及其他小贝勒的一致通过。应该说，这次新汗选举大会是一次成功的大会，胜利的大会，充分显示“八旗内部民主”的大会。

后金天命十一年（1626年）九月初一，皇太极在众人一致拥护下正式继承后金大汗之位，年号为天聪，是为天聪汗，史称清太宗。[①]令所有人都没有想到的是，皇太极会成为后金第二任大汗，也是最后一任。

登上大汗宝座的皇太极长出一口气，奋斗了这么多年，搞了这么多阴谋，装了这么多年孙子，终于当上一把手，实在是不容易。等他想出第二口气的时候，发现

①《清太宗实录》卷一，天命十一年八月庚戌、九月庚午。

也只能出一口气，第二口气必须得憋回去。

因为“英明汗”努尔哈赤跟明太祖朱元璋倒是有的一拼，都是白手起家、全国劳动模范、精力旺盛的超级猛人。他们都自认为把后世子孙的一切都安排妥当，国事家事一个不漏。不管你是第几代继承者，只要按照我的思路干下去，保证你万事无忧。面对这种高压的政治局面，换个一般人上台也就忍了，毕竟老爹刚死，尸骨未寒，想搞点改革纯属痴人说梦。很明显，皇太极不是一般人，也不想当一般人。

皇太极为了出第二口气，毅然决然地向努尔哈赤生前制定的“陈规旧制”发起进攻。天聪汗皇太极执政的中心思想是集权，我是大汗必须我一个人说了算。努尔哈赤搞八旗分权，皇太极就搞个人收权；努尔哈赤搞选举制，皇太极就搞任命制；努尔哈赤搞“民主”，皇太极就搞“专制”。总而言之，就是要跟老爹在政治上对着干。皇太极上台之后面临的最大挑战就是八和硕贝勒“共治国政”制度。

努尔哈赤执政后期给八旗的权力太大，分权太重，导致皇太极上台之后基本上成了摆设。干什么事都要你们定，我这个大汗难道是泥捏的？皇太极又没有努尔哈赤家长式的绝对权威，根本无法真正独掌乾坤。这对于权力欲相当强的皇太极而言，简直是“如坐针毡、如芒在背、如鲠在喉”，非常不快，因此一向沉稳睿智的皇太极很快就向其他七个旗竖起屠刀，政治斗争再一次打响。

不须多言，江南亦有何罪，但天下一家，卧榻之侧，岂容他人鼾睡乎！——宋太祖赵匡胤语录。

整个天聪年间（1627—1636年），皇太极除了打仗之外，干的最有意义最带劲的事情就是搞垮八和硕贝勒执政制度，从根上把这个制度的墙脚挖空，从而达到贬低别人，抬高自己，建立汗权绝对权威的政治目标。

天聪三年（1629年）正月刚过完年，皇太极突然发飙，对其他三个大贝勒说，你们每个月都要轮流执政，国家的所有政务都要你们全程参与，太费脑细胞，太辛苦，我于心不忍，以后这种事你们就交给四小贝勒。[①]皇太极一句话，三大贝勒瞬间变成路人甲、路人乙和路人丙，参政议政的权力被剥夺，政治地位严重下降。随后皇太极将他掌握的两白旗改为两黄旗，把阿济格、多尔衮、多铎兄弟的两黄旗改成两白旗，虽然只是简单的变换旗色，但意义重大。毕竟黄色才是最尊贵的颜色，黄

①《清太宗实录》卷五，天聪三年正月丁丑。

色旗帜具有特殊的政治色彩。我是大汗，必须要突出我的后金领导人地位。

下一步紧接着就是收拾人，目标直指威胁最大的三大贝勒。皇太极先从最弱的下手，第一个收拾的是二贝勒阿敏。天聪五年（1631年）十月，皇太极借口二贝勒阿敏失守永平城，夺去阿敏爵位并把他圈禁起来。直到死，阿敏也没能走出高墙。阿敏被囚禁之后，皇太极就把镶蓝旗交给阿敏的弟弟济尔哈朗，原因是济尔哈朗跟他哥哥阿敏关系不好，但跟皇太极的关系却很铁。皇太极非常信任这个堂弟，镶蓝旗从此划入皇太极的势力范围。

第二个轮到三贝勒莽古尔泰。天聪五年（1631年）的大凌河之战，三贝勒莽古尔泰因为在皇太极御帐前拔刀争论，引起众怒。[①]不久之后，皇太极鉴于莽古尔泰的名声一向很臭，平时人缘又不好，便借“御前拔刀”的由头撤了莽古尔泰三贝勒称号，降为一般贝勒，同时又罚他五牛录部属和一万两银子，以儆效尤。

阿敏和莽古尔泰都相继倒下，代善用脚指头想都知道下一个该轮到谁。要说代善还真是一条好汉——好汉不吃眼前亏，面对将要成为下一个“莽古尔泰”的危险

---

①《清太宗实录》卷九，天聪五年八月甲寅。

局面，他瞬间使出独门绝技。代善马上向皇太极请示：以前我们三个贝勒和大汗并列而坐是不对的，我坐在上面心里很不安，以后请大汗南面居中独坐。[1]这一招果然立竿见影，此招一出代善算是阶段性保住名位。代善这次马屁拍得极准，他对皇太极的脾气极为了解，知道皇太极最恼火最想废除的就是四大贝勒并列而坐、一起接受大臣朝拜的礼仪。皇太极看到大哥这么识相，二话没说就批了。

天聪六年（1632年）元旦，皇太极南面独坐接受众人朝拜，在礼仪上实现了唯我独尊的地位，标志着八和硕贝勒“共治国政”体制在形式上已经名存实亡。

经过几年不停的折腾，大贝勒代善老实了，二贝勒阿敏被废，三贝勒莽古尔泰被打残。在政治上，三大贝勒对皇太极已经够不上威胁，但在皇太极的斗争思维里，光打残对手是不够的，要整就得把人整死。天聪六年（1632年）十二月，三贝勒莽古尔泰由于被皇太极整得太惨，心情压抑又无处发泄，被活活气死。既然人死了，皇太极也就准备罢手，没想到天上掉馅饼想躲都躲不开，想睡觉就有人送枕头。

---

① 王先谦：《东华录》，天聪五年十二月丙申。

三年之后，正蓝旗有一个叫冷僧机的人向皇太极告发已死去多年的旗主莽古尔泰，说他生前与其家属和部下常常秘密开小会，会上竟喊些反动口号，很明显是要反对皇太极，准备搞武装暴动，阴谋叛乱。冷僧机这事干得确实不地道，人都死了三年现在才告发。这件事死无对证，也没法调查，看起来是个很棘手的问题。棘不棘手要看对谁而言。在皇太极眼里，这个问题一点都不棘手，反而认为这是一个千载难逢的好机会。接到告发信的皇太极大喜过望，马上展开行动对正蓝旗进行大清洗。

事实不重要，重要的是借口。

大清洗变成大屠杀，莽古尔泰的妹妹莽古济、儿子额必伦被杀，其他儿子一律被清除出宗室，降为平民。皇太极对于莽古尔泰的亲信更是不客气。只要他认为你是莽古尔泰的人，不但本人被杀，家人同样要杀。莽古尔泰的亲信下属包括其家人被杀的就有一千五百多人，整个大屠杀持续半年之久。杀人只是手段，目的是要吞并正蓝旗。杀完人之后，皇太极宣布正蓝旗全部人口、财产归大汗所有，把正蓝旗依附在大汗的两黄旗之下，不久之后就把长子豪格扶上正蓝旗旗主的位置。①

---

①《清太宗实录》卷二十六，天聪九年十二月辛巳。

从蓝旗事件可以看出皇太极为人心狠手辣，杀人如麻，确实不是一个世俗眼中的好人。怎么说莽古尔泰也是你哥哥，当初选举你为大汗也是投过赞成票的，没想到皇太极翻脸的速度比翻书都快。但从另一个侧面也能看出，皇太极确实是个雄才大略的政治家。当个好君主最重要的一个标准就是：为了达到政治目的就是要不择手段，人挡杀人佛挡杀佛。哥哥算什么，逼急了连亲爹都敢杀。

这场大屠杀效果明显，所谓杀鸡给猴看，猴子不害怕才怪，除非他是“金刚”。看着血淋淋的屠刀，以大贝勒代善为首的其他几个旗主贝勒立刻跑到皇太极面前表忠心，对天发誓要跟莽古尔泰划清界限，要恪尽职守，好好干活，对大汗忠心耿耿，不敢有半点二心。[①]至此之后，八和硕贝勒议政制度彻底沦为摆设，其他几个旗主贝勒无法再与大汗相抗衡，皇太极完全掌握了对他们的生杀予夺之权。

十年奋斗史，皇太极成功摆平代善、圈禁阿敏、气死莽古尔泰，“四大贝勒”不复存在。四小贝勒更是靠边站，皇太极说换就换，毫不客气。正黄旗旗主阿济格不

① 《清太宗实录》卷二十六，天聪九年十二月甲辰。

听话，马上换成多尔衮，压根就对皇太极造成不了威胁。不过从后面的历史发展来看，心狠手辣的皇太极还是看走了眼，看似听话的多尔衮等他死后差点抢走他的江山，但从当时的政治形势来看，一切还都在皇太极掌控之中。

在解决完权力分配问题之后，皇太极这位极具战略眼光的大汗发现时代发展了，老皇历确实翻不得。对他而言，大汗的称呼显然没有皇帝的称呼更有吸引力。为了后金的长远发展，皇太极接受汉族知识分子的建议，适应新的时代潮流，于天聪十年（1636年）四月登基称帝，建国号曰清，把这年改元为崇德元年，当起了皇帝，是为清太宗。当上皇帝的皇太极，更是不遗余力地从各方面打击限制八旗势力。为了加强皇权，皇太极在皇位继承人问题上与八旗诸王贝勒展开了新一轮较量。

二、皇太极谋求接班人的斗争

当上清朝第一任皇帝的皇太极，完成了第一阶段的政治目标——军政大权全部收归己有，八和硕贝勒议政从此成为历史名词。汉化颇深的皇太极又开始第二阶段的奋斗，目标是打破努尔哈赤制定的大汗推选制，乾纲独断，指定皇位接班人。皇帝还需要选举产生，这件事要是让南面的邻居明朝听见，还不得笑掉大牙。在皇太极看来，皇权更具有排他性。皇帝是家天下统治，家即是国，国即是家，皇位必须要保证在自己这一支系传承，其他人想入选，门都没有，连窗户缝都不给你开。

皇太极认为皇权和接班人是一个硬币的两个方面，两者缺一不可。只有高度集权才能保证皇帝一个人说了算，而一个人说了算最根本的体现是选择接班人，反过来接班人又能从根本上保证皇权的排他性得以实现。鉴于这两者具有不可分割性的特点，皇太极把皇位推选制视为实现人生政治抱负的最后一块绊脚石，使尽浑身解数要踢开这块石头。谁也没料到，这块石头不是一般的石头，上面刻着五个大字——泰山石敢当，皇太极直到死也没能把这块石头踢开。

皇太极是从争夺一把手的枪林弹雨中走过来的，见过大风大浪，是高手中的高手，自然知道这条路惊险无比且危机重重，稍有不慎便会一命呜呼。因此要想保证中意的儿子顺利接班，又不能走他的老路，就必须要进行政治体制改革。

首先，要从思想上明确等级观念、尊卑观念，把老一套的所谓氏族民主残余思想从大家脑中彻底清除。皇太极全面效法明朝各项规章制度，并结合本民族特点进行政治体制改革，弱化血缘关系以及氏族民主制思想残余对国家的影响，建立起皇帝专制统治的官僚政治体制。总体目标是要在后金全面确立“君君臣臣，父父子子”的封建等级观念，让大家明白一个道理，考虑问题不能仅仅依靠血缘关系的远近，要做到“君为臣纲，父为子纲，夫为妻纲”。总而言之，所有人都要一切以忠君为行动指南，从而形成一种皇帝让谁接班，我们就坚决拥护，与破坏者死磕到底的良好氛围。

其次，皇太极对老婆们进行统一管理，建立规章制度。努尔哈赤虽然创建后金政权，但是没有对后宫进行法制化管理。[①]皇太极四月刚登基，七月就把五个最重要的老婆分别册封名号，建立宫殿，确立严格的等级制度。[②]老婆们有了等级，老婆们生的儿子自然也就有了嫡庶之别，从此之后清朝的皇子就不再被大家一视同仁，出现了高低贵贱之分。这种观念正是皇太极指定接班人赖以存在的根基。

皇太极这一系列措施的出台，很明确是在告诉大家，我要指定皇位接班人，而且这个接班人还要从五个地位最高的老婆生的儿子里面挑选，其他人可以早点洗洗睡

---

① 《清史稿》卷二百一十四，《列传》一，《后妃》。
② 《清史稿》卷二百一十四，《列传》一，《后妃》。

了。皇太极这样一搞，豪格就彻底没戏了。

豪格是皇太极长子，生于明万历三十七年（1609年），从小就跟着爷爷努尔哈赤和父亲皇太极打打杀杀，军功章也挂满了前胸。崇德元年（1636年），时年二十八岁的豪格被封为和硕肃亲王。除了亲王爵位之外，豪格还是正蓝旗旗主，掌一旗之大权。在当时皇太极已有的三个儿子中就他成年，另外两个儿子老四叶布舒和老五硕塞一个十岁，一个十一岁。对皇太极而言，豪格的作用至关重要，是他坐稳皇位的重要支柱。

豪格人长得也很英武，作战勇敢，颇有谋略，属于复合型人才。[①]虽然豪格是皇太极长子，但是他母亲死得早，没在新封的五宫之列，连上车补票的机会都没有。更为要命的一点是皇太极不喜欢他，始终认为豪格为人不老实，对他并不是嘴上说的那么忠心。[②]皇太极搞五宫建制，就是不想让豪格当接班人。

其实皇太极在等一个人生儿子，这个人是五宫中他最喜爱的东宫宸妃。这位来自蒙古科尔沁部落博尔济吉特氏于天聪八年（1634年）才嫁给皇太极，时年二十六

---

①鄂尔泰等修:《八旗通志初集》卷一百三十一,《宗室王公列传》《肃亲王豪格》。

②《清太宗实录》卷三十，崇德元年八月辛巳。

岁，虽说嫁得晚又过了妙龄之年，但很快就成为皇太极最宠爱的妃子。[1]所以说，嫁得早晚不重要，最重要的是皇帝喜欢。五宫中她是东宫关雎宫大福晋，地位仅次于中宫皇后，高于其他妃子，实际上其在宫中扮演的角色是皇贵妃。

特别需要指出的是，中宫皇后、东宫宸妃和西宫庄妃（猛人）都是来自同一个蒙古部落——科尔沁部落，宸妃和庄妃是亲姐妹，而皇后是她们的姑姑，都是一家人。

这位宸妃也真没让皇太极白等，不负夫望，于崇德二年（1637年）七月初八为皇太极生下一个皇子，这个皇子也是皇太极当皇帝之后第一个皇子。就在孩子出生当晚，千年不变的老把戏又再次上演，这次的主角是皇太极，配角是文武大臣。

皇太极对身边的文武大臣说，晚上做了一个梦，梦见祥云入宫，绚烂非凡（很熟悉）。诸位大臣都是人精，意识到表现的机会来了，纷纷为皇太极解梦，指出天降祥云可是大富大贵的象征（也很熟悉）。[2]总而言之就是

---

①张采田:《清列朝后妃传稿》，1929年绿樱花馆平氏墨版，第43页。

②《清太宗实录》卷三十七，崇德二年七月乙亥。

告诉大家，这个皇子就是跟别的皇子不一样。皇帝和大臣演了一出老掉牙的双簧。皇太极也是没有办法，不演不行，谁让大家就信这个，封建迷信害死人。

宸妃生下皇子使得皇太极欣喜若狂，除了他宠爱宸妃之外，另一个重要原因是中宫皇后没生儿子，这个孩子便顺理成章成为皇太极出身最高贵的嫡长皇子。子以母贵，无论从出身还是感情上讲，皇太极都恨不得马上立这个皇子为“皇太子”。

为了给这个皇子积德积福，让全国人民都能享受到皇子带来的恩德，皇太极也不和八旗诸王贝勒商量，二话没说就第一次签署全国大赦令，并在大赦诏书中明确写出关雎宫宸妃给他生了一个皇嗣。[①]“皇嗣”这个词大家都懂得，其实就是皇太子的另一种叫法。这份诏书一颁布，皇太极之心就路人皆知了。

豪格看到这份诏书之后，也只剩下仰天长叹的份：“都是老爹的儿子，差距咋就这么大呢（东北方言）。”奋斗二十多年还是靠边站，真是干得好不如生得好。

八旗其他各旗亲王和贝勒看到这份诏书，一致认为皇太极这种自立接班人的行为是对先大汗努尔哈赤的公

---

①《清太宗实录》卷三十七，崇德二年七月壬午。

然违背，也是对汗位（皇位）推选制的公然挑衅，是赤裸裸的专制独裁。这些旗主亲王和贝勒确实愤怒了，愤怒之后就是沉默。

如果按照天命时期的政治斗争规律，此事一出，诸王贝勒们的联名告发信很快就会出炉（理由一抓一大把）。但如今政治形势不同，不沉默不行，他们几个人加起来也不是皇太极的对手。皇太极为人心狠手辣，整起人来六亲不认，当大汗的时候就敢弄死两个大贝勒，现在当了皇帝……于是各旗诸王贝勒对此事史无前例地达成一致意见——打死也不说。反正你是皇帝，你爱咋整就咋整吧。纵观皇太极“我行我素”立“皇太子”的整个过程，诸王贝勒连个大气都不敢喘。

皇太极成功了，他不但挖了八和硕贝勒“共治国政”的墙脚，还捎带着把爱子扶上“皇太子”的宝座，可谓是物质精神双丰收。如果按照这个局面发展下去，再过二十年等六十多岁的皇太极病逝之后，他的爱子将会继承他的皇位，并一代一代延续他开创的清朝，皆大欢喜的结局。如果历史真是这样的话，他的孙子康熙帝也不会因为立嫡长子允礽为皇太子，闹得儿子们四分五裂、国家鸡犬不宁，最后自己也活活急死。

人生就像一盒巧克力，你永远也不知道下一个吃到

的是什么味道。——阿甘语录

皇太极虽然没见过阿甘先生，却深深地领悟到这句话的人生含义。按照皇太极的既定奋斗目标，收回大权，搞定八旗，册立皇位接班人，政权内部矛盾顺利解决。作为一个有理想、有道德、有追求的开国皇帝，下一步工作重点必然是要集中精力对外作战，扫平明朝，统一全中国。

就在皇太极志得意满之际，命运却给了他当头一棒。他的嫡长皇子于崇德三年（1638年）正月不幸夭折，这位含着钻石钥匙出生的皇嗣只活了几个月便撒手人寰。儿子死了最伤心的莫过于母亲，这个打击对于刚当上母亲的宸妃来说无疑是致命的。虽说皇太极也是极为伤心，但是没关系，等宸妃再生一个皇子，我依然立他为皇嗣。

宸妃的爱子死后第三天，她的亲妹妹西宫庄妃也为皇太极生下一个皇子，取名福临（顺治帝）。该皇子虽然排行第九但地位很高，因为自从五宫建制以来，到目前为止只有两个皇子降生，宸妃所生的皇子虽然排行第一，最为尊贵，但不幸夭折。庄妃所生的福临就依次递进由嫡次子变成嫡长子。福临这种特殊身份也为他将来即位登基埋下伏笔。

皇太极虽然又当爹，但一点也高兴不起来，因为他最看重的皇子刚死，爱妃也因为失去儿子闷闷不乐。双重打击使得皇太极也整天拉着个脸，看谁都像欠了他五百块钱似的。按理说福临既然成为嫡长子，按照新的组织规定，立他为皇嗣本是顺理成章的事。没想到皇太极对福临这个嫡长子连多看一眼都嫌麻烦，立嗣之事更是只字不提，选择性失忆。

从这件事可以看出，皇太极虽然英雄无敌，但再无敌的英雄也难过美人关。皇太极爱江山，但他更爱美人。在爱妃之子继承皇位的问题上，皇太极充分展示出很男人的一面。他将女真人的二杆子精神发挥到极致，一条道走到黑，铁了心要立宸妃的儿子为下一任皇帝。

宸妃还活着，只有她生下的皇子才能继承我的皇位，其他人想都不要想。

真是希望越大失望越大。皇太极没等来宸妃的儿子，却等来更大的痛苦。崇德六年（1641年）九月，宸妃由于伤心过度，没迈过心里那道坎，病死于宫中。[①]宸妃病逝使皇太极的精神彻底崩溃，虽然他的老婆很多，但宸妃是他一生最钟爱的女人。爱子和爱妃的相继去世，使皇太极失去了人生中最重要的两个精神支柱。直到两年

---

①《清太宗实录》卷六十，崇德七年五月癸酉。

后皇太极病逝为止，他再也没有立过接班人。从这点可以看出，皇太极也有感性的一面，是个真男人，是个纯爷们儿，是个好丈夫。

> 十年生死两茫茫。不思量，自难忘。千里孤坟，无处话凄凉。纵使相逢应不识，尘满面，鬓如霜。
>
> 夜来幽梦忽还乡。小轩窗，正梳妆。相顾无言，唯有泪千行。料得年年肠断处，明月夜，短松冈。
>
> ——苏轼《江城子》

这三位在地下团聚，从此过上幸福的生活。

三、皇位推选制与顺治帝登基

崇德八年（1643年）八月初九，清太宗皇太极毫无征兆地病逝，一句话都没留下来，这下可害苦其他老婆和孩子了。虽说你跟宸妃的爱情故事令人唏嘘，但毕竟你除了丈夫还有皇帝的职责在身，扔下这万里江山谁来接班，你死了连个临终指示都没有，剩下孤儿寡母，叫我们怎么活？

皇太极当初太过生猛，十几年如一日地打压政治对手，整死的八旗权贵都能组成一个加强连。这帮人也有儿子有亲戚有部下，他们展开反攻倒算的可能性也不是不存在（从后面的历史来看，他们也确实这样干了）。皇太极一死，剩下的孤儿寡母顿时失去靠山，陷入极其危险的境地，再加上皇帝宝座是如此诱人，想干这份工作的人几乎包括了所有八旗旗主亲王和贝勒。

套用郭德纲先生的一句名言："不想当厨子的裁缝不是好司机。"

现在的政治局面是：不想当皇帝的亲王不是好贝勒。各路亲王贝勒都开始磨刀霍霍，不争个你死我活誓不罢休。

皇帝死了，虽然大家都很伤心，但是国不可一日无君，还得赶紧有人接班才对，不然大家都想干，国家非乱不可。皇太极死得很突然，没留下遗言；宸妃所生之子夭折之后，他又没立新的接班人。面对这样复杂的局面，八旗亲王和贝勒们又拿出老方案，既然皇帝没有指定接班人，那么还是按照太祖努尔哈赤制定的老规矩——八王推选制来办。这个办法既符合民主精神又符合祖制，更为重要的一点是，只有这个制度他们才有可能接班。

于是大家商议好皇太极的丧事之后，把推选皇帝的会议日期定在八月十四日。

下面轮到主要人物出场了。既然是八旗旗主亲王和贝勒才有权力推选皇帝，那么诸位亲王和贝勒自然成了主角。当时的八旗旗主分别是正黄和镶黄两旗旗主皇帝皇太极（已死）、正红和镶红两旗旗主代善、正蓝旗旗主豪格、镶蓝旗旗主济尔哈朗（舒尔哈齐第六子）、正白旗旗主多尔衮（努尔哈赤第十四子）、镶白旗旗主多铎（努尔哈赤第十五子）。上述人员除皇太极之外，其他人虽然还叫旗主，但对本旗的控制力已经大不如从前，跟努尔哈赤时期相比有天壤之别。原因很简单，皇太极活着的时候基本上把他们的权力都架空了，但是按照组织规定这次推选皇帝他们还是有选举权和被选举权。代善已经错过一次，这次的任务是和稀泥，而济尔哈朗血缘关系稍远，基本没戏，真正意义上有被选举权的只剩下豪格、多尔衮、多铎。

介绍完主角，该轮到配角出场。皇太极一死，他的老婆们就由皇后变成皇太后，五宫太后作为一支独立的政治力量成为第一配角，其中起主导作用的是福临生母庄妃，也就是后来的孝庄皇太后。从后面的表现来看，孝庄能够被评为清代最厉害的两个女人之一（另一个是慈禧）确实是实至名归。虽然从个人能力上讲两人不分伯仲，但是从人品上区分还是很容易的，孝庄是个政治家，而慈禧是个阴谋家。

庄妃十三岁嫁给皇太极，为皇太极生了一个儿子（福临），三个女儿，从数量上来看这方面她在后宫中排第一。福临又是皇太极的嫡长子，这从侧面说明她跟皇太极的夫妻关系很好。除了夫妻生活外，在政治方面皇太极对庄妃也颇为赏识。当时清朝后宫不像汉族政权那样限制女人干政，妇女在社会上的地位比较高，而庄妃在皇太极执政初期就表现出极高的政治天赋，获得皇太极的高度认可。皇太极便把她当成政治上的一个得力助手。

清朝建立之后，各种规章制度亟须建立，其中很重要的一项工作就是用衣冠服饰去辨别等级，区分贵贱，体现新朝新气象。“服制者，立国之经。”[1]而这项具有重大政治意义的工作，皇太极直接交给庄妃，而庄妃率领她的团队很好地完成了这项任务。

五宫中其他几个女人都没什么政治才能，再加上庄妃又生了嫡长子，因此她便成为后宫势力的法定代表人。能者多劳，你不干谁干？很显然庄妃很愿意干，而且干

① 《清太宗实录》卷三十四，崇德二年四月丁酉。

就要干得出彩，干得出彩的终极目标就是把儿子福临扶上帝位。

第二配角——两黄旗大臣，主要代表人物索尼（正黄旗）、图赖（正黄旗）、鳌拜（镶黄旗）、谭泰（正黄旗）。两黄旗大臣都是皇太极的旗内之人，也就是说皇太极是他们的主人。男主人虽然死了，但是女主人和小主人还在，他们的态度对皇位的最终归属至关重要。原因有两点，一是皇太极执政期间，在打击其他六旗势力的同时，大大提高两黄旗大臣的政治地位，把他们都安排在重要工作岗位上，这些人都是名副其实的实权派；二是皇宫的兵权掌握在两黄旗大臣手中（这个很要命）。

以上人员可以分为四股势力，皇太极死后他们的政治态度分别是：

豪格：我想当皇帝；

多尔衮、多铎兄弟：我也想当皇帝，最无法接受豪格当皇帝；

庄妃：我想让我儿子当皇帝；

两黄旗大臣：我们只支持先帝的儿子当皇帝。

主角和配角都已到齐，好戏正式开始。

著名表演艺术家陈佩斯老师教导我们：是不是主角

不要紧，重要的是要学会抢戏。

八月初九皇太极病逝当晚，配角之一的两黄旗大臣率先行动。他们深夜跑到豪格家中，对豪格说："我们几个商量好了，一致支持选举您为皇帝，让福临当太子。"[①]豪格内心狂喜，欣然同意，拍了拍两黄旗大臣的肩膀说："你们这样拥戴我，我很欣慰，等我当上皇帝之后不会亏待你们。"

得到两黄旗大臣支持的豪格手里有了两票，看到登基有望，第二个开始行动。豪格派人跑到关系不错的济尔哈朗家中，对他说："两黄旗大臣支持我当皇帝，这事你怎么看?"济尔哈朗很怵头地回复说："我也是这个意思，但是多尔衮的态度不明朗，我得和其他人好好商量商量。"[②]可以看出，济尔哈朗虽然也想选豪格，但是又害怕多尔衮的权势，保留了手里的一票，谁也不想得罪。

第三个行动的是多尔衮，多尔衮想当皇帝的愿望比豪格强烈一百倍。多尔衮是正白旗旗主，加上镶白旗旗主多铎是他的亲弟弟，并且多铎一开始很支持他，算是手里有了两票。从自身利益考虑，他是皇太极的弟弟，

---

①《清世祖实录》卷三十七，顺治五年三月己亥。

②《清世祖实录》卷三十七，顺治五年三月己亥。

能当皇帝最好，一旦当不了，最不愿意看到的局面是豪格胜出，因为两人的矛盾很深，无法调和。两白旗将领也不失时机地纷纷跑到多尔衮面前，痛哭流涕地说："如果肃亲王豪格当上皇帝，我们这些人必死无疑，大王您得给我们做主。"①

多尔衮为人一向沉稳睿智，带兵出身的他深知枪杆子的重要性，也看出获得两黄旗大臣的支持才是这出戏的重中之重。

八月十三日（离选举会议还有一天），多尔衮在三官庙很"偶然"地撞见索尼，就随口问了一句："册立这事你怎么看?"老谋深算的索尼知道多尔衮是在试探他，直截了当对其说："先帝有儿子在，肯定立他们其中一个，其他的我不知道。"②这个态度对多尔衮来说不好不坏，"不好"是因为两黄旗大臣不支持他，"不坏"的理由是他们也没有明确表示支持豪格。

很显然，索尼也给多尔衮灌了一剂迷魂汤，因为两黄旗大臣至少在这个时候还是支持豪格的。

没想到当天晚上形势大变，正黄旗护军统领图赖突然跑到索尼家，神神秘秘地告诉索尼："对于立先帝之子

①《清世祖实录》卷二十二，顺治二年十二月癸卯。
②《清史稿》卷二百四十九，《索尼》。

的立场，到时候我们要以死相争。”[1]考虑到明天就要开选举大会，图赖深夜跑来把这个态度告诉索尼，表明两黄旗大臣关于帝位继承人的态度发生重大变化，由当初支持豪格变为支持皇子，中间仅隔了五天时间。

两黄旗大臣临阵变策可以说明两个问题：一是他们注意到多尔衮所代表的两白旗势力肯定不会接受豪格继位的方案，死保豪格闹不好会鸡飞蛋打，一无所获；二是图赖在开会前夜才告诉索尼谜底，还信誓旦旦地说到了关键时刻要以死相争，说明他得到高人指点，我们有理由相信这位高人的名字为庄妃。图赖是正黄旗大臣，是皇帝的家奴，其他旗主根本入不了他的法眼。现在皇帝死了，能够指挥动他的除了新皇帝，就是女主人庄妃。就在当天晚上，这两股势力达成了政治统一。

从历史记载上的蛛丝马迹可以看出，庄妃这几天也没闲着，除了向两黄旗大臣面授机宜之外，必然也派人去了多尔衮家。

八月十四日，清晨。选举会议在崇政殿如期举行。代善、豪格、济尔哈朗、多尔衮等国家掌权者纷纷走入会场，按照爵位高低依次坐下，大家都神色凝重不苟言

---

①《清史稿》卷二百四十九，《索尼》。

笑，整个大殿散发着一股浓浓的火药味。由于这次会议的议题过于重大（选皇帝），大家你看我，我看你，谁也不说话。在清除闲杂人等之后，准备关上大门正式开会。没想到大门刚关一半，意外发生了。就见索尼和鳌拜两人率领全副武装的两黄旗皇帝卫队，满脸杀气地强行闯入会场，整个崇政殿也被两黄旗士兵团团包围。还没等大家反应过来，两人率先发难，手里拿着刀恶狠狠地对众人大吼一声："要立就立先帝的儿子，不然我们手里的刀不答应。"（这招够流氓）

被两黄旗士兵包围的众人脸色为之一变，没人敢说话。会场顿时陷入很尴尬的局面。这时还是多尔衮率先开了口："有没有点规矩？我们这些当领导的还没说话，你们这些外人闯进来干什么？你们有什么资格在这里大呼小叫？还不赶快滚出去！"要说还是多尔衮的气场强，两人悻悻地暂时离开会场，但士兵却没带走（两个老狐狸）。

两人走后，会议继续进行，不过还是没人说话。代善发现他不说别人也不会开口（资格最老），这样僵持下去不是办法，于是就开了第一枪，颇有深意地看了一眼多尔衮，缓缓说道："豪格是先皇的长子，按道理应当继承皇位。"

多尔衮就知道老大哥要坏他的好事，刚要反驳，没想到豪格听完代善的话，脱口而出："我这个人要德没德，要福没福，皇帝我干不了。"说完之后走人。真是让人匪夷所思的行为，弄得大家都目瞪口呆。估计豪格是想以退为进，原打算避避嫌，名利双收，没想到错误估计了形势，他这一走嫌倒是避了，顺道把皇位也避开。

豪格一走，正中多尔衮等人下怀。真是天助我也！阿济格、多铎这下也来劲了，马上表态："我们支持睿亲王（多尔衮）继位，其他人不服。"这句话分量很重，因为当时两白旗的军事实力在多尔衮兄弟三人的领导下，是清朝所有野战部队中最能打的两支，全八旗能排前两名。

多尔衮眼观六路耳听八方，听完兄弟的话，意识到摊牌的时刻到了。他的心也提到嗓子眼儿，再看看身边全副武装的两黄旗士兵，犹豫了一下，没有马上表态。

多铎看到大哥不说话，心里又急又气，把心一横，既然你不干，老子还想干呢。他冲着多尔衮大声说道："大哥要是不当，那就应该立我，我的名字出现在太祖的遗诏里了。"

多尔衮冷笑一声："那份诏书里也有豪格的名字，不光你一个人。"意思是说你小子在这儿凑什么热闹，哪凉快哪儿待着去。

多铎这下急了：“要是不立我，就立礼亲王（代善），他的辈分最高。”

代善连忙摆摆手，道出六十年的人生总结：“我老了，哪能干得了皇帝？睿亲王（多尔衮）要是能干，是我们清朝的福气，不然就立皇子。”

多尔衮听完代善的话内心一阵狂喜，连老大哥都支持我，看来皇位非我莫属。他打消所有顾虑，下定决心要继位。

就在这千钧一发之际，抢戏的又来了。两黄旗大臣拿着武器再次跑到殿前，拎着手里的刀剑歇斯底里地喊道：“我们这些人都是靠着先帝才能活命，吃先帝的喝先帝的，先帝对我们的恩德比天都大，要是不立皇子，我们这些人要和他玩命，反正我们是不想活了，大不了咱们一起去下面见先帝，二十年之后又是一条好汉。”（真是流氓拎菜刀谁也挡不住）

双方剑拔弩张，整个会场的气氛也紧张到极点，所有人都意识到说话只要稍有不慎便会引起大爆炸。代善眼看自己一句话就使得局面近乎失控，意识到再待下去老命恐怕不保，眼睛一转玩起了躲猫猫，面露难色地对大家说：“我是先帝的大哥，虽然经常参加朝政，但是人老了，脑瓜也不好使，没水平参加这种高级别的会议。”

说完之后闪人。阿济格很无奈地摇了摇头，也跟着代善走出会场。多铎看到两黄旗大臣要拼命，低下头也一言不发。

事情发展到这一步，谁也没有料到。代善等人走后，现场只剩下多尔衮、多铎、济尔哈朗和两黄旗大臣，当然还有全副武装的两黄旗士兵。

多尔衮意识到今天不表态，马上就会引起流血事件。一向淡定的多尔衮也开始紧张起来，他确实想干，但是周边都是虎视眈眈的两黄旗大臣和士兵，自己的嫡系部队又都在宫外，要是强行继位有可能小命不保。就算是我干不成，也不能让豪格得逞。

正在这时，多尔衮抬头看了一眼坐在旁边表情呆滞的济尔哈朗（很会装），脑海里突然一道灵光闪现，数十亿个脑细胞高速运转，最终汇成一句话："你们说得很对，我也支持立皇子。豪格既然退出，没有继位的打算，那就应该立先帝的第三子（福临）。鉴于皇帝太小的客观事实（时年六岁），我和右真王（济尔哈朗）各自掌管一半的八旗军队辅佐皇帝执政。等皇帝成年之后我们就归政，大家看这个方案行不行？"①

---

①［朝鲜］《沈阳状启》，辽宁大学历史系，1983年印本，第514页；《清史稿》卷二百四十九，《索尼》。

要说多尔衮的智商确实是高人一等。这个方案一出台，大家都表示同意，问题迎刃而解。两黄旗大臣立皇子的政治目的达到，多尔衮虽然没有登基，但是阻止了豪格，又当上辅政，是一个基本上可以接受的结局。这样一个意外结果获利最大的是庄妃和她的儿子福临。

这次会议是一次载入史册的会议，整个会议人心之复杂、斗争之激烈、火药味之浓烈都是史无前例的。整个会议的配角两黄旗大臣抢戏变成主角，表明皇太极十几年的封建思想教育起到作用。在女真贵族阶层，皇位传位给儿子的思想已经深入人心，整个国家的等级尊卑观念也逐步形成。多尔衮提议立福临为帝，除了年龄小好控制能辅政之外，跟他拥有嫡长子的高贵身份也不无关系。

皇太极活着，想立嫡长子为接班人没有成功。

皇太极死了，他的嫡长子继承了他的皇位。

有心栽花花不开，无心插柳柳成荫，这就是命。

崇德八年（1643年）八月二十六日，年仅六岁的福临登基，于次年改元为顺治元年，成为清朝第二任皇帝。

第四节　顺治时期集权与第三代接班人之争

一、顺治帝的奋斗史

崇德八年（1643年）八月二十六日，六岁的福临正式就任清朝第二代皇帝，是为顺治帝。福临的命实在是好得爆表，按正常情况他生下来是嫡次子，没想到头生三天，皇太极嫡长子夭折了，他顺理成章递补变成嫡长子；当大家都为了皇位争得头破血流拔刀相向的时候，他啥也没干就顺利拿到手；努尔哈赤和皇太极使出吃奶的劲都没能打进北京城，他刚当上皇帝没几个月就坐在紫禁城太和殿的龙椅上。

命里有时终须有，命里无时莫强求。——《增广贤文》

这命生下来就是做皇帝，你不服还不行，所以说投胎也是个技术活。

正所谓“祸兮，福之所倚；福兮，祸之所伏”。福临当了十八年的皇帝，确切地说是当了十八年名义上的皇帝。只能当名义上的皇帝，也是没有办法的事情。他后面站着两个政治强人，前八年是他十四叔多尔衮，后十年是他母亲孝庄。有这两位超级猛人在，他也只能乖乖靠边站。

顺治元年（1644年）四月，摄政王多尔衮率领八旗军队入关，与吴三桂的军队合兵一处，击败李自成“几十万”农民军，打进梦寐以求的北京城。在大家的一致拥护下，福临于这年十月在武英殿举行隆重的二次登基大典。清朝从此鸟枪换炮，由东北地区割据政权华丽转身变成全国性政权。这样的伟大功绩，使多尔衮的个人威望达到顶点，“关内关外，咸知有睿亲王一人”[①]。

要论个人能力，多尔衮的才干不在其兄皇太极之下，综合能力能够排进清朝前五名。多尔衮除了打仗是一把好手之外，同时也深谙政治之道，其个人政治眼光更是无人能及。他当上摄政王之后，顺应时代潮流，按照皇太极的政治理念继续收权。在多尔衮看来，皇权是至高无上的，全国只能有一个主人——皇帝，其他人必须无条件服从皇帝的命令，想谈条件的一律废掉。由于顺治帝太小（名义上的），他又是摄政王（实际上的），按照这个逻辑思维得出的结论就是每个人必须要服从我。

于是，多尔衮对其他八旗诸王和贝勒展开第二轮打

---

①《清世祖实录》卷九十，顺治十二年三月丁酉。

击。首当其冲的是豪格和济尔哈朗。没办法，谁让你威胁最大，不整你不足以服众。作为一个优秀的政治家，多尔衮再次给我们上了一堂政治课：在这个圈子里想整你，理由从来都不是问题。

济尔哈朗是个“老实人”，又不是努尔哈赤这一支系，没啥太高的政治追求，无非就是想图个安稳，老婆孩子热炕头的生活就很知足，对多尔衮也是毕恭毕敬，马屁没少拍，就这样一个人，多尔衮也不放过。顺治四年（1647年）二月，多尔衮撤了济尔哈朗辅政王的头衔，理由很充足：他的王府盖得超标。济尔哈朗看着比皇宫还富丽堂皇的睿亲王府气得差点没吐血。没过几个月，多尔衮就提拔亲弟弟多铎为辅政叔王①，初步实现大权独揽的政治目标。

相比豪格而言，济尔哈朗还算是幸运的，毕竟多尔衮没有整死他。对于这个昔日没让他当上皇帝的侄子，多尔衮一直耿耿于怀。顺治五年（1648年）三月，多尔衮以图谋不轨、贪功冒功的罪名把豪格和他的同党一起送进监狱。没过多久，性格强硬的豪格就不堪屈辱而自杀。同年十一月，资格最老的礼亲王代善也病逝。代善死后，多尔衮便成为宗室中首屈一指的人物。

---

①《清世祖实录》卷三十三，顺治四年七月庚子。

在打击主要目标的同时，多尔衮对其他各旗特权的打击也是不遗余力。八旗亲王贝勒以前是可以参与中央六部行政事务的，多尔衮说不可以；八旗亲王贝勒贪污违法以前是没人敢查的，多尔衮下令一查到底；八旗亲王贝勒以前参政议政如家常便饭，与下属旗人官员来往密切，双方人身依附关系很强，多尔衮禁止。总而言之，就是不能让你们掌权。

经过这么一番折腾，有威望的宗室亲王贝勒，死的死、废的废，被收拾得服服帖帖，多尔衮实现了一人独大的终极政治目标。与此同时，清朝八旗军队在全国各地战场上的进展也势如破竹，破李自成、灭张献忠，扫清纵横全国几十年的“流民军”。短短几年时间，清朝军队几乎统一了整个中国，实现了真正意义上的大一统，多尔衮功不可没。有些人集权是为了弄权，而有些人集权是为了事业，很显然多尔衮属于后者。

当然欺负小皇帝的事，多尔衮也没少干。封号从叔父摄政王，到皇叔父摄政王，再到皇父摄政王，就差让顺治帝叫他亲爹。在当时的情况下，顺治帝想掌权那是痴人说梦，能活着就已经很不错了。[1]两黄旗大臣呢？不

---

①《清世祖实录》卷六十三，顺治九年三月癸巳。

用找了，他们早就被多尔衮废了或者收编。别说一个小破孩儿，连孝庄这种猛人都不敢跟多尔衮明着使招，也只能背地里搞点动作，与他虚与委蛇，尽量保护着娘儿俩不被废掉。这就是顺治小皇帝前八年的真实生活写照。

要说还是老天开眼，看着这母子俩过得确实困难，就出手帮了他们一把。顺治七年（1650年）十二月初九，三十九岁的多尔衮病死在喀喇城（今河北滦平县），一代枭雄终归黄土，其死后被追封为“诚敬义皇帝”。多尔衮死后终于当上皇帝，虽然不是很光彩，时间也很短，但是历史最终承认了他的丰功伟绩。

多尔衮死后，顺治帝这个“儿皇帝”终于熬出头，冲着老天爷大喊一声：阿弥陀佛，佛祖保佑。

顺治八年（1651年）正月，顺治帝迫不及待地向全国人民发表重要宣告：从现在开始我要正式履行皇帝职权。于是十四岁的顺治帝把皇权拿回到手里，想要“独立自主”地管理清朝。与此同时，孝庄也摆脱多尔衮的阴影，开始发挥政治影响力。

顺治帝亲政的时候虽然才十四岁，但穷人的孩子早当家。在多尔衮这座大山的政治压力下，他天天生活在水深火热之中，过着朝不保夕的生活，不早熟才怪。顺治帝掌握政权之后，发现局面还不算太坏，因为猛人都死了（代善、豪格、多铎等人已死）。多尔衮虽然可恶，但是这个大猛人干掉很多小猛人，现在大猛人死了，只要能够搞定已死的大猛人，他就会变成最大的猛人，就能独掌乾坤，真正当家做主。

人都死了怎么搞定？顺治帝是有办法的，人死名还在，那就把名搞臭。

顺治八年（1651年）二月，多尔衮刚死一个多月，手下就树倒猢狲散。多尔衮的亲信苏克萨哈（正白旗人）第一个向顺治帝告发前主人，写了一封检举信，信上说了两点：一是多尔衮生前曾与手下亲信密谋，计划将两白旗军队转移到永平城（今河北卢龙县），阴谋叛乱；二是多尔衮私底下做了几件皇帝登基穿的龙袍，并且家中收藏着当皇帝才能用的珠宝。苏克萨哈一叛变，立刻引起了政治上的连锁反应。多尔衮的其他亲信也不甘落后，纷纷向顺治帝揭发前主人的各种罪行，诸如贪污公款、生活腐化、迟到早退、强抢民女、超标建房、霸占人妻等等，使得多尔衮瞬间就从天下第一大猛人变成天下第一大恶人。

顺治帝等的就是这个机会，收到大量“铁证如山”的告发信之后马上找人开会。由于当初被多尔衮收拾得太惨，各大旗主亲王和贝勒个个义愤填膺，纷纷表示对这种谋逆之人必须严惩。济尔哈朗更是老泪纵横，控诉多尔衮当年是如何如何欺负他的。总归一句话：多尔衮这厮坏透了。

顺治帝满意地点了点头，高度赞扬了大家的“马后炮”精神。下令撤销多尔衮“诚敬义皇帝”的封号，派人抄了他的家，平了他的墓，并向全国人民公布其阴谋叛乱、违法乱纪的罪行，把多尔衮的名字钉在历史的耻辱架上，这一钉就是一百多年（直到乾隆帝时才为其平反）。多尔衮的亲信手下更是一个不留，全部从严处理，连英亲王阿济格也被勒令自杀。

顺治帝处理完人之后，发现正白旗没人管不行，交给别人管又不放心，便主动承担这个重任，把正白旗分配给自己，与两黄旗一起组成上三旗。皇帝一个人兼了三个旗的旗主，也就成为八旗中最大的旗主。从此之后，皇权一家独大，旗权在政治上再也不能对其构成任何威胁。

二、第三代接班人斗争

顺治帝搞臭多尔衮之后，彻底实现“翻身农奴把歌唱”。他本以为从此之后，可以搞点事业，毕竟本职工作是皇帝，好好干活把国家治理好才是正道。令他没有想到的是刚走出狼窝，又进入虎穴。

顺治帝是个汉化很深的人，并且对汉文化产生浓厚的兴趣。[1]每当顺治帝与汉族士大夫谈经论理、讨论治国之道的时候，他母亲孝庄就过来揪着他的耳朵对他说，咱是满人，学习汉文化那是舍本逐末，你不能忘本。[2]

顺治帝罢了济尔哈朗的辅政之权，要求文武大臣所有的奏章都要送到他这儿，他要亲自审阅。孝庄就说，你这是不信任老臣，这样干不符合祖制。

顺治帝重用汉臣，把他们放在重要岗位上，给他们一定的权力。孝庄就说，汉人靠不住，不能提拔重用。

顺治帝为了更好地行使皇权，对中央机构进行改革，把内院改成内阁，设立翰林院，提高对国家的掌控力。孝庄就说，设这么多机构，宗室王公都没事干，长此以往国将不国。

顺治帝发现两黄旗大臣和孝庄一个鼻孔出气，就提高正白旗的政治地位，重用正白旗的人。孝庄就说，两黄旗大臣是咱们的恩人，你不能干卸磨杀驴的事情。

顺治帝为了突破满洲贵族设置的权力堡垒，加强皇

---

① [朝鲜] 李渲:《燕途纪行》，载 [韩] 林中基编:《燕行录全集》第二十二册，韩国东国大学校出版部，2001年，第156页。

② 吴晗辑:《朝鲜李朝实录中的中国史料》第九册，中华书局，1980年版，第3938页。

权，按照明代的制度设立“十三衙门”。[①]孝庄就说，明朝亡就亡在太监专权，你这样干是亡国之兆。

总之，顺治帝往东，孝庄就往西。孝庄总是要跟他对着干，两个人的政治思想根本融不到一起。顺治帝虽说是皇帝，但是面对孝庄和满洲权贵的政治包围，想有所突破，一点办法都没有。遇到孝庄这样的政治女强人，顺治帝也只能望洋兴叹。

母子二人的关系，由于政治观念的差异也日趋紧张，顺治帝对和孝庄穿一条裤子的两黄旗大臣更是厌恶到了极点。顺治帝使出浑身解数，发现总是干不了他想干的事情，心情无比压抑，逐渐患上轻度抑郁症。

想当个好皇帝、励精图治的皇帝、不被人控制的皇帝咋就这么难。

顺治帝的政治理想得不到实现，便转变斗争方向。老子干不成，还有儿子呢。顺治帝把心一横，铁了心要把他中意的皇子扶上帝位，让下一代去完成自己未完成的心愿，为此与孝庄展开了新一轮的政治斗争。

顺治帝在政治上不如意，在生活上更是不痛快。原因很简单，他的婚姻是封建包办婚姻，这对于向往自由

---

① 《清世祖实录》卷七十六，顺治十年六月癸亥。

恋爱的顺治帝来说犹如每天都生活在水深火热之中。顺治八年（1651年）正月，顺治帝正式亲政，这年八月孝庄就为他举行隆重的结婚大典，皇后是孝庄的亲侄女。孝庄满怀期待着他俩能够生个皇子，然后接顺治帝的班，这样她的地位、满蒙联盟的关系就会更为牢固。

顺治帝不喜欢这位皇后，不喜欢的原因除了脾气性格之外，最重要的一点是他想极力摆脱母亲的束缚。换了别的皇帝，不喜欢也就算了，反正能凑合着过就行，顺治帝不喜欢的后果就是没过两年就借口“感情不和”把这位皇后废了。孝庄为此极为恼火，狠狠地骂了儿子之后，又主动为他包办第二个皇后。这位皇后也不是外人，是孝庄的侄孙女。

顺治帝虽然极为不满意，但也无可奈何，总不能连着废掉两个皇后，名声传出去也不好听。顺治帝于是用冷暴力来对待新任皇后，第二任皇后虽然废不了，但是夫妻关系有名无实。不仅仅是两任皇后，连其他三位来自孝庄家乡蒙古科尔沁部落的妃子，顺治帝也一概拒之于千里之外。

经过数年的挣扎与寻觅，顺治帝终于找到喜爱的女人，并与这个女人展开轰轰烈烈的爱情，这个女人就是董鄂氏。此女出身满洲正白旗，其父为正白旗大臣鄂硕。

顺治十三年（1656年）八月，顺治帝不顾其他人反对（主要是他妈孝庄），册封董鄂氏为贤妃。仅仅过了一个多月，就以“敏慧端良，未有出董鄂氏之上者”为理由晋封其为皇贵妃。按说晋升这么快也就罢了，谁让你喜欢。没想到顺治帝对于喜欢的女人，毫不掩饰激动之情，不仅为她举行隆重的册封大典，而且下诏全国大赦。整个清代，因为册封后妃而大赦天下的也就董鄂氏一人。

董鄂氏出身正白旗，又是他喜欢的女人，这对于顺治帝来说无疑是如获至宝。顺治帝与董鄂氏天天黏在一起谈情说爱，孝庄和两黄旗大臣为此都忧心忡忡。董鄂氏如此受宠，万一再生个儿子，恐怕局面就无法控制了。

真是怕什么来什么。顺治十四年（1657年）十月初七，皇贵妃董鄂氏为顺治帝生下一个儿子。这个孩子虽然是顺治帝的第四个儿子，但是由于中宫皇后没有生子（顺治帝故意），子以母贵，这个皇子便成为顺治帝的嫡长子。顺治帝掩饰不住喜悦之情，抱起这个刚出生的孩子，说出了颇有政治含义的一句话：这个孩子是“朕第一子”。①

---

①《清初内国史院满文档案译编》下册，第365、377页。

顺治帝说这句话很明显是在进行政治暗示，毕竟他前面已经有三个皇子，目前活着的有皇二子福全、皇三子玄烨，董鄂氏所生的皇子只能排行第四。顺治帝对于自己有几个儿子必然不会记错，故意把老四说成第一子，唯一的解释是想让这个皇子接班。第一子就是第一高贵的皇子、第一看重的皇子、第一培养的皇子。看来顺治帝平时没少看父亲皇太极的实录，他爹这招“偷梁换柱”拿来活学活用。

皇贵妃董鄂氏生下皇子之后，顺治帝高兴之余，又打起新的如意算盘，想把第二任皇后废掉，把董鄂氏扶上皇后宝座。孝庄对儿子这种得寸进尺的“无耻要求”断然拒绝，母子俩的矛盾也进一步激化。你小子已经废了一个皇后，再废一个，我的老脸往哪儿放？董鄂氏要是当上皇后，下一步你小子就该正式立她的儿子为皇太子了吧。孝庄看出顺治帝的“不良”意图，关于废立皇后的事情就是不松口。

顺治十四年（1657年）十一月，看着亲儿子跟她不是一条心，如此“不肖”，孝庄是又急又气，这一气就病倒了。这下可吓坏了顺治帝，虽说与母亲政见不合，但他是个孝子，看到母亲病倒非常着急，鞍前马后地照顾母亲，并让老婆们也日夜守候在母亲身边，生怕老太太有个三长两短。孝庄这一病就是五十多天，直到第二年的正月才完全康复。

人有旦夕祸福，月有阴晴圆缺。孝庄的病治好之后，顺治帝却更加抑郁，抑郁的原因是董鄂氏给他生的爱子还没来得及起名字就夭折，总共只活了四个多月。[①]于是，历史的悲剧再一次上演，这次的主角是顺治帝和董鄂氏。由于爱子夭折，董鄂氏伤心过度，没能挺过这一关，于顺治十七年（1660年）八月十九日病逝，年仅二十二岁。[②]

顺治帝跟皇太极一样都是个情种，爱子死了，使得他选择接班人的计划彻底落空。政治上倍感压抑，生活上又事事不顺，董鄂氏的死更是压垮了这个有思想、有追求、有个性的年轻人。顺治帝自从董鄂氏病逝之后就万念俱灰，在这个世界上除了佛祖再也没有别的事情能够引起他的兴趣。他卸下身上所有的包袱，脱下黄袍穿上袈裟，想寻找内心的那片净土。从此之后，世界上少了一个皇帝，多了一个法号行痴的和尚。

荣华富贵如浮云，皇帝至尊如粪土。

---

①《清世祖实录》卷一百一十四，顺治十五年正月辛酉。

②杨珍:《董鄂妃的来历与董鄂妃之死》,《故宫博物院院刊》，1994年第1期。

顺治十八年（1661年）正月初七，顺治帝病死在养心殿，终年二十四岁。顺治帝结束了他传奇而又命途多舛的短暂一生。对他而言，皇帝的帽子束缚了他，让他从一个无忧无虑的少年、追求爱情的青年，变成遗憾终身的君主。顺治帝一生就是个悲剧。

顺治帝虽然死了，但是活着的时候该干的活一个没少干。经过皇太极、顺治帝父子两代人的不懈努力，皇权已经完全凌驾于旗权之上，旗权从此成为皇权的依附。所谓的汗（皇）位推选制、八和硕贝勒议政制彻底成为历史名词，皇帝选择接班人无须再看其他八旗王公的脸色。顺治帝去世之际，在孝庄等人的协调下，立皇三子玄烨为接班人。顺治十八年（1661年）正月十九日，年仅八岁的玄烨登基，以次年改元为康熙元年，成为清朝第三任皇帝。

第三章　清王朝唯一皇太子的悲剧人生

第一节　康熙帝立嫡长子允礽为皇太子

一、康熙帝继位与皇权独掌乾坤

康熙帝名玄烨，生于顺治十一年（1654年）三月十八日，是顺治帝的第三个儿子。生母为佟佳氏，汉军镶黄旗都统佟图赖之女。[①]佟佳氏是顺治帝的一个普通妃子，生玄烨的时候才十五岁。虽说她在很小的年龄就当上母亲，但是正好赶上顺治帝和董鄂氏的热恋，在后宫里面依然备受冷落，生活得很是压抑。顺治帝正忙着和董鄂氏谈恋爱，更没工夫管玄烨。

① 《清圣祖实录》卷一。

玄烨这孩子从小命就很苦，父亲不管，又不能和母亲生活在一起，基本上是个“三不管”的孤儿，“父母膝下，未得一日承欢”[①]是玄烨童年的真实写照。玄烨从小没有享受到父母的疼爱，但是他奶奶孝庄却给了他应有的关爱，对他进行无微不至的关怀和培养。玄烨有如此高的个人素质和人格魅力，孝庄的培养和教育功不可没。

小时候的玄烨虽然贵为皇子，但是当时没有现在的幼儿园、小学等九年义务教育，能不能学习全靠有没有人教。玄烨是幸运的，因为他奶奶孝庄是个文化人，意识到只有知识才能改变命运，没文化才是最大的贫穷。孝庄秉承着“百年大计，教育为本”的先进理念，对玄烨进行德智体美劳全方位的素质教育。正是有了这种教育，玄烨从小就学习优异，表现突出，综合素质高出其他皇子一大截儿，在兄弟们之间是名副其实的“三好学生”。

顺治十六年（1659年）的一天，六岁的玄烨和二哥福全（七岁）、五弟常宁（三岁）三个小破孩手拉手去给父皇请安。顺治帝闲来无事就随口问了一句：“给你爹说说你们几个都有什么志向啊？”常宁才三岁不懂什么

①《清圣祖实录》卷二百九十，康熙五十九年十二月甲辰。

叫志向，没说话。老二福全便回答说："愿意当个贤王。"轮到玄烨，要说"三好学生"还真是机灵，张口便说："我长大了要像父皇学习，当一个勤政爱民的好皇帝。"[①] 一个六岁孩子能够说出水平如此之高的话，除了本人聪慧之外，说明孝庄平时没少教育他，而且教育得还很成功。

孝庄的心血没有白费，受到良好教育的玄烨从小就展现出一代帝王的潜质。孝庄看到孺子如此可教，便按照下一任皇帝的高标准更加全面地培养玄烨。到顺治十八年（1661年）正月，顺治帝染上天花，眼看快要不行了，孝庄便把皇位争取过来，让玄烨继承大统。

顺治帝确实是一位很不靠谱的爹，爱子死了，其他儿子好像不是亲生的，不关心也就罢了，为了个人政治目的，连皇位都不想传给儿子。由于儿子年龄都太小，顺治帝死前本来想把皇位传给一位已成年的从兄弟，目的是想表达跟母亲孝庄死磕到底的决心。最终，还是在孝庄和汤若望等人的坚持下才改变主意，让已经出过天花的老三玄烨接班。[②]

---

①《清圣祖实录》卷一。

②［德］魏特：《汤若望传》，杨炳辰译，商务印书馆，1949年版，第325—326页。

玄烨没有辜负孝庄的期望，虽说皇位继承有些偶然，但是他最终把名字刻在“一代圣主”的大名单里，其名气在中国皇帝排行榜上能排进前十名。

顺治十八年（1661年）正月十九日，八岁的玄烨登基为帝。康熙帝八岁就当了皇帝，尽管从小就是一个人精，但年龄太小，没有治国经验，需要有人辅政才能保证国家政权正常运转。鉴于睿亲王多尔衮辅政时期产生的种种问题，孝庄便让宗室王公都靠边站，把辅政之权交给皇帝掌握的上三旗旗内之人，任命索尼（正黄旗）、苏克萨哈（正白旗）、遏必隆（镶黄旗）、鳌拜（镶黄旗）四人为辅政大臣，辅佐康熙帝管理国家。

这四个人在前台干活，能够真正拍板做主的是幕后老板孝庄，等到康熙帝成年能够亲政之后，再把权力交给他。上三旗的人理论上都是皇帝的私人奴才，在孝庄眼里奴才更靠得住，又不会威胁到皇帝的宝座。但从后面形势发展来看，这只是孝庄的一厢情愿，给老板打工的奴才，如果不加以控制，时间长了也会有想当老板的冲动。

四大辅臣被任命之后，第一步，搞宣誓就职仪式，明确表态，我们四个是给皇帝打工的，辅政之权是皇帝赐予的，要坚决维护皇帝的权威，保证皇权的神圣不可侵犯性，与威胁到皇权的人斗争到底。第二步，签订劳务合同，划分职责权限。四个人要精诚团结，共同参政议政；四人要步调一致，不能各行其是，凡事都要向皇帝和太皇太后（孝庄）早请示晚汇报，各种决议要有皇帝的签字盖章才能颁布。[①]第三步，把管理国家的权力拿过来，开工干活。

有人的地方就有江湖，有江湖的地方就有门派斗争。

随着权力到手，四大辅臣之间的门派斗争也开始上演。权力就像吸毒一样，一旦染上就很难不被它诱惑。四大辅臣本身又不是善男信女，权力的诱惑让他们蠢蠢欲动，陷入其中无法自拔。就像明朝景泰帝朱祁钰，他哥哥朱祁镇当皇帝的时候他是一个老实巴交的好弟弟，大家都说他是个实诚人。没想到等他哥哥被瓦剌俘虏，自己当上皇帝感受到权力的魔力之后，性情大变，不但要置其哥哥于死地，还要废了大侄子（朱祁镇儿子）的太子之位，让儿子接班。历史上无数血淋淋的例子告诉我们——人在权力的诱惑面前没有例外，四大辅臣又走上斗争这条老路。

索尼和鳌拜是老熟人，当年皇太极死时就是他俩

---

① 《清圣祖实录》卷二十三，康熙六年七月己未。

率领两黄旗士兵誓死力争才把顺治帝推上皇位。索尼虽然是首席辅政大臣，在朝中很有威望，但是年事已高（六十多岁）。鳌拜是追随皇太极打天下的主力，靠军功上位，精明能干，但为人性格张扬，专横跋扈。苏克萨哈是正白旗出身，依靠揭发本旗旗主多尔衮才受到顺治帝的赏识与重用，属于随风倒式的人物。遏必隆为开国五大臣之一额亦都的小儿子，出身显贵，但为人胆小怕事，没什么政治才干。

四大辅臣掌握权力之后，由于世界观、人生观、价值观不同，四个人的矛盾也进一步激化。其中排名最后的鳌拜权力欲望最为强烈，奋斗目标就是大权独揽，唯我独尊。鳌拜拉拢同为镶黄旗的遏必隆，违反组织规定，擅自提拔自己人，打击报复不合作的人，个人势力遍布朝野，在政治上表现出咄咄逼人的气势。[①]鳌拜想当第一辅政大臣，但是索尼在那儿摆着，他又不敢硬来，遏必隆已经是小弟跟班，于是鳌拜便把斗争目标锁定在苏克萨哈身上。

两黄旗派的索尼、遏必隆、鳌拜三人根本就瞧不上正白旗派的苏克萨哈。两黄旗与正白旗虽然都属于上三

---

①《清圣祖实录》卷十一，康熙三年四月己亥。

旗，但是双方在历史上存在着难以调和的矛盾。尤其是黄旗派前掌门皇太极和白旗派前掌门多尔衮两人都是武功盖世，为了振兴本派，都把对方视为竞争对手，双方你来我往，打得不亦乐乎，两派之间势同水火。

康熙五年（1666年），鳌拜便以此为契机，联合索尼和遏必隆，将二十多年前清朝入关之时镶黄旗和正白旗圈占的土地强行互换。[1]二十多年前的老皇历，鳌拜等人现在又翻出来，其目的除了经济利益之外，更是为了在政治上打压苏克萨哈。当时看到事态严重，互换土地会产生社会动荡，户部尚书苏纳海（正白旗）、直隶山东河南三省总督朱昌祚、直隶巡抚王登联三个人便冒死联名向康熙帝上书，请求他管管这事，停止换地圈地，不然闹起民变，大家都不好收场。

十三岁的康熙帝觉得三大辅臣这事干得确实有点不地道，便亲自出面调停此事，毕竟他才是老大，希望大家都给个面子。没想到奴才一点面子都不给主人，还打了主人的脸。给你面子？我是跟着你爷爷打天下的，你这个孙子算老几？没有我们，你能当上皇帝？鳌拜不但没有停止换地，还假传圣旨杀了苏纳海等三人，让康熙

① 《清圣祖实录》卷二十，康熙五年十二月丙寅。

帝当了一回冤大头。康熙帝不但丢了面子还替鳌拜背了一次大黑锅，心里非常不爽，感情上的天平从此有了变化。小皇帝第一次意识到鳌拜等人的存在是一个潜在政治威胁。

鳌拜胜利了，换地之后他威望大增，成为两黄旗派的真正领头人。面对无数的鲜花和吹捧，鳌拜逐渐失去自我，错误估计了形势，认为他武功天下第一，想干的事情没有办不成的。

索尼倒是有自知之明，是个明白人，知道什么叫月满则亏，物极必反。文化水平较高的索尼自然知道辅政大臣是一个高危职业，如果现在不知进退，将来会死得很惨。前有霍光，后有多尔衮，都是鲜活的例子。

换地事件之后，索尼意识到他到了急流勇退的时候，便于康熙六年（1667年）三月拉上鳌拜（很不情愿）等其他三人，援引顺治帝十四岁亲政的先例，请求康熙帝亲政，辅政的工作不想干了。索尼的报告刚打上去，还没等到回复就于五月病逝。孝庄和康熙帝意识到索尼一死，鳌拜没有了束缚，会变得无法控制，只有皇帝亲政才能从根本上解决问题。

康熙六年（1667年）七月初七，孝庄为十四岁的康熙帝举行盛大的亲政典礼，向天下宣布康熙帝从这天正式开始履行皇帝职责。令康熙帝没有想到的是，他刚宣布要亲政，屁股还没坐稳，鳌拜就给他来了一个下马威。

在康熙帝亲政后的第六天，苏克萨哈为了避免被鳌拜整死，向康熙帝打了辞职报告，表示年老体衰外加一身疾病，不能正常履行辅政大臣的职责，要提前退休去给顺治帝守陵。苏克萨哈果然是老江湖，这招指桑骂槐运用得极为娴熟。既然斗不过鳌拜，那我不干了，我看你还有脸干？

鳌拜看到苏克萨哈的辞职报告之后，恨得牙根都痒痒，顿时对苏克萨哈起了杀心。没想到你还敢跟我玩阴的！现在只剩下三个辅政大臣，遏必隆又是我的跟班小弟，你要是辞职退休，明摆着是针对我，让我处于进退两难的境地。本来就想整死你，正愁找不到借口，你找死就别怨我手太黑。

鳌拜马上组织手下人搜集苏克萨哈的黑材料，亲自上阵仔细研究他的辞职报告，充分发挥想象力，把一份普通的辞职报告搞成了其有罪的证明材料，罗列苏克萨哈二十四条罪名，反正是哪条死得快就往哪条凑。鳌拜编造完苏克萨哈的罪名之后，紧接着召开议政王大臣会议。在他亲自主持下，大会一致通过了苏克萨哈死罪，不但苏克萨哈死罪，连他的儿子也是，要满门抄斩。第二天，以会议决议的形式交给康熙帝，让他签字执行。康熙帝读完这份材料之后目瞪口呆，看出来这是一个政治阴谋，当场就拒绝了鳌拜的无耻要求，让他回去重新调查。

鳌拜看到小皇帝不签字，这次也豁出去了，连续七天向康熙帝提交苏克萨哈的有罪材料，逼着康熙帝签字。小皇帝就是不签字，鳌拜完全疯了，当着满朝文武和大内侍卫的面，捋胳膊挽袖子跑到康熙帝面前（大不敬），满脸杀气地对康熙帝说："苏克萨哈有罪，皇上一定要杀他。"还未成年的康熙帝看着面目狰狞的鳌拜不寒而栗，非常害怕。无奈之下只能同意鳌拜的要求，杀了苏克萨哈，抄了他的家，全家老少也一个不留地全部处死。[①]

鳌拜又胜利了，解决苏克萨哈之后，他就顺理成章变成第一辅政大臣，实现了大权独揽的政治目标。这次还顺便吓唬了一次康熙帝，看到乳臭未干的小皇帝在他面前如此害怕，鳌拜更加得意。整个朝廷都是我的人，看你以后敢不听话。

这次经历让康熙帝终生难忘，他确实害怕了。普通

① 中国第一历史档案馆藏：满文折件，康熙四十五年二月初一。

人害怕之后就是更害怕，而皇帝害怕之后是愤怒，于是鳌拜很荣幸成为康熙帝心中的第一个敌人。孝庄和康熙帝终于意识到如果不除掉鳌拜这个奴才，主人就没办法当家做主，于是两人在看着鳌拜尽情表演的同时，制订了一个清除鳌拜势力集团的全局性计划。考虑到整个皇宫侍卫都是鳌拜的人，康熙帝便以摔跤表演为掩护，密令索尼之子索额图组成一支少年摔跤队。这些队员经过精心选拔，再加上严格训练，成为康熙帝最忠诚的卫队。孝庄也没闲着，在稳住鳌拜的同时，利用各种手段分化瓦解他。

经过一年多时间的周密部署，朝廷以各种名义将鳌拜集团几个重要骨干遣往外地，并在重要位置上安排了皇帝的亲信。毫无察觉的鳌拜依然我行我素，自认为老子天下第一。孝庄和康熙帝扫清外围阵地之后，便把炮口对准了鳌拜本人。康熙八年（1669年）五月十六日，康熙帝突然召见鳌拜进宫。鳌拜平时进宫如逛菜市场，内心毫无戒备，于是大摇大摆地进了皇宫。没想到刚跨进武英殿的殿门，还没开口说话，就听康熙帝大喝一声，周围瞬间扑上来一群人。虽然鳌拜本身武功高强（满洲第一勇士），但是双拳难敌四手，还没等他反应过来，已经被人五花大绑，成为少年摔跤队的俘虏，与鳌拜一同被俘的还有另一位辅政大臣遏必隆。

鳌拜被俘之后，康熙帝同样召开议政王大臣会议，向大家宣布鳌拜七条罪状。康熙帝让侍卫把鳌拜押到御前，亲自审问。此时的鳌拜早已没有昔日的威风，他干的那些亏心事心里最明白，为了活命也顾不上面子。看着坐在龙椅上的小皇帝，鳌拜拉下老脸一把鼻涕一把泪地打起了感情牌。他跟康熙帝诉说当年跟着皇太极如何如何打天下，并脱下外衣露出一身的伤疤，讲述哪些伤疤是为了救皇太极的命而留下的。康熙帝毕竟年少，看着一身疤痕的老功臣便动了恻隐之心，最终没有杀鳌拜，只是判了他无期徒刑（革职籍没，仍行拘禁）。为了稳住朝中大局，康熙帝也只是处死鳌拜几个铁杆亲信，其他人一律从轻处罚。

康熙帝清除鳌拜势力之后威望大增，年轻的皇帝也展现了高超的政治手腕。在平反冤案、树立典型的同时，对鳌拜的手下又打又拉，朝廷很快就走出鳌拜的阴影。孝庄通过“鳌拜事件”，认识到康熙帝已经能够独立扛起祖宗留下的基业，便正式退休，退出舞台中心，让孙儿充分展现他的政治才能，实现其政治抱负。[①]

---

①《清史稿》卷二百一十四，《列传》一，《后妃》。

鳌拜擅权集团的清除与孝庄等老一辈满洲贵族退出历史舞台，使得清朝皇权真正确立了唯我独尊的崇高地位，旗权、宗室亲王、后权全部没落，没有任何力量可以与之抗衡。经过三代皇帝的不懈努力，十六岁的康熙帝最终实现了独掌乾坤，乾纲独断与皇帝彻底画上等号。

二、崇儒重道

康熙八年（1669年）五月，鳌拜势力被清除之后，老一代满洲贵族老的老，退的退，死的死，满洲上层贵族开始进入新老交替时期。入关之后新的“贵二代”正在快速成长，逐渐成为满洲上层贵族的主流。作为“贵二代”的老大，同时又是入关后的第二代皇帝——康熙帝在掌权之后，面临的局面是如何在新形势下继承满洲，巩固皇权，发展清朝。

在改组中央机构、实现皇权一家独大的同时，康熙帝发现统治如此大的一个国家并非易事，满洲统治阶层又属于少数派，如果没有一个统一且切实可行的统治思想，国家必然不能长治久安。面对全国人口百分之九十以上都是汉族人这样一个客观事实，康熙帝经过一番权衡，正式把汉族人民喜闻乐见的崇儒重道思想确立为清朝根本统治思想。

满洲文化和汉族文化是两种截然不同的民族文化，两者在康熙帝之前已经斗争了几十年，矛盾根深蒂固。由于生存环境和生产力发展水平的不同，满洲人对自己的文化情有独钟，认为只有保持本民族文化，才能不被汉族所同化，从根本上确立统治地位。“英明汗”努尔哈赤本人虽然具备一些汉文化知识，但是为了保持民族独立性，妄图在统治范围内消灭汉族文化，因此在他当政时强势推广本民族文化，汉族人凡是不守规矩、敢于反抗的一律杀掉。[1]努尔哈赤这种不遵循历史规律的行为，不但没有取得预期效果，反而激起汉族人更为激烈的反抗。

到皇太极时期，后金统治的地盘越来越大，汉族人也越来越多，不进行改革就无法实现稳定的统治。皇太极比努尔哈赤识时务，在强调本民族文化的同时[2]，顺应历史发展规律，按照汉族人的习惯把头衔由大汗改为皇帝。同时皇太极把跟他八竿子打不着的孔子搬上神坛，大力推广儒家思想，目的是在政治上取得汉族人认同，使统治更加合法化。

到了顺治时期，由于顺治帝对汉文化了解颇深，对

---

①《清太宗实录》卷六十四，崇德八年正月辛酉。
②《清太宗实录》卷三十四，崇德二年四月丁酉。

汉文化崇拜得不得了，便想进一步提高汉文化地位。顺治帝在亲政后的第二年，便迫不及待地领着文武百官跑到国子监太学拜祭孔子。①之后，又是颁布诏令又是举行经筵，目的就是推崇汉文化。顺治帝这一系列抬高汉文化的行为，引起满洲守旧派大臣的强烈不满，尤其是两黄旗大臣和孝庄，处处与顺治帝对着干。顺治帝没能实现他的理想，等他死后，以孝庄和两黄旗大臣为首的满洲贵族，又部分恢复了以前的“淳朴旧制”。

康熙帝生在北京长在北京，从小深受汉文化影响，本身又具备较高的汉文化素质，因此他的文化思想是满汉文化兼容并包的综合体。康熙八年（1669年）四月，康熙帝也像他父亲顺治帝学习，领着诸王贝勒跑到太学祭拜孔子。康熙帝亲政之后，满汉文化的碰撞走到历史交叉点。面对双方“剑拔弩张”的对立局势，是向左走还是向右走，必须要有个交代，不然国家无法有效管理，历史遗留问题又摆在康熙帝面前。在当时看来，两种文化矛盾还很深，不能融合，还必须得和平相处，确实是一个很棘手的问题。

满洲贵族是统治阶级，自然想遵守他们的“淳朴旧

---

①《清世祖实录》卷六十八，顺治九年九月辛卯。

制”，但是汉族人口占全国总人口的十分之九，朝廷里的汉族官僚也越来越多，汉族地主是国家的上税大户，又不能忽视这些人的合理要求。时代变了，环境变了，又不能把关内所有土地都围起来改成奴隶主庄园。要说猛人就是猛人，年轻的康熙帝很好地解决了这样一个棘手问题，展现出自己的雄才大略。

康熙帝认为满洲是根（统治者），汉族是本（被统治者），满汉是清朝的根本。两者除了对立之外，还有统一的关系，因此不能偏废其一，要用实事求是的态度去看待两者之间的关系，为此他提出“首崇满洲，崇儒重道”的治国思想。就是要求大家不要争了，满汉其实是一体，不管你是满洲地主还是汉族地主，国家都承认你的地主身份，你们都是国家的主人。满汉两族的地主要联合起来，要不分彼此，消除隔阂，携手并进，共创清朝的美好未来。

康熙九年（1670年）十月，经过满汉地主长时间酝酿，康熙帝正式出台崇儒重道的纲领性文件《圣谕十六条》。文件以汉族正统皇帝的口吻告诫全国人民，清朝皇帝要学习汉族的古代帝王，不搞恐怖统治，要用德去感化老百姓，大家都要按照儒家学说的要求规范自己的行为，要尊师重道，孝顺父母，忠君爱国，与人和睦相处，做一个勤劳善良的好老百姓。[①]

《圣谕十六条》出台之后，康熙帝还专门组织几个大型中央宣讲团，下派到地方进行定期宣讲，并进一步要求各省府地方和八旗也要组织专门的宣讲队，把《圣谕十六条》当做一项重要日常工作进行全方位三百六十度无死角的反复宣传。要让全国老百姓都知道，虽然皇帝改了姓，由姓朱变成姓爱新觉罗，但是你们该种地的种地，该读书的读书，该当官的当官，该经商的经商，大家还是按照以前的社会道德标准去生活，不会受到任何影响。总而言之，大家都要朝着做一个清朝良民顺民的理想而努力奋斗。

《圣谕十六条》的颁布与推行，表明满洲地主承认汉族儒家文化才是国家主流文化。他们虽然用铁蹄征服了

① 《清圣祖实录》卷三十四，康熙九年十月癸巳。“谕曰：朕惟至治之世，不以法令为亟，而以教化为先……盖法令禁于一时，而教化维于可久。若徒恃法会而教化不先，是舍本而务未也……朕今欲法古帝王，尚德缓刑，化民成俗，举凡敦孝弟以重人伦；笃宗族以昭雍睦；和乡党以息争讼；重农桑以足衣食；尚节俭以惜财用；隆学校以端士习；黜异端以崇正学；讲法律以儆愚顽；明礼让以厚风俗；务本业以定民志；训子弟以禁非为；息诬告以全良善；诫窝逃以免株连；完钱粮以省催科；联保甲以弭盗贼；解仇忿以重身命。以上诸条，作何训迪劝导，及作何责成内外文武该管各官、督率举行，尔部详察典制，定议以闻。”

全中国，但是面对汉族文化的重重包围，开始陷入深深的恐惧，恐惧之后便是疯狂杀戮，可是面对数以亿计的汉族人，大屠杀之后他们反而更加恐惧。到康熙帝当上国家一把手时，满洲地主意识到光靠杀人不能征服这片土地上的人民，相反要学习汉族文化，改造自己的文化，联合汉族地主，用文化的武器去弥补人数少的不足，只有这样才能从根本上巩固统治地位。

崇儒重道思想的确立，对后世产生深远影响。如果满洲地主不走这一步，清朝这个新店就不可能维持将近三百年的经营。元朝就是前车之鉴，不到一百年就关门大吉了。康熙帝用儒家经典学说去约束汉族人，同时也想运用这把思想武器去改造满洲人，他本人既是游戏规则的制定者，更是游戏规则的坚定执行者。

康熙帝从维护皇权的角度出发，意识到“满洲旧俗”在皇位接班人的选择上比较混乱，并且频繁出现宗室操戈的现象，因此要想实现皇位平稳交接，必须要用制度去约束窥视皇权的人。为了让有野心的人提前断了政治妄想，康熙帝决定采取汉族宗法制度选择接班人。汉族宗法制度的核心是嫡长子继承制度，正所谓“立嫡以长不以贤，立子以贵不以长”。康熙帝本是好意，但是这套继承系统移植到满洲人身上却引起强烈的排斥反应，历史最终也给他开了一个大玩笑。

三、康熙帝立允礽为皇太子的时代背景

康熙十四年（1675年）六月初三，二十二岁的康熙帝发表全国通告，宣布立嫡长子允礽（时年两岁）为皇太子。[①]同年十二月十三日，康熙帝正式为允礽颁发皇太子证书，并在太和殿为其举行盛大的立储仪式。连走路都不稳当的允礽正位东宫，成为有清以来第一位皇太子。康熙帝在诏书中说得明白，立还在吃奶的允礽为皇太子，是为了“以重万年之统，以系四海之心”。[②]

这句话反过来理解就是当时清朝的“万年之统”受到威胁，老百姓的“四海之心”人心思动，康熙帝只有拿一个两岁孩子做文章，才能稳住清朝的统治阵脚。这种事在现代人看来简直不可思议，大家不禁会问：至于吗？康熙帝用很严肃的口吻告诉大家：那是相当的至于，但凡有一点办法，我也不会拿爱子当护身符。通过康熙帝的无奈我们可以看出，当时立允礽为皇太子有着复杂深刻的政治背景。

康熙十二年（1673年）十一月二十一日，明朝降将

---

①《清圣祖实录》卷五十六，康熙十四年六月癸亥。

②《清圣祖实录》卷五十八，康熙十四年十二月丁卯。

平西王吴三桂打着“兴明讨虏”的旗号在云南反叛清朝，自任“天下都招讨兵马大元帅”。[1]要说这吴三桂也确实够无耻，当了二十多年的清朝刽子手，杀了无数同胞，还亲手杀了南明永历帝，现在却打着复兴明朝的旗号反叛，脸皮之厚真是无人能及。但是当时由于满汉之间的民族矛盾异常尖锐，吴三桂便利用人们这种反满心态，发布各种煽动民族仇恨的言论，表面上宣传满人改变我们的服饰，强行剃发，是不折不扣的野蛮人，中华大地怎么能够让外族人占领，其实质是为了一己私欲，拿老百姓当炮灰。

吴三桂利用明朝遗臣的特殊身份，号召汉族同胞跟他一起“驱逐满虏，恢复中华”。吴三桂起兵之后，率领军队很快就占领云南、贵州、四川、湖南等地，所到之处清军纷纷溃败，当地官员也纷纷投降，清朝的统治地位受到严重威胁。

康熙十三年（1674年）三月，明朝另一个降将汉族异姓王靖南王耿精忠在福建响应吴三桂，也起兵反叛。[2]不久之后，镇守广东的平南王尚之信也加入到叛军行列，三藩之乱由此全面爆发。当时，长江以南大部分地区基

---

①《清圣祖实录》卷四十四，康熙十二年十二月丙辰、丁巳。
②《清圣祖实录》卷四十六，康熙十三年三月庚辰。

本上沦陷，清朝的统治岌岌可危。

就连占据台湾的明朝旧将延平郡王郑经（郑成功长子）也来凑热闹，趁着清朝内乱之际发兵福建，占领福建沿海厦门等地，企图扩大地盘，与清军展开数次大战。

本来长江以南大部分地区已经燃起战火，清军把八旗的主力部队派往南方，与吴三桂等人的军队大战于荆州、岳州等地，双方你来我往互有胜负，战争一时处于胶着状态。在这个要命的关键时刻，吴三桂旧将陕西提督王辅臣于康熙十三年（1674年）十二月公开宣布支持老上级吴三桂，加入叛乱队伍。①

王辅臣是陕西提督，二话没说率领军队占领兰州、甘肃东部、陕西等大部分地区。王辅臣的叛变不但打乱了康熙帝的战略部署，而且他的军队占领陕西大部之后，直接威胁到京师的安全，使清政府处于腹背受敌的不利局面。

当时清朝主力部队都在南方与吴三桂等人作战，京师周围已经没有一线部队驻守，北方几个省也基本上等于没设防。从当时的形势来看，很多人都认为王辅臣的军队从陕西打到京师，也就是时间问题，当年李自成打

① 《清圣祖实录》卷四十四，康熙十二年十二月丁巳。

进北京推翻明朝也是从陕西出发的。一部分人对清朝的统治持悲观态度，认为清政府很快就要关门倒闭，纷纷收拾包裹，准备迎接新的主人。

就在康熙帝被各地叛乱弄得焦头烂额之际，京师也出现了一次小规模的政治暴动。康熙十二年（1673年）十一月二十一日，吴三桂起兵反叛，消息刚传到京城，职业野心家杨起隆便打着明朝“朱三太子”的旗号，率领数百人在康熙帝的眼皮底下开展武装暴动，不但到处煽风点火蛊惑人心，还建立“广德”年号，准备另起炉灶跟清朝血拼到底。这次暴动虽然很快被平息，清政府也抓住大部分参与者，但是组织者杨起隆溜得快，没被抓住（不愧为职业野心家）。

这次暴动虽然时间很短，但是在这个特殊时期（南方还在打仗）还是引起了京师的混乱。老百姓都很害怕，以为要发生战乱，纷纷往城外跑，最后逼得康熙帝没办法，亲自下诏向老百姓说明案情经过，才稳住民心。[①]

这次规模不大的暴动震撼了康熙帝。先不管这个杨起隆是不是真的“朱三太子”（后来证明是假的），就凭一个先朝皇子（所谓朱三太子其实是崇祯帝第五子朱

---

①《清圣祖实录》卷四十五，康熙十三年正月癸酉。

慈焕）的招牌就能蛊惑民心，一呼百应，在清朝的心脏——京师还能大模大样地开展武装暴动，实在是令人感到恐惧。杨起隆这个“朱三太子”又没有抓住，终究是个隐患。要是全国各地都打着“朱三太子”的旗号反清复明，我这个皇位就坐不稳了，因此对崇祯的几个儿子必须要斩草除根，除之而后快，同时自己也要有根（太子）。

三藩和西北相继反叛，举国震动。当时的局面是“已失八省，势几危矣”①，清政府已经失去半壁江山，统治面临着严峻挑战。康熙帝又第一次领教了“朱三太子”的本事，三者的碰撞引起他深深的思考。康熙帝发现不管是哪一方，都在打着民族矛盾的旗号挖清朝墙脚，因此只有得到广大汉族士绅以及老百姓的支持，才能从根本上取得战争的最后胜利。要想取得汉族士绅的支持，就必须要取得汉族士绅的认同，而这种认同的前提就是清朝统治者接受汉化，按照汉族的儒家思想去管理国家，不能搞关外那一套。

在这样的政治大背景下，康熙帝立嫡长子允礽为皇太子。目的是告诉广大汉族士绅虽然皇帝是满洲人，但

---

①《清圣祖实录》卷二百五十三，康熙五十二年二月庚戌。

是满汉是一体，孔子不仅仅是你们的精神导师，也是满洲人的精神导师，大家都是一个系统的，所以你们都要忠君爱国、一致对外，消灭乱臣贼子，维护国家统一。即使我御驾亲征战死沙场，还有皇太子允礽继承皇位，他会领导着军民与反叛者继续战斗，清政府不会倒台。

在当时形势极为危急的情况下，康熙帝册立允礽为皇太子，不但团结了广大汉族士绅，鼓舞了军队士气，稳定了民心，也显示出康熙帝与反叛者决不妥协的决心。允礽这张牌打出去之后效果立竿见影，汉族士绅纷纷表示要与三藩等乱臣贼子死磕到底，拥护康熙帝的领导。他们要钱出钱，要力出力，要人出人，从根本上扭转了战场上的局势，为清政府最终取得平叛胜利奠定了坚实的群众基础。

常言道：得民心者得天下，失民心者死翘翘。古往今来诚如一也。

四、康熙帝与皇太子允礽父子情深

爱新觉罗·允礽，生于康熙十三年（1674年）五月初三，生母为康熙帝第一任正牌皇后赫舍里氏。[1]赫舍

---

①《清圣祖实录》卷四十七，康熙十三年五月丙寅。

里氏也不是外人，她爷爷是老熟人两黄旗重臣索尼。允礽原本排行第七，除去早殇的几个哥哥外，他是康熙帝第二子。由于康熙帝长子允禔不是皇后所生，因此允礽又是康熙帝的嫡长子。允礽生下来就注定不平凡，他的一生创下了三项纪录。

允礽是清朝第一位正式册封的皇太子。前文所说的"皇嗣"也好，"朕第一子"也罢，都不算数，只有允礽是清政府承认，老百姓认同，后世官方记载的唯一指定正牌皇太子，此其一也。

允礽一生当过两次皇太子，又被废了两次，时间跨度长达三十多年，这方面世界罕见，基本上也属于世界第一，此其二也。

允礽不但是清朝最后一位明立皇太子，也是整个中国封建王朝最后一位明立皇太子，此其三也。

有这三项纪录在手，允礽一生极富有传奇色彩，确切地说是传奇的悲剧色彩。

康熙帝与允礽父子两人几乎都没有感受过母爱。康熙帝不到十岁生母就病逝，允礽更惨，出生就没见过亲生母亲。因为赫舍里氏生允礽的时候难产，长时间昏迷不醒，最终没能抢救过来于当天病逝，这位绝代佳人死时才二十二岁。[1]赫舍里氏去世之后，康熙帝极为悲痛，经常跑到赫舍里氏的梓宫所在——巩华城哭祭爱妻。[2]

康熙帝和赫舍里氏的婚姻虽然也是包办婚姻，他俩的结合有着很深的政治目的，但是小夫妻两人关系却出奇的好，用举案齐眉来形容一点都不夸张。在康熙帝看来，赫舍里氏不仅仅是皇后，更是结发妻子。赫舍里氏因为生允礽难产而死，按理说康熙帝应该很厌恶允礽才对，因为按照传统观念允礽这孩子天生克母。但是由于康熙帝跟赫舍里氏的感情太深，爱屋及乌，他把对妻子所有的爱都倾注在允礽身上。允礽是爱妻留给他的唯一念想，康熙帝对允礽的关爱达到让人无法理解的地步。

康熙十四年（1675年）六月初三，康熙帝打破“满洲传统旧制”，把两岁的允礽扶上皇太子宝座。除了考虑到当时的政治因素之外，允礽是康熙帝嫡长子，子以母贵，皇后赫舍里氏也是一个很重要的内在因素。康熙帝用赐予允礽为皇太子这种方式来告慰爱妻的在天之灵。

康熙帝这一打破祖制的举动，表明他和允礽这对父子的感情无人可比，其对爱子允礽也寄予了厚望。从这

---

①《清圣祖实录》卷四十七，康熙十三年五月丙寅。

②吴晗辑:《朝鲜李朝实录中的中国史料》第十册，中华书局，1980年版，第4036页。

点可以看出，康熙帝继承了他爷爷皇太极、父亲顺治帝的优秀基因，祖孙三人一脉相承都是纯爷们儿，十足的情种。

康熙帝对允礽的关爱也是无微不至，既当爹又当妈地照顾着允礽。康熙帝平时下了朝没事就去看允礽，再三吩咐乳母要好好喂养，生怕爱子有任何闪失。康熙十七年（1678年）十一月，不满五岁的允礽受到天花威胁。天花是一种恶性传染病，死亡率极高，在当时医疗条件下得这种病基本上等于一只脚迈进鬼门关。顺治帝就是因为染上天花，没撑几天就驾崩了。

康熙帝担心允礽也小命不保，交给别人又不放心，便亲自照顾爱子。为了一心一意照看爱子，竟然连朝也不上了。在允礽整个生病期间（十一月二十七日至十二月初九），康熙帝所有的奏章一个没看，全部交给内阁处理，当起甩手掌柜。康熙帝的父爱感动上天，在他亲自照看下允礽的病逐渐好起来。等小破孩允礽又能活蹦乱跳的时候，康熙帝欣喜若狂，犹如自己重生一般，迫不及待地跑到太庙等地向列祖列宗报告这一好消息，并专门下诏向全国人民宣布这一特大喜讯。①

①《康熙朝起居注》第一册，中华书局，1984年版，第389—392页。

允礽小时候体质不是太好，经常生病。一旦允礽有一点不舒服，康熙帝都会忧心忡忡，寝食难安。为了能够让爱子早点康复，康熙帝每次都要亲自照料。有一次，皇太子允礽突然患病，康熙帝收到消息之后马上跑到允礽身边亲自照看。当允礽逐渐痊愈时，他按捺不住内心的喜悦，专门将这个好消息告知内务府总管和御前侍卫。

通过时任内务府总管马思喀的奏折我们可以看出，康熙帝在允礽这次生病期间每天都生活在水深火热中。马思喀在奏折中称："奴才伏思，皇太子身子欠安之际，主子（康熙帝）不能按时进膳，即使夜间，也时刻挂怀，郁郁难眠，是以圣躬大为劳苦。今皇太子已大安，奴才请主子放宽圣心。"康熙帝的朱批是："朕安。皇太子之病原曾甚属可虑，如今明显见好，是大造化，只是仍需调养。尔等放宽心。"内务府总管直接负责皇帝的日常起居，马思喀所描述康熙帝当时的焦虑心情，应该是他亲眼看到的真实情况。[①]

康熙帝作为一个皇帝，能如此这般细心地以一个父亲的角色去照顾儿子，实在是难能可贵，充分体现出他

---

① 杨珍：《康熙皇帝一家》（修订版），学苑出版社，2009年版，第224页。

对允礽的深厚感情。康熙帝一生子女众多，除了皇太子允礽，没有第二个儿子能够享受这样的待遇。同样，当时不到五岁的允礽感染天花从鬼门关转了一圈，本身又体弱多病，在失去母亲的情况下，父亲如此这般舐犊情深，必然也对康熙帝产生深深的依赖。

此时此刻，此情此景，康熙帝与允礽的关系可谓是父子情深。

第二节　康熙帝对皇太子允礽的精心培养

一、康熙帝给予皇太子的教育环境

康熙帝是素质教育的受益者，知识就是力量显然在他身上得到了很好的体现。康熙帝能够成为一代圣主，跟奶奶孝庄对他的全面教育密不可分。在孝庄的熏陶下，康熙帝意识到素质教育要从娃娃抓起，于是他秉承着“知识才能改变命运”的指导方针，运用满汉结合的教育新方式，对儿子们进行德智体美劳全方位素质教育。目的是让他们个个成才，成为爱新觉罗家族入关后“贵三代”中的佼佼者。

康熙帝对皇太子允礽的教育更是“高标准，严要求”。允礽将来是下一任皇帝，是爱新觉罗家族的未来，是清朝的希望，因此必须按照优秀接班人的标准去培养。康熙帝为此专门为允礽制订一个全面的培养计划，让允礽真正成为兄弟中的“三好学生”，可以说康熙帝对允礽的教育倾注了他全部心血。

允礽六岁之前，相当于现在幼儿园阶段。由于没人敢教，康熙帝就亲自上阵教允礽读书，让他从小就接触“四书五经”等儒家经典，学习满汉知识。[①]尽管允礽很小，康熙帝还是要求他每天都要复习前一天的功课，必须达到娴熟贯通才肯罢休，对允礽的学习抓得那是相当紧。[②]

等到允礽六岁，康熙帝就正式给他找了两个德高望重的老师张英和熊赐履教他读书。两位老师分工不同，张英主抓“四书五经”等课文学习，熊赐履主抓性理方面的学习，知识、身心“两手抓，两手都要硬”。[③]

康熙二十五年（1686年）闰四月，十三岁的允礽各科成绩都很优秀，顺利从康熙帝手中拿到“小学毕业

① 《清史稿》卷二百二十，《列传》七，《诸王》六。
② 王士禛：《居易录》卷三，第8页。
③ 《清圣祖实录》卷二百三十四，康熙四十七年九月丁酉。

证”。为了让允礽更加系统地接受“中学教育”，康熙帝让他出阁读书，把教育的重担交给其他老师。[1]经过康熙帝几轮精挑细选，选择了达哈塔、汤斌、耿介、徐元梦等一批满汉饱学之士作为允礽的老师，去督导允礽的学习。

康熙帝的培养目标是要把皇太子与诸皇子培养成满汉文化兼备，既熟知“四书五经”，又精通汉语骑射，能文能武的栋梁之材。[2]虽然这些老师都是名家大家，但是康熙帝依然不放心，还是怕允礽的教育出现偏差，让他走了歪路。

就在允礽出阁读书的第二年，康熙二十六年（1687年），康熙帝把允礽和他的老师还有满汉大臣召到一起训话，详细阐述他对皇太子教育的先进理念。康熙帝这次训话主要讲了两个大问题：

一是皇太子是清朝的根本，也是你们未来的最高领导，你们这些当老师的不能有一丝懈怠，教不好皇太子，你们就是清朝的罪人。

二是对皇太子的教育虽然是满汉兼顾，但是要以满

---

①王士祯：《居易录》卷三，第3—4页，第12—13页。

②杨珍：《清朝皇位继承制度》，学苑出版社，2009年版，第128—129页。

洲为根本，不能让皇太子染上汉习，要处处保持他的满洲风格，要文武并行，两者不能偏废。谁要是让皇太子染上汉习，按照祖宗家法，我一定从严从重处理。①

通过这次训话，康熙帝不但向大家表达了教子理念，也把大棒抡起来。在警告允礽老师的同时，也是在告诫允礽要好好学习，不能偷懒，更不能忘本。允礽听完父亲的训话之后，明白了学习任务，这次训话也成为他“中学阶段”学习的座右铭。啥也不说了，头悬梁锥刺股，玩命学习才是正道，于是暗无天日的“中学生活”就此开始。

皇太子是一人之下万人之上，全国上下除了皇帝没人敢管，童年应该是过得很幸福，相当令人羡慕才对（明代皇太子童年生活相当丰富）。但是允礽的情况正好相反，他一天的学习课程表告诉我们：当一个清朝皇太子真是不容易。康熙二十六年（1687年）六月初十，允礽全天的课程表是这样安排的：

寅时（凌晨三点至五点），就要坐在书房无逸斋读书，复习前一天的功课，顺便等老师来上课。

卯时（五点至七点），汤斌等诸位老师来上课，向

① 《康熙朝起居注》第二册，中华书局，1984年版，第1638—1639页。

皇太子行过礼之后站在边上，允礽就开始读《礼记》中的某个章节，要不停地读。按照“校长”（康熙帝）的要求读一百二十遍，等允礽读完一百二十遍之后就要给汤老师背书，要是一字不差地背完，汤老师就再画一段开始读新的章节。这还不算完，读书之后还得练字，每天要写一纸数百字的楷书。

辰时（七点至九点），“康校长”下朝后来到无逸斋搞突击检查，问汤老师：皇太子今天书背得怎么样？汤老师回答：很熟。于是“康校长”就随便翻书指出一段让皇太子背，皇太子一字不差地背完。“康校长”满意地点了点头，不但没有夸学生，还让老师对皇太子要严加要求，说完走人。

巳时（九点至十一点），快到中午，天气炎热。老师们站在旁边都有点体力不支，但是允礽还得正襟危坐，不停地练字。写完之后让老师打分，得到几位老师的肯定之后继续读书，每章还必须得读够一百二十遍。

午时（十一点至十三点），到了饭点，大家开始吃饭。吃完饭之后没有午休时间，允礽接着读书，然后给老师背书。

未时（十三点至十五点），上课之前侍卫送来午后甜点，允礽吃完之后，下午第一节课为“体育课”，主要内容就是射箭（满洲传统），射完箭之后，回到屋里继续学习。接下来老师开始出题目，让允礽讲解对书本的认识和理解。

申时（十五点至十七点），“康校长”下朝后又来了，顺便还带了其他几个学生（其他皇子）。“康校长”又开始训话，训完话之后就是照例检查允礽和其他学生一天的学习情况。

酉时（十七点至十九点），“康校长”检查完课本知识之后，开始检查“体育课”成绩。让学生们射箭给他看，老师们也得射箭，最后“康校长”亲自上阵做示范，给学生们讲解射箭的要领。

到这个时候，天已经快黑了，老师们这才能下班（工资挣得真是不容易），允礽一天的学习才算全部结束。①

看完允礽这一天的课程表，我首先是震惊，震惊完之后就是恐怖。“康校长”也太狠了，除了睡觉，允礽整天要连轴转。当然这个课程表也只是一个大概时间，中间肯定有上厕所等课间十分钟休息时间，并且也不是天天如此。但是这样的学习强度，就连号称亚洲名校、以

---

①《康熙朝起居注》第二册，中华书局，1984年版，第1644—1645页。

军事化管理闻名于世的衡水中学也自叹不如。

这一年允礽才十四岁，对比现在的“00后”，允礽真是个苦孩子。

正是在康熙帝这种近乎“惨无人道”的要求下，允礽从小就具备良好的个人素质，不但满汉文化样样精通，武艺骑射技术一流，连蒙古话都会说，成为一个标准的文学少年。

在古代，要想成为一个标准的文学少年，首要条件就是毛笔字要写得好。古人讲究“字如其人”，一个人要是不能写一手漂亮的字，都不好意思说自己是个文化人。允礽自幼苦练书法，在很小的时候就能写一手漂亮的楷书。文化课老师汤斌在给家人的书信中称赞允礽的书法，说允礽六岁开始学习书法，每天都坚持练字从不间断，十四岁时他的楷书水平能在欧、虞之间。欧是指欧阳询，虞是指虞世南，书法界的人都知道这二位是楷书高手，属于大师中的大师级人物，普通人很难望其项背。汤斌夸未成年人允礽的书法在这二人之间，虽说汤老师有拍皇太子马屁之嫌，但从一个侧面可以看出允礽的书法确实有过人之处。

“康校长”的教育理念是德智体美劳全面素质教育，既要往死里学，又不能学死，学成书呆子，时不时地还要锻炼允礽的心理素质。康熙二十年（1681年），当时正值平定三藩之乱，南方有捷报传来，康熙帝让允礽当着全体文武大臣的面宣读这一好消息。当时允礽还不到八岁，但是一点都不怯场，现场大声朗读，不但声音洪亮，而且字正腔圆，表现出极高的心理素质。[①]

“康校长”教育允礽和其他皇子的常用方法是训话，没事就跑到学生面前大讲特讲，总而言之就是要让学生向他看齐，知道学习的重要性，不但要好好学习还要会学习，知道学习的重点，不能走歪路。这些训话都是康熙帝一生学习教育经验性总结，涉及文化教育、思想品德、生活习惯、修身养性等各个方面，由于这些训话句句经典且包罗万象，他的儿子们等他死后把这些训话编成育儿教材《庭训格言》。“康校长”也由此成为皇室教育的集大成者，“教育家”的称号康熙帝当之无愧。

康熙帝作为一名满洲知名教育家，在教育允礽的问题上，充分展示了满洲人的特色。他认为光学习书本知识是不够的，重要的是保持满洲传统，知行合一，并亲自给允礽树立榜样。榜样的力量是无穷的，鉴于没人敢担当这个角色，康熙帝就主动承担这个重任，对允礽进

---

① 《康熙朝起居注》第一册，中华书局，1984年版，第779页。

行言传身教，干什么事情都把他带在身边，并且明确告诉允礽，只有像你爹学习，将来才能当好国家领导人。

康熙帝除了上朝、读书之外，最爱干的业余活动是骑射与行围。他每次出门搞业余活动都会带上允礽，除了锻炼他的身体、磨炼意志之外，更为重要的是让允礽不能忘了满洲的本，保持尚武的精神。康熙十八年（1679年）六月，六岁的允礽跟着康熙帝到景山练习骑射，骑上战马连射五箭，射中一只鹿和四只兔子，命中率百分之百。[①]命中率如此之高，表明六岁的允礽已经成为一名优秀的骑射手（难以想象）。

为了能够让允礽更加深入体验种地的艰辛，了解老百姓生活的不易，康熙帝把允礽读书的地方命名为无逸殿，其目的是告诫允礽不能好逸恶劳，从小就要培养勤俭节约的好习惯。康熙帝还命人在殿前种植五谷杂粮，让允礽能够更为直观地看到庄稼成长，以后当了皇帝要知道爱惜民力，不能胡作非为。[②]

康熙帝是个孝子，对母亲和奶奶孝庄都极为孝顺。康熙二十二年（1683年），当得知孝庄想去五台山敬佛，康熙帝担心路途遥远，年迈的孝庄在路上出现差池，于

---

①《康熙朝起居注》第一册，中华书局，1984年版，第415页。
②王士祯:《居易录》卷三，第14—15页。

是就亲自上阵给孝庄探路，担任开路先锋，目的是让孝庄五台山之行更为顺畅。康熙帝虽然贵为天子，但由于五台山之行道路艰险，环境恶劣，整个探路过程也非常辛苦。在这种环境下康熙帝把当时只有十岁的允礽带上，目的是让允礽感受到他对长辈的孝心，给允礽树立一个榜样，希望他长大之后也能成为一个大孝子。①

康熙帝是个政治天才，深知“没有调查就没有发言权”的道理。他经常去京郊区县进行实地调研，巡查地方上的工作进展以及政策落实情况。不满十岁的允礽就开始跟着父亲跑调查，学习父亲的治国经验。康熙帝数次巡视各省也都带上允礽，让他有机会了解地方工作的实际情况，将来当了皇帝就不会被下面人所误导。

行政能力方面的培养更是康熙帝对允礽教育的重中之重。允礽将来要接班管理清朝，管理如此大的国家眼高手低必然导致皇权旁落。在康熙帝看来，只会吟诗作画，胸中实无一策的文人墨客式天子必然导致亡国（宋徽宗就是典型教材），因此在允礽懂事之后，就刻意培养他处理国家大事的实际能力。康熙帝外出或者生病期间就让允礽代理国政，让他找找当皇帝的感觉，以免将

---

①《清圣祖实录》卷一百七，康熙二十二年二月甲申。

来由于经验不足，让朝臣牵着鼻子走。

康熙三十二年（1693年）五月，康熙帝患病无法处理朝政，二十岁的允礽第一次成为父皇的代理人，代替父亲行使皇权。允礽表现不错，得到父亲的肯定。[①]之后康熙帝三次亲征噶尔丹，有将近一年的时间不在京师，都是让允礽代理行使皇权。康熙帝对权柄一向把得很紧，能够将近一年的时间让允礽监国，不但提高了允礽个人威信，也显示出对皇太子的绝对信任。康熙帝不止一次公开对别人讲：我是上天之子，除了景仰上天之外，最信赖的人就是皇太子。[②]

康熙帝把自己当成允礽学习的榜样，对他进行教父式的影响，让他处处学习，并把毕生的智慧和人生总结都灌输给他。康熙帝尽最大努力培养允礽，给予他最好的教育环境、最好的生活环境，目的是希望他将来也能够成为一代明君，将列祖列宗留下的基业发扬光大。

在康熙帝的亲手调教下，皇太子允礽智力发育良好，武功骑射一流，心理素质过硬，诗词书画样样精通，是位名副其实的青年才俊。允礽不但才艺出类拔萃，小伙

---

①庄吉发:《故宫档案述要》，台北故宫博物院，1983年版，第310—311页。

②《清圣祖实录》卷二百三十四，康熙四十七年九月庚寅。

长得也精神，是典型的“高富帅”。令人惋惜的是，允礽除了德之外，智体美劳全部都能摆得上台面。允礽唯一的短板就是缺“德”，而缺“德”的允礽最终也击碎了康熙帝的“皇太子梦”。

二、康熙帝给予皇太子的特权待遇

特权，顾名思义就是特殊权利的简称。什么是特殊权利？就是当你在银行拿号排队等待的时候，我却可以不排队直接坐到经理办公室办理业务，这就是特殊权利；就是两个人都在工地干活，你天天风吹日晒地搬砖，他却啥也不干，到月底老板发工资给你发了两千，却给他发了八千，这就是特殊权利。

特权不是孤立存在的，而是有针对客体，简单说，就是在你的标准之上抬高标准。在你面前搞特殊化，你还得眼睁睁地看着不能有半点怨言，因为这是规定。

允礽不到两岁就被立为皇太子，正位东宫。康熙帝不但给了允礽皇太子名号，更给予他政治、生活上的特权待遇，其目的是辨等级，明贵贱，显示出允礽无人能及的尊贵地位，从而树立皇太子的威信。在康熙帝看来，有了威信，允礽将来才能顺利接班，驾驭群臣，控制朝局。

皇太子和皇子虽然都是康熙帝的儿子，字面上也只有一字之差，但在政治待遇上却有云泥之别，皇太子的特权就是建立在皇子的标准之上。可以说天老大，康熙帝老二，皇太子老三。

康熙十四年（1675年）十二月十三日，就在正式册封允礽为皇太子的同一天，康熙帝提拔孔郭岱、陈廷敬两人为詹事府詹事。[①]于是，明代太子东宫的正式编制机构——詹事府又重新开张营业。詹事府是太子的专设机构，服务对象只有太子一人，职责是负责辅导照顾太子的学习生活。这一机构在明代朱元璋时正式成立，具有悠久的历史传统。到了清代由于水土不服，该机构在顺治年间曾被撤销。康熙帝册封皇太子之日又正式恢复这一重要机构，显示出对新任皇太子允礽的重视。从此之后，詹事府又成为东宫太子的标配。

允礽六岁之前，都是由康熙帝亲自照顾学习和生活。到康熙十八年（1679年），允礽满六岁要正式拜师学习，没有宫殿不合适。康熙帝经过精挑细选并特批专门经费，把紫禁城东面斋宫与奉先殿之间的原明朝奉慈殿进行改建和扩充，并对宫殿设施进行全面装修，正式改名为毓

---

① 《清圣祖实录》卷六十八，康熙十四年十二月丁卯。

庆宫，作为允礽居住的东宫。

这是康熙帝送给允礽的第一个大礼，以显示对皇太子的恩宠，其他皇子自然没有这样的待遇。谁让人家是皇太子，皇太子的东宫自然要比皇子的王府高端大气上档次。最让其他皇子不服气的是装修毓庆宫时出现的一个小插曲，这个小插曲把皇太子的特权表现得淋漓尽致。

康熙帝给允礽修建毓庆宫的时间是康熙十八年（1679年），这一年三藩之乱还没有完全平定，南方还在打仗。古人云:“兵马未动，粮草先行。”打仗就是打钱，康熙帝与三藩连续打了好几年的仗，国库的钱花得所剩无几，连私房钱也开始捉襟见肘，日子过得相当紧。偏偏这个时候北京又发生“百年一遇”的大地震，这场突如其来的地震让皇宫里很多房子都变成危房。

为了防止出现意外伤亡，康熙帝没办法又得拿出银子去修房子。为了让大家都省着点花（僧多粥少），修房子的同时康熙帝下了一道命令：严禁各处借修房子的名目搞贪污腐败，并派专人去搞审计监督工作。按理说，审计都应一视同仁，但康熙帝搞审计有工作范围，其中皇太子的毓庆宫不在这次审计范围之内。[①]皇太子毓庆

①《圣祖御制文一集》卷九，《谕大学士索额图明珠李霨杜立德冯溥学士噶尔图佛伦希福项景襄李天馥》。

宫的修建不受国家经费紧张的影响，该如何修建、如何花钱一切照旧，还不能降低标准。在康熙帝看来，经费紧不紧张要看人，有些人永远都紧张，有些人（如皇太子）永远不紧张。

修建毓庆宫让皇太子住得舒服，也只能显示出允礽的“富”和“宠”。在康熙帝看来，允礽光有“富”和“宠”还不够，还要用各种规章制度来突出允礽的高贵身份。只有这样允礽才能有威，有了威才能让全体臣民畏惧和信服。

黄色是皇帝的专属颜色，除了皇帝之外任何人都不敢乱用，不然轻则杀头，重则灭门。在康熙年间，这种颜色也只有康熙帝能够用，其他人一见到黄色仪仗队就知道皇帝要来了。为了显示皇太子的威，康熙帝把这种颜色的专属权分享给允礽。①允礽的日常服饰、出行车辆、锅碗瓢盆等等跟皇帝一样全部都是黄色，甚至允礽日常生活所用之物比康熙帝还要高一个档次。②最令人无法理解的是，连允礽的仪仗队都跟康熙帝差不多。在允礽当皇太子的时候，在皇宫里看到黄色仪仗队时必须要看清楚，可不敢乱拜，拜错了也要杀头。在文武大臣

① 《清圣祖实录》卷二百五十三，康熙五十二年二月庚戌。
② 《清圣祖实录》卷二百五十一，康熙五十一年十月辛亥。

与诸皇子王公看来，康熙帝和允礽父子俩在行头与阵势上已经无法区分，允礽的阵势有时候甚至盖过皇帝。

康熙帝是天子，天最大，他老二，他才是清朝最有特权的人。皇太子的特权都是皇帝赐予的，允礽再牛也牛不过康熙帝。但是事情总有意外，康熙帝有时候也会颠倒皇帝和皇太子的位置，让允礽这种特权凌驾在自己之上。

有一次，康熙帝闲来无事翻看宫中账本，发现皇宫各单位日常开支太大，要搞一个“降低生活标准，缩减肉食”运动。这次运动搞得轰轰烈烈，包括康熙帝本人在内，所有嫔妃、皇子、公主全部按比例减少肉食供应。皇宫里其他人就更不用说，像太监、侍卫、杂役等人都严格执行新标准，伙食费降低不少。这次运动几乎覆盖皇宫里所有人，说几乎是因为有两个人不在这次运动之列。一个是皇太后（康熙帝嫡母），另一个是皇太子允礽，不但这两个人的肉食数量没有缩减，连他们宫中属人的生活标准也没降低。康熙帝把皇太子与皇太后并列，这一颠倒皇帝与储君位置、过分恩宠皇太子的做法，令人瞠目[①]。

---

①杨珍:《清朝皇位继承制度》，学苑出版社，2009年版，第138页。

康熙帝本是好意，但他这种做法除了引起公愤，让其他皇子更恨允礽，无形中孤立允礽之外，没起到任何积极作用。其他皇子不是允礽的哥哥，就是允礽的弟弟，都是康熙帝的亲儿子，差距越大，心里就越不平衡（满洲特色）。既然老爹你这么待见皇太子，眼不见心不烦，我们惹不起总躲得起吧。

康熙帝用实际行动告诉他们：想躲，门都没有。他在给允礽颁发特权证这方面是不遗余力的，是有增无减的。康熙二十五年（1686年）闰四月，十三岁的允礽马上要出阁读书。按照满洲人的传统观念，十三岁已经不是小孩。满人都比较早熟，十三岁长得跟汉族人十八岁没啥两样。康熙帝这时候又开始给允礽送礼，他下令以后凡是遇到重大节日庆典（比如说元旦），全体文武百官包括其他皇子和皇室王公，不管你是皇太子的叔叔还是外公，无一例外都要到允礽面前集体行两跪六叩大礼。[①]我们都知道中国最高级别的行礼是三跪九叩，这种大礼在活着的人中只有康熙帝承受得起，而两跪六叩也只有在祭拜圣贤神明时才会用。允礽只是一个臣子，竟然能享受这种大礼，翻开中国历史，他又创造了新的历史

① 《康熙朝起居注》第二册，第1468页。

纪录。

当皇子们还在感慨皇太子实在是威风过头的时候，康熙帝却没停下送礼的脚步。康熙三十一年（1692年）三月，在康熙帝直接授意下，主管礼仪制度的礼部和其他兄弟单位一道重新修订规范皇太子的仪节，把皇太子的特权长期化、标准化、制度化。按照重新修订的文件规定，以后每逢元旦、冬至、千秋节（康熙帝生日），皇太子的仪仗队设在文华门之外，皇太子坐在主敬殿，周围有乐队奏乐。部分皇室成员排好队站在台阶下，其他文武百官排好队站在文华门外，呈上书札集体向皇太子祝贺，并行二跪六叩大礼。①

这仅仅是重大节日场合的礼仪规定，平时日常生活允礽的特权也是无处不在。封建社会等级森严，宗室王公、朝中大臣平时进出皇宫更是有明文规定，谁也不敢乱走。皇宫里面房子多，门也多，只有皇帝平时进出才能走中门，其他人只能走侧门。康熙帝打破这一传统，规定皇太子出行也必须走中门。②另外文武百官路过皇太子宫殿的中门，要是骑马的必须下马，牵着马过去。③外

---

①王士祯:《居易录》卷十七，第17—18页。

②《康熙朝起居注》第三册，第1781页。

③《清圣祖实录》卷二百一十二，康熙四十二年五月癸亥。

藩蒙古王公王子来北京给康熙帝请安送礼也得准备三份礼物，一份给康熙帝，另一份给皇太后，第三份自然是给皇太子。要是只准备两份礼物，那也只能送给康熙帝和皇太子。就连朝廷退休官员，在给康熙帝呈交的“退休感言”中也得向皇太子请安问好。①

上述种种规定，只是我们能够看到的允礽特权中的一小部分（文字记载），这仅仅是允礽明面上的特权，其私下里的隐形特权更是五花八门。反正康熙帝最大，他都不管，自然没人敢惹皇太子不高兴。平时衣食住行、多吃多拿多占都是家常便饭。别说在皇宫里，放眼整个清朝一千多万平方公里的土地上，就找不出第二个比允礽更横的人，用“横行霸道”（纯字面意思）来形容允礽再贴切不过。但从另外一个角度来看，允礽是“狐假虎威”，毕竟允礽本人并不可怕，可怕的是他的皇太子头衔以及康熙帝给予他的种种特权，而给予他这两件护身符的人，正是最让人害怕的皇帝。

特权不会带来真正的威信，只会从根本上使人堕落。允礽从小就泡在皇太子特权这个大染缸里，想让他出淤泥而不染只能是童话故事。现实中没有童话，正是在这

① 中国第一历史档案馆编:《康熙朝汉文朱批奏折汇编》第四册，档案出版社，1984年版，第71页。

种“不良特权”的不断浸淫下，允礽最终蜕变成一个彻头彻尾的“双面人”。

三、允礽双重性格的形成

作为清朝第一任皇太子，允礽绝对有骄傲的资本。在康熙帝的严厉调教下，允礽本人能文能武，智商过人。小伙子长得又帅，都说他是少年英雄、青年才俊，是清朝的希望。再加上康熙帝又把他拔高到与自己几乎同等的政治地位，使得允礽小小年纪就能够呼风唤雨。

出身高贵、皇位接班人，有这些标签贴在脸上，允礽实在是找不出自卑的理由。在这种前呼后拥、众星捧月的环境下，允礽性格中的另一面也在快速生长发育，而这一面的标签却是性情乖张、喜怒无常、骄傲自大、飞扬跋扈、贪婪残暴、生活腐化，这些新的标签也慢慢吞噬了年轻的允礽。

允礽不到两岁就被立为皇太子，全国知名度仅次于康熙帝。本身又不差钱，还天天被人拜着，再加上皇太子宝座又是天底下最难坐的宝座之一，因此允礽性格扭曲变态也是可以理解的。最令人可悲的是允礽世界观、人生观、价值观的扭曲，康熙帝本人的负面影响可谓是“功不可没”。

养不教，父之过，孩子没教育好，作为父亲自然要负主要责任。古人讲慈母多败儿，正是由于母亲过于娇惯和纵容，下一代出败家子的概率比较大。通过允礽这个反面典型可以看出，有时候慈父也多败儿。康熙帝对允礽过于宠爱与纵容，使得允礽性格扭曲变态，最后变成爱新觉罗家族公认的败家子。康熙帝这个皇室教育界的集大成者，虽然自认为水平很高，但是在孩子德行方面的教育确实让人不敢恭维。允礽啥都不缺就是缺“德”，而他如此缺“德”，康熙帝本人难辞其咎。

康熙帝虽然是教育家，但同时更是一个政治家。教育家仅仅是客串一下，政治家才是他的第一职业，而作为政治家的康熙帝也并不是历史上记载的那样完美无缺。所谓一代圣主、英明神武都是儿子给父亲脸上贴金，康熙帝也有两面性。康熙帝一向自诩以“仁孝”治天下，他口中所谓的“仁孝”也是有特定对象的，并不是事事都仁，人人都孝。

古人最讲究“天地君亲师”，就是说做人的道德底线是要敬天畏祖，忠君尊师，只有按照这样的道德标准才能培养出德才兼备的人。在古人的思想意识中，很难想象一个连祖先都不敬重的人还能成为一个孝子，连老师都不尊重的人还能成为一个有德之人。康熙帝本人虽然要求全国人民都要尊师重道，口号喊得震天响，但是他对允礽的老师却是出了名的不尊重。

康熙二十六年（1687年）六月，允礽已出阁读书，康熙帝给他选了三个德高望重的老师。就在六月初九上课的第一天，正式上课之前康熙帝突然闯进教室，当着允礽的面考问三位老师的学问，又是背诗又是解释经书，问的问题极为刁钻生僻。三位老师虽然都是宿学旧儒，毕竟术业有专攻，不可能把全部学问都吃得很透，结果回答得不是很好。①

由于各位老师的回答让康熙帝不是很满意，他就当着学生允礽的面说了一些难听话，给老师们来了一个下马威。康熙帝这种做法属于没事找事，刻意刁难允礽的老师。"己所不欲，勿施于人。"你的知识水平还不如这三位老师，根本没有资格随便指责别人。康熙帝不仅没有在允礽面前树立老师的威信，反而有意贬低他们的形象。还没正式上课就来这么一手，使得老师的光辉形象在允礽心里一落千丈。

康熙帝在课程设置、教学过程中也没有体现出尊师

① 《康熙朝起居注》第二册，第1637、1641页。

重师的态度。老师们给允礽上课一上就是十几个小时，由于允礽是皇太子，按照教学要求他们不能像教其他学生那样坐着教，只能站着看允礽读书。要是拿起书本给允礽教学还得跪着双手捧书，跪完之后再站在边上。几位老师都是允礽爷爷辈的人，但在教学过程中允礽却是他们的爷爷，加上天气炎热，几位老师常常由于体力不支，几乎昏厥。①

允礽看到老师这般疲惫，也没向康熙帝申请给老师赐个座，可见允礽受康熙帝影响，也没把老师当回事。在这种身体精神双重压力下，耿介老师没教两天就因为身体原因突然晕倒。康熙帝不仅没有赶紧医治，吸取经验教训，改进教学方法，反而为了面子有意偏袒允礽，指责几位老师出工不出力，不好好干活。②

康熙二十五年（1686年）四月，康熙帝干了一件更为出格的事情。有一次，他和皇子们在瀛台射箭，切磋武艺。老师徐元梦也在场，康熙帝心血来潮，就想让徐元梦也射两箭看看。虽然徐元梦是满洲正白旗人，但是个文人，骑马射箭不是其专长，表现得不是很好。看到徐老师射箭不准，康熙帝便恶语相向。徐元梦作为皇子

---

①《康熙朝起居注》第二册，第1644页。

②《康熙朝起居注》第二册，第1646页。

们的老师，有学生在自然要挽回点颜面，就下意识地解释了几句。令人意外的是，康熙帝听完徐老师的解释之后震怒，当着皇子的面就指挥身边侍卫把徐老师打成重伤，还要抄家，连徐老师的父母都要发配流放。重伤之后的徐元梦带着伤给康熙帝跪地求饶，请求饶过他的父母。更为不人道的是，康熙帝连个病假都不给徐老师，还要求他第二天继续来给皇子们上课。①

这还不是徐元梦最惨的一次。最惨的一次是康熙帝对几个儿子的学业不满意，没有去找学生的内因，认为是徐老师出工不出力，没好好教，不但又打了徐老师板子，还让学生亲自指挥监督，看着徐老师的屁股被打开了花。

有这样的爹，就是孔子再世恐怕也教不出一个颜回。康熙帝这种动辄打骂老师的行为以及徐元梦被打的惨状，深深地影响着诸位皇子。他们从小就看不起老师，想让他们尊敬师长实在找不到理由。由于受到康熙帝的不良影响，允礽在潜意识里根本就没把老师当人，在他的思维意识里老师和奴才可以画等号。

允礽继承了康熙帝的这一“优良传统”，不但不尊

---

①《国朝先正事略》第九卷，第262页。

重、不体恤老师，反而在虐待老师的手段上青出于蓝而胜于蓝。允礽有时候当着康熙帝的面，就敢背对着康熙帝（大不敬），用手指着老师的鼻子开口就骂，动不动就问候老师父母，还亲手把老师推进冰冷的水里，拉出来再暴打一顿。[①]允礽在康熙帝面前就敢如此胆大妄为，动手打老师，如此目无尊长的行为实在令人寒心。允礽打老师跟康熙帝打老师板子可谓是一脉相承。

一日为师，终身为父。古人把老师和父亲放在同等地位，说明这两者具有互通性，对这两人的态度最能体现一个人的人品。允礽没有尊师的观念，自然很难从内心深处怀有对父亲的孝、对兄弟的情、对百姓的仁。允礽表面上是打老师，其实内心深处打的是康熙帝的脸。允礽打老师敢于背对着康熙，在不自觉的情况下表露出根本也没把父亲放在眼里。

允礽连老师都敢打，自然更不会把其他人放在眼里，其贪婪残暴的性格随着年龄增长越发严重。对于东宫里的太监宫女，平日里张口就骂，稍一不顺心就拳脚伺候。就连朝鲜使臣都知道皇太子的“恶名”，回去给朝鲜国王的报告中说，皇太子允礽才十三岁，就刚愎自用，喜

---

① 《康熙朝起居注》第三册，第2483页。

欢杀人。[1]

允礽不但经常打骂下人，连郡王贝勒、文武大臣这些国家高级别干部，打起来也是毫无顾忌，很多皇室远支、宗族郡王贝勒都有被皇太子暴打的经历。[2]发展到后来，允礽连亲伯父和亲兄弟也一视同仁，经常没事找事，把他们叫到面前就是一顿臭骂，骂词让人不堪入耳。打骂完之后，你还不敢还嘴（还嘴是要杀头的），谁要是敢向康熙帝揭发，他就会变本加厉，把你当成仇人一般疯狂报复。[3]

除了对待老师不尊重，康熙帝在别的方面也是口是心非，说一套做一套。他经常告诫允礽和其他皇子，平时生活要保持克制，不能随心所欲，做人不能好逸恶劳，要清心寡欲。[4]康熙帝表面上说得很有道德，但是当了六十多年的皇帝，后宫美女如云，换了一茬儿又一茬儿，直到晚年还经常让手下人去江南挑选美女供他玩乐。康熙帝说的话自己都不信，允礽自然也不会把这些“高大上”的话当真，该怎么享受就怎么享受，一点都不委屈

---

①吴晗辑：《朝鲜李朝实录中的中国史料》第十册，中华书局，1980年版，第4095页。

②《清圣祖实录》卷二百三十四，康熙四十七年九月丁丑。

③《清圣祖实录》卷二百三十四，康熙四十七年九月丁丑。

④《庭训格言》，第3页。

自己。不但允礽生活腐化，就连其他皇子也不甘落后，纷纷效法康熙帝从苏州等地大量收购花季少女，充实到王府里供其玩乐。[1]

允礽这种“变态式双重性格”的形成和发展，完全是由康熙帝本人一手造成的。教育本身的失误、过高的特权待遇、过分的宠爱与纵容、康熙帝本人的负面影响这几者的集中碰撞，最终断送了允礽的皇太子前程。这位清朝第一任皇太子就是在这种环境中慢慢蜕变，走向康熙帝的对立面，不但使康熙帝的心血付诸东流，本人最终也沦为阶下囚，在囚禁中终老一生。允礽被废还波及他的儿孙，本来能够成为皇太孙的弘晳（允礽嫡长子），不但失去皇位继承资格，最终被赶到昌平郑家庄王府，最后被乾隆帝囚禁而死。

---

①杨珍:《康熙皇帝一家》（修订版），学苑出版社，2009年版，第183页。

第三节　第一次废太子

古往今来，整个中国封建王朝的历史就是一部君与君、君与臣、臣与臣之间的斗争史，翻开二十四史历朝历代都没有走出这个规律。封建政治史的主线就是政治斗争，在这部精彩纷呈的斗争史中，皇帝与太子的斗争无疑最为引人注目，也最为精彩。

皇帝与太子既是父子，又是国家的一把手和二把手，两者是一对矛盾体，既对立又统一。皇权至高无上，但皇帝总归是要死的。中国皇帝是家天下统治，其死后原则上皇位也只能由儿子接班，而接班的儿子就称为太子。太子虽说名义上是国家的二把手，但没什么权力，也不能越雷池一步，只能等到现任皇帝死了才能接班。在皇帝看来，二把手太子既是儿子，又是政治上的最大威胁。在太子看来，一把手皇帝既是父亲，又是政治上进步的最大敌人。

这种夹杂着亲情和最高权力之争的双重关系，往往会把一个好人逼疯，把一个坏人逼得更坏。历史上，真正意义上的“仁孝”皇太子几乎没有，而且是当太子的时间越长概率越小。祸起萧墙，无数宫廷政变就是这样产生的。被废被杀，无数原本老实巴交的太子也是这样被皇帝玩残的。在这个千年不变的舞台上，该戏高潮部分最终如期而至，演员的名字分别为康熙帝、允礽、其他皇子。既然演员已经全部就位，那好戏就此开始。

一、太子党形成之后对康熙帝的影响

太子党，顾名思义就是以太子为中心而形成的一个利益小团体。①太子既然是皇位法定第一接班人，身边必然会聚集一批人。这批人以不同的方式去迎合太子，唯太子马首是瞻，目的是等现任皇帝死了，太子接班之后咸鱼翻身，能够享受大权独揽、荣华富贵的美好生活。一般情况下，现任皇帝对这种人的行为是默许的。自己早晚都有死的那天，太子要是没几个铁杆和亲信，说不定刚咽气就能在阴曹地府遇到太子，而国家也会改朝换姓。

在现任皇帝看来，所谓一般情况下，是指这个集团

①康熙五十一年（1712年）十月辛亥，康熙帝上谕：“允礽秉性凶残，与恶劣小人结党。”本书所述的太子党特指康熙朝以允礽为首的政治团体，下同。

的存在不能威胁到皇位。太子不能抢班夺权，只能等着现任皇帝自然死亡，不然就是天王老子现任皇帝也不答应，逼急了连太子都能杀，杀死太子的跟班跟杀头猪没啥区别。官场险恶，人心难测，一个人身上一旦被贴上太子党的标签，收益大，风险更大，但无数人为了收益，甘愿冒这种风险。在他们看来，这句话应该反过来理解，风险大，收益更大。

允礽于康熙十四年（1675年）不到两岁就被立为皇太子，直到康熙五十一年（1712年）九月三十日第二次被废，当了近四十年的皇太子。在允礽两次当皇太子时，身边聚集了一批又一批前赴后继、不怕死的勇士，这批人被康熙帝统称为太子党。皇太子允礽虽然人品不佳，但他本人倒是没有什么非分之想。他已经是皇太子，只要老老实实等着康熙帝寿终正寝，然后顺利接班就算功德圆满。

要说有点问题也是皇太子当的时间太长，偶尔会发发牢骚，喊一些“岂有四十年太子乎”这样的反动口号。虽然在其他兄弟逼迫下干点出格的事情，但是允礽本人绝无弑君杀父之念。康熙帝是个什么人，允礽非常清楚。作为一个受过良好教育，智商精神都正常的人，抢班夺权这种傻事允礽肯定干不出来，也不敢干。

在政治上不怕没好事，就怕没好人。允礽虽然不想干，不敢干，但是围绕在他身边的人却很想干，很敢干。允礽虽然是太子党的首脑，但他只是一个招牌。允礽本人既年轻又无社会经验，政治权谋水平也一般。太子党内个个都是政治上的精明人、官场上的投机分子，因此跟康熙帝发生政治冲突的主要是这些太子党，而康熙帝主要打击的目标也是这些人。

允礽当皇太子时形成的太子党具有鲜明的少数民族特色，也就是满族人特色，其构成有三大特点：

第一，太子党成员中没有一个皇子，连其他宗室贵族也几乎没有。康熙帝有三十多个儿子，积极参与太子斗争的也有十几人，竟然没有一个支持允礽。这也不能全怪允礽人缘不好，他这些亲弟兄不支持他是有历史原因的。皇帝立嫡长子为皇太子在汉族人看来是顺理成章的事情，但是在满族人看来这可是件新鲜事。汉族宗法制虽然国家大力提倡，但在满族人看来，康熙帝立允礽为皇太子跟满族旧俗传统相违背。其他皇子认为大家都是皇帝的儿子，根本没有高低贵贱之分，平等竞争才能心服口服，凭什么你一生下来就当皇太子，我就不能当。

在这种思想指导下，其他皇子纷纷站到允礽的对立面。康熙帝立允礽为皇太子，把其他成年皇子封入下五旗，这种做法更进一步激化允礽与其他皇子的矛盾。这些皇子虽然不是旗主，但是满族人旧有的人身依附关系依然存在。皇子的特殊身份使他们成为下五旗的实际主人，因此下五旗宗室王公与满族大臣自然也就站在反对允礽的阵营中，形成一股强大的政治势力。

第二，太子党中地位最高、最有头有脸的人物是索额图。索额图是太子党中最为顽固的一分子，也是太子党的实际组织者。索额图成为允礽最坚定的支持者，原因是索额图及其家族成员跟允礽有着血缘关系，不得不支持允礽，而且还要支持到底。索额图利用这种政治特殊身份在朝中形成一个党派，这个党派和太子党具有高度重合性。许多官员依附索额图，也是看重他背后的皇太子，不然就凭索额图一个人还没有那么大的能量把一大批朝廷重臣聚拢在身边。

第三，太子党中汉族官僚很少，包括太子的后花园——詹事府里面的汉族官僚也不是太子党，这个问题跟整体大环境有关系。清朝是满族人建立的政权，汉族官僚本来就处于从属地位，再加上太子之争是满族人的家事，在大多数汉族官僚看来自己是外人，跟着陷入其中有百害而无一利。毕竟谁当了皇帝，汉族官僚都不会真正受到重用。

按理说詹事府是太子权力的自留地，詹事府的官员既是太子的属下，又是太子的老师，属于太子铁杆中的铁杆。明朝很多内阁大臣都是从詹事府走出来的，当时的詹事府是国家高级后备干部重要培养基地。但是康熙帝设立詹事府仅仅是挂个名字而已，里面的人负责给允礽上上课、讲讲学，想靠这个关系上位无异于痴人说梦。允礽跟他的老师们关系处得也不是很好[①]，因此詹事府并没有成为允礽的权力支撑点。虽然康熙帝经常给允礽创造机会，让他跟汉族有名望的士大夫搞好关系，允礽跟这些人也会时不时地来个以诗会友[②]，就连索额图有时也会主动去结交汉族重要官僚[③]，但是允礽和太子党的实际组织者索额图从内心深处并不真正重视汉族大臣。

这也是允礽的一大失误。在四面树敌的皇宫里，只有汉族士大夫才是他政治上最强有力的支持者。允礽忽略这股势力，没有把他们为己所用，反而把这些人推向对立面，使他在遇到政治危机时真正成了孤家寡人。

鉴于以上三点，太子党并不是康熙朝的第一大党，

---

①《康熙朝起居注》第二册，第1642、1644、1646页。
②王士祯:《居易录》卷三十一，第1—2页。
③《清史稿》卷二百六十九，《列传》五十六，《明珠》。

跟反太子党相比，太子党在人数和实力上都不占优势。康熙朝最大的党派是康熙帝领导的帝党，排名第二的是反太子党，太子党只能排第三。太子党虽然排名最后，实力最小，但目标却最明显。由于太子党的领导人是皇太子，其他两大党派连睡觉都在盯着该党。太子党有一点风吹草动，必然会引起政治上的狂风暴雨，同时受到另外两党的前后夹击，前狼后虎，日子过得着实不易。

允礽虽然是皇太子，是太子党最高精神领袖，但太子党的真正核心是索额图。索额图是满洲正黄旗人，是两黄旗重臣索尼第三子。允礽生母是索尼长子噶布喇的女儿，从血缘关系上看，索额图是允礽的亲叔姥爷。允礽被立为皇太子，对索额图及其家族来说是莫大的荣耀，该家族也成为允礽政治上最强有力的依靠。

索额图精明强干，为人城府极深，政治才能突出，在索尼和噶布喇相继去世后，成为该家族的领军人物。在皇帝和皇太子的父子较量中，索额图始终站在皇太子一边，为允礽出谋划策，组织太子党与皇帝对着干，威胁到康熙帝的生命与皇位。索额图后来被康熙帝称为“本朝第一罪人”[①]，原因就是他毫无保留、死不悔改地支

① 《清圣祖实录》卷二百五十三，康熙五十二年二月庚戌。

持允礽。客观分析，索额图到底是第一罪人还是第一好人，都是康熙帝从个人好恶做出的评价。

索额图年轻时，在帮助康熙帝清除鳌拜势力过程中出过大力，狠狠地露了把脸。那时候的康熙帝对索额图信任有加，加官晋爵，并把他提拔到重要领导岗位。后来到平定“三藩之乱”时，虽然索额图不主张撤藩，但是战事一开，又积极为康熙帝献计献策。战争初期，清军连连受挫，遇到战局不利的情况，康熙帝也只和索额图、明珠两人秘密商议对策，其他人全部靠边站。[①]索额图依靠真才实学成为康熙帝的左膀右臂，属于核心中的核心，是康熙帝最为信任的人之一。等到平叛战争结束，索额图由于谋划得当论功排第一，成为康熙朝举足轻重的人物。

康熙帝立允礽为皇太子后，随着允礽一天天长大，对他的恩宠也愈加隆重。索额图作为允礽的叔姥爷，政治地位也呈几何级数增长。索额图仗着这一特殊身份，到处拉帮结派，贪污受贿，大权独揽，排除异己，导致朝廷乌烟瘴气。索额图在康熙十九年（1680年）八月被

---

①吴晗辑:《朝鲜李朝实录中的中国史料》第十册，中华书局，1980年版，第3996页。

撤了大学士头衔[1]，二十二年（1683年）三月又被康熙帝公开骂了一次[2]，但是康熙帝并没有从根上处理他。骂完之后很快又把他重新起用，原因是康熙帝始终把索额图当成允礽的维护者。

在当时的康熙帝看来，索额图不仅是心腹大臣，更是皇太子的护身符。允礽年龄小没经验，万一自己有个三长两短，将来好借助索额图家族势力让允礽更好地掌控朝中局面。当时以明珠为首的皇长子允禔集团处处与皇太子作对，只要有人向皇太子靠拢，明珠就背地里使坏。[3]在如此复杂的政治形势下，索额图作为皇太子捍卫者的角色就更加突出。

到康熙二十七年（1688年）二月，明珠被康熙帝罢黜。索额图没有了政治对手，借此机会在朝中广结党羽，势力大增，逐步形成以他为核心的太子党。允礽和索额图不懂得低调做人，越发得意忘形，恣意妄为，越来越不把康熙帝放在眼里，引起康熙帝的强烈不满。

康熙二十九年（1690年），康熙帝第一次公开批评允礽，三十六年（1697年）两人之间的矛盾进一步升级，

---

① 《清圣祖实录》卷二百一十二，康熙四十二年五月癸亥。
② 《清圣祖实录》卷一百八，康熙二十二年三月庚戌。
③ 《清史稿》卷二百六十九，《列传》五十六，《明珠》。

关系发生质的变化。康熙帝意识到允礽虽然不肖，毕竟是亲儿子，年龄又小，又是国本皇太子，是属于可以改造好的对象。索额图打着皇太子的旗号结成威胁到他皇位的太子党，又处处往坏里教允礽，就属于必须要革命的对象。

康熙帝为了收拾索额图开始在朝中布局。在重新起用明珠对付索额图的同时，开始对他领导的太子党进行打击。康熙帝是个权谋高手，自然明白擒贼先擒王的道理，索额图要是出事，太子党必然树倒猢狲散。明珠是个万花筒，自然懂得康熙帝的意思，对于索额图这样的政治老冤家自然不会手软。明珠上台之后就四处打探情报，大搞地下工作，利用各种糖衣炮弹策反索额图的党羽。

明珠等人的工作卓有成效。康熙三十九年（1700年），索额图内院起火，被家人揭发种种不臣之举，一时间各种犯罪证据都摆在康熙帝面前。索额图预感到大事不妙，再不出招小命有可能不保，便使出金蝉脱壳之计，向康熙帝提出年老体衰，精力不济要退休。康熙帝政治目的达到，看在以往的情分上没有再进一步打击索额图，便批准了他的退休请求。[1]

---

① 《清圣祖实录》卷二百五，康熙四十年九月戊申。

退休之后的索额图并没有灰心丧气，一蹶不振，而是对未来充满信心。虽然被赶下台，但只要允礽不出事，太子党就不会倒，将来皇太子接班之后他依然可以东山再起，重掌大权。没想到计划赶不上变化。康熙四十一年（1702年）十月初四，允礽在跟着康熙帝南方巡视的路上病倒在山东德州。由于病得很突然，康熙帝便留在德州给允礽治病。康熙帝不知出于何种目的，允礽刚病倒第二天，他就下令让退休在家的索额图赶来德州侍奉皇太子。①

索额图赶到德州之后，康熙帝在德州待了十几天看到允礽的病不见好转，便先行回京。这是一个很不寻常的举动，在当时的情况下康熙帝无论去哪里都会带上允礽，目的已经不是当年的培养和恩宠，而是监视与防范。这个时候康熙帝已经不放心允礽，对他产生深深的不信任感。更让人意外的是康熙帝走时并没有带上索额图，而是让他留在德州继续照看允礽。

这二人在德州一待就是二十多天，直到十一月十九日才返回京师。索额图与允礽单独相处近一个月时间，每天都朝夕相伴，彼此的关系又拉近不少。天高皇帝远，

---

①《清圣祖实录》卷二百一十，康熙四十一年十月壬午。

没有康熙帝的束缚，两人的精神压力也顿时全无。索额图与允礽抓住这难得的聊天机会分析当前政治形势，商量应对策略。此时的二人已经没有君臣之别，也顾不得什么宫廷礼数，讨论的核心问题就是索额图被“退休”之后，太子党有倒台的危险，如何在这种局面下实现利益最大化。

索额图一倒，太子党失去实际组织者，再加上康熙帝对太子党其他成员进行逐个打击，导致太子党基本上名存实亡。允礽与康熙帝的矛盾也日益尖锐，父子之情越来越淡，其皇太子之位也出现动摇。面对如此不利的局面，老谋深算的索额图必然为年轻的允礽提供几种应对方案。

在一间秘密的小黑屋里，桌上点着蜡烛。满脸憔悴的允礽问道:“叔姥爷，父皇步步紧逼，允禔等人在背后拆我的台，你也退休了，身边连个人也没有，我该怎么办?”索额图的老脸在忽明忽暗的烛光下显得格外高深，冷笑一声对允礽说:“太子不用惊慌，老夫自有主意。按照目前局势有上中下三策可供太子选择：上策是我们主动解散太子党，太子示弱于皇上，同时您不能再当儿子，要拿出当孙子的姿态去讨好皇上，必然可保住太子之位；中策是后发制人，以不变应万变，见招拆招，徐图缓进，把皇上等死；至于这下策嘛，既然皇上对我们不仁，也别怪我们不义，一不做二不休来个宫廷政变，逼皇上退位，太子登基为帝，到那时天下就是太子您的。”允礽看着胸有成竹的索额图，木讷地点了点头。

允礽与索额图二人在政治上还是太稚嫩，康熙帝如此精明的人怎么会主动给他俩创造单独相处的机会，这里面必定有阴谋。康熙帝虽然走了，但是留下了耳目去监视他们，他们的一举一动都瞒不过其法眼。只有允礽和索额图露出狐狸尾巴，康熙帝才有借口动手。看来康熙帝平时三十六计确实没少看，这招欲擒故纵用起来轻车熟路。

事情的发展果然如康熙帝所料，索额图和允礽两人的“德州相会”引起一场政治地震。他俩的一言一行都通过秘密渠道汇总到康熙帝耳朵里，同时正面战场也拉开战幕，索额图的告状信满天飞。许多文武大臣都上折子弹劾索额图，表示索额图退休之后不好好在家养老，天天上蹿下跳，没官没职却到处发号施令，十足的天下第一奸臣。这样的人不处理，天理难容。

康熙帝看到时机成熟就顺坡下驴，于康熙四十二年（1703年）五月正式下令逮捕索额图，并且公开质问索额图：“三年前，你的家奴告发你的种种罪行，我没处理，希望你能好自为之。没想到你不知悔改，反而变本加厉。你背地里都说了什么，自己心里清楚。我要是不出手，你必然提前动手（这句话狠），我要是将你的所作所为全部抖搂出来，你必死无疑。我看在你有功于朝廷的分上放你一马，但是又怕你继续指挥太子党惹是生非，因此只能把你交给宗人府，与根度（太子党成员）一起关起来。”[①]康熙帝说这番话的目的是告诉索额图：不是我对不起你，是你先对不起我的，那就别怪我不留情面。

康熙帝把索额图关起来之后，一开始并不想杀他。毕竟索额图跟了他几十年，还是有感情的。令人没有想到的是，索额图虽然被关了起来，但依然是太子党的老大。太子党成员为了营救索额图，不断地做各种地下工作。康熙帝意识到问题的严重性，就派两个皇子去调查。凑巧的是，负责调查的皇子中就有反太子党皇子。他们对索额图恨之入骨，自然不会客气，本着看热闹不怕事大的精神，把索额图以前的所作所为以及太子党违法乱纪的行为翻了个底朝天。

康熙帝看到这些触目惊心的材料之后立刻动了杀机，毫不犹豫地处死索额图，他的两个儿子也同时被杀，只

---

① 《清圣祖实录》卷二百一十二，康熙四十二年五月癸亥。

要是索额图家族的人全部革职查办。太子党其他成员更不用说，该杀的杀，该关的关，该流放的流放，康熙帝给他们来了个一锅端。

其实康熙帝是个厚道人，对有功之臣一向极力保全，但在索额图事件上却表现出耐人寻味的“零容忍”态度。康熙帝对索额图动了极刑，对太子党进行全面大清洗，碍于允礽的面子没有向其他人说明其中缘由，还是希望允礽能够吸取教训，重新做人。直到五年后第一次废太子之时，康熙帝才对允礽说道：“从前索额图帮你谋划的那些事，我早已了解清楚，所以才把索额图处死。”①

血淋淋的事实告诉我们：搞阴谋一要看对手，二要做得隐蔽再隐蔽，小黑屋再黑也会隔墙有耳。

索额图的死预示着太子党彻底覆灭，允礽彻底失去与康熙帝叫板的资本。尽管后来允礽身边又聚拢一批忠于他的死党，但是已经形不成气候，因为无人能够替代索额图的角色。索额图对允礽的重要性不言而喻。古人云：“千军易得，一将难求。”允礽本人的政治权谋水平一般，没有高人指点的他也只能任由康熙帝摆布，在政治上一步步走向失败，直到玩火自焚。

---

①《清圣祖实录》卷二百三十四，康熙四十七年九月丁丑。

二、反太子党逐步壮大

历史经验告诉我们，太子宝座之所以是天底下最难坐的宝座，主要基于两点。首先，坐在这个位置上的人要能耐得住寂寞（针对皇帝），不能把手伸得太长，要懂得控制各种欲望，甚至还要装出不贪权色的态度；其次，要能扛得住（针对其他皇子），毕竟太子是将来的皇帝，这样的诱惑谁也挡不住，竞争对手一抓一大把。太子虽说前途一片光明，但是上面有人压着，下面有人挖墙脚，能够混到顺利接班一要看人品，二要看运气。

很可惜允礽人品不行，运气也不好，属于两边都不靠。允礽的人品大家都知道，属于“变态式双重性格”。运气不好要从两方面看：一方面，康熙帝不是一般的君王，活的时间够长；另一方面，他的竞争对手——其他皇子个个都是猛人，全部都是“挖掘工人”出身，挖墙脚的技术堪称世界一流。这些皇子不但自己主动挖，还带动其他人形成联盟一起挖，几十年如一日地挖，不把允礽的根基挖空誓不罢休，充分展示出一个优秀“挖掘工人”的良好职业操守。

这个“挖掘工人联盟”又名反太子党，是一个较为松散的临时性组织。该组织里面有好几股势力，各势力之间矛盾也很尖锐，但是在反太子这个共同目标下走到一起。既然是反太子，那么这个联盟的领导人自然落在皇子的肩上。反太子不是目的，反只是手段，目的是立。按照当时的组织规定，只有皇子才有资格继承太子之位，因此皇子要是不当领导人，其他人自然不敢乱来。按照这个中心思想，把允礽挖下台，自己当太子就成为该联盟的奋斗目标。临时组织也是组织，口号还是要有的，该组织的口号就是：

太子之位，宁有种乎？

该口号具有光荣的历史传统，成为历朝历代有志之士抬高自己、藐视别人，变不可能为可能，提升士气的不二之选。在这个口号的指引下，其他皇子纷纷拿起铁锹，义无反顾地加入到挖皇太子墙脚的大军中。

康熙帝子女众多，光儿子就有三十多个，活到成年的也有二十人，这些皇子之间的年龄差异极大。就拿允礽来说，和最小的弟弟年龄差距在四十岁开外，前者完全能当后者的爷爷，因此反太子党也不是每个皇子都参与。没参与的不是不想参与，实在是生得太晚，年龄太小，没赶上这台好戏。没赶上也不是什么坏事，因为赶上这台好戏的皇子大部分都没有好结局，能够混个自然死亡已经算是其中的成功人士了。

康熙帝作为清代著名的皇室教育家，对儿子们的学业一向抓得很紧。他的儿子们个个都是优秀人才，智商情商过人，并且具有极强的参政议政意识。在反对允礽的行动中，他们八仙过海各显神通，把“有才无德”的含义发挥到极致。

康熙帝这二十个成年皇子中，以皇十四子允禵为界，前面的皇子大部分属于反太子党的中坚力量，而包括皇十五子在内以下诸皇子，由于年龄小，属于没参与其中的“幸运儿”。

皇十五子以上诸皇子，除了允礽和两个没活到成年的皇子之外，一共是十一人。分别是皇长子允禔、皇三子允祉、皇四子胤禛、皇五子允祺、皇七子允祐、皇八子允禩、皇九子允禟、皇十子允䄉、皇十二子允祹、皇十三子允祥、皇十四子允禵。这些皇子中除皇三子允祉、皇五子允祺、皇七子允祐、皇十二子允祹之外，其他人全部都是铁杆反太子皇子。

老三、老五、老七和老十二只能算是反太子党的外围力量，因为这四位皇子虽然对太子也不满，不支持太子，但是并没有采取什么实际行动，采用非暴力不合作的态度来对待允礽，不和反太子的皇子搅到一起，想当一个局外人。其实这四位皇子在允礽眼里跟其他反太子的皇子没啥区别，政治斗争如此激烈，到处都需要人，早已没有中立之说，你不支持我，自然就是反对我。这四位皇子只是客串，另外七位皇子才是这部大戏的主角。下面轮到主角出场：

皇长子允禔，生于康熙十一年（1672年）二月十四日，生母为惠妃那拉氏，比允礽大两岁。由于母亲不是正宫皇后，康熙帝当初按照嫡长子制度立老二允礽为皇太子，最不服气的就是允禔，因为允禔自认为他是该制度的最大受害者。允禔比允礽还大，又觊觎皇太子之位，就顺理成章成为最早一个反太子的皇子。

皇长子的名号不是白给的。康熙帝对这个长子一向非常器重，经常给他安排重要任务。康熙二十七年（1688年）五月，中俄两国要开会商定边界问题，清朝使团从北京出发去色楞格，不到十七岁的允禔就首次代表康熙帝给使团开了一个相送会。年轻的允禔在相送期间享受到规格很高的礼仪，着实威风了一把。①

允禔成名还是靠军功，他本人具有较强的军事才能。康熙二十九年（1690年）的乌兰布通之战，康熙帝任命年仅十九岁的允禔为清军副统帅，跟军队主帅裕亲王福

---

①张宝剑等译：《张诚日记》，载《清史资料》第五辑，中华书局，1984年版，第82—83页。

全一起率领清军抗击噶尔丹的进犯。双方在乌兰布通一带激战数日，战争场面异常惨烈，最终清军依靠顽强的毅力击溃噶尔丹的军队，第一次挫败噶尔丹“妄想打进北京城，自己当皇帝”的政治野心。如此重要的战役，康熙帝让年轻的允禔领军，充分显示出对他的重视和信任，而允禔在战场上也展现出一定的军事才干。

康熙三十五年（1696年）、三十六年（1697年），面对噶尔丹的步步紧逼，康熙帝三次御驾亲征。三次亲征都带着允禔，让他作为一名军事将领协助办理军务。允禔在军事上的表现是令康熙帝满意的。

除了军事方面，在其他政务方面，作为皇长子的允禔也受到康熙帝格外看重。康熙帝经常交给允禔各种政务，充分发挥他皇长子这一特殊身份的作用，树立他的威信，让他给下面的弟弟做个榜样。在第一次废太子之前，允禔作为长子深受康熙帝重用，小日子过得相当滋润。康熙三十七年（1698年）第一次册封诸皇子，允禔因功被封为直郡王。

既有军功，又是康熙帝长子，依靠军功起家的允禔在尚武的满洲人眼里具有很高的威望，在其周围形成一个很大的势力，他的手下遍布朝廷各个角落。[①]跟允礽一样，允禔也有一个很厉害的叔姥爷，那就是明珠。明珠知识渊博，为人机敏，极具战略眼光，是整个康熙朝数一数二的人才。明珠在康熙朝初期一系列政治大事件中都扮演了很重要的角色，深受康熙帝信赖，属于他的左膀右臂。明珠利用手中的权势和允禔皇长子的身份，在朝中大力培植党羽，并积极为允禔谋求皇太子之位。明珠集团处处和允礽的太子党对着干，铁了心要把允礽拉下马，让允禔当皇太子。

虽然允禔在朝中势力很大，但是其本人性格却是一个典型的武将式人物。允禔继承了爱新觉罗家族长子的一贯作风，跟努尔哈赤长子褚英、皇太极长子豪格一样，武功和智商、情商正好成反比。允禔性格张扬，为人鲁莽急躁，天天喊打喊杀，干什么事情都不分场合地依着性子来。

有一次，葡萄牙籍传教士徐日升来华觐见康熙帝。康熙帝在乾清宫正式接见徐日升并和他谈论宗教事宜，当时允禔就坐在旁边陪着。不知道允禔哪根筋不对，看着徐日升的大胡子很是不爽，当着康熙帝的面硬要把他

---

①《清圣祖实录》卷二百三十七，康熙四十八年四月庚申。

的胡子剃掉，弄得徐日升很是尴尬。徐日升只能看着康熙帝，希望皇帝能管管这位鲁莽的儿子。康熙帝觉得允禔太过随便就骂了他一顿，这才化解一场外交纠纷。[①]徐日升是国际友人，如此不尊重他国风俗，这事传到其他外国传教士耳朵里必然会引起他们对清政府的不满，影响中外友谊。

允禔不管干什么事都随心所欲，还很难与人相处，胸中无谋略，缺乏政治眼光。从他的政治表现来看，完全可以用“愚蠢至极”来形容。康熙二十九年（1690年）的乌兰布通之战，康熙帝让允禔当清军副统帅，允禔却轻信身边小人的谗言，跟全军统帅裕亲王福全对着干。不听指挥也就罢了，还和福全的关系搞得很僵，康熙帝了解到这个情况之后就把允禔提前召回。[②]福全是康熙帝的亲哥哥，在皇室内部极有声望。允禔要是能够得到福全的肯定，自然能够让康熙帝高看一眼，从而扩大政治影响力。这样千载难逢的好机会别人求之不得，允禔反而轻易就毁掉了。

允禔作为一个政治上扶不起的阿斗，跟“政治”两字完全是八字不合。康熙帝对允禔的评价是“素行不端，

---

① 《庭训格言》，第43—44页。

② 《清圣祖实录》卷一百四十八，康熙二十九年八月辛未。

气质暴戾”。允禔本人不但搞政治不行，在家也不是一个孝子，就连他的亲生母亲惠妃都向康熙帝说允禔这孩子不孝顺，请求康熙帝处置。①有“不仁不孝”这顶帽子扣在头上，允禔注定跟皇太子之位有缘无分。

皇四子胤禛，生于康熙十七年（1678年）十月三十日，生母是德妃乌雅氏，胤禛比允礽小四岁。乌雅氏给康熙帝生了两个儿子，一个是四阿哥胤禛，另一个是十四阿哥允禵。两人虽说是一奶同胞的亲兄弟，但性格完全相反，没有任何共同点，他们在反太子的道路上最终没能够走到一起。

胤禛的母亲出身并不高贵，虽然为康熙帝生了两个儿子，但也只是一个普通妃子，在后宫中没有政治影响力。胤禛没有令人羡慕的叔姥爷，外戚方面的政治资源几乎为零。在这种不利局面下，胤禛不等不靠，完全自力更生，凭借真本事在反太子队伍里自成一派。

胤禛从小生活在皇宫里，康熙帝常对人说只有四阿哥（胤禛），是他亲自抚育的。②俗语曰“远香近臭”，由于从小就跟着父亲，因此康熙帝自认为对胤禛的性格特点了解得较为全面。康熙三十七年（1698年）第一次

---

①《清圣祖实录》卷二百三十五，康熙四十七年十月壬申。

②《清圣祖实录》卷二百三十五，康熙四十七年十一月戊子。

册封诸皇子，二十一岁的胤禛没有像大哥和三哥那样封为郡王，而是被封在第二梯队，跟几个弟弟一起封为贝勒。从这次册封可以看出，年轻的胤禛表现并不好。康熙帝对刚成年的胤禛评价是“为人轻率”。在康熙帝眼中，胤禛性格急躁，喜怒不定，为人做事不认真，干什么事都不经过大脑，是个很不严肃的人。在当时人看来，“为人轻率”是一个骂人不带脏字的贬义词。

正是由于康熙帝的这次册封和评价给了胤禛很大刺激，从此之后，他开始真正自我斗争、自我改造、自我“革命”。从历史资料来看，胤禛在第一次废太子之前，在政治上基本没有什么表现机会。皇太子之位二哥占着，又没有大哥的军事势力，更没有三哥的才学和稳健。胤禛只能苦练内功，努力拍康熙帝的马屁，顺便跟着其他反太子党成员一起混日子。

经过十年磨炼，胤禛由之前的轻率皇子转变成为一个城府极深、沉稳狡诈的政治老油条。到康熙四十七年（1708年），第一次废太子之后没过两个月，刚过而立之年的胤禛通过一系列表现得到康熙帝的认可。康熙帝在这年十一月公开表示：“四阿哥胤禛，小的时候觉得他喜怒不定，现在却最能体谅我的心意，对待我可谓是殷勤恳切，用两个字形容就是‘诚孝’。”①

这是一个很高的评价，康熙帝看人最欣赏的一点是诚，最看重的一点是孝。看来胤禛这十年真是没少下功夫，研究他父亲比研究自己都透。有了这个新评价，胤禛从此实现惊天大逆转。到康熙四十八年（1709年）第二次册封皇子之时，胤禛跳过郡王，直接由贝勒晋升为雍亲王。

从上述表现可以看出胤禛是一个很可怕的人。古人讲，江山易改本性难移。一个人要是能够改变性格已经非常困难，但这不是最困难的，最难挑战的是让一个无比精明睿智的人在脑子中消除对你的偏见，改变对你的看法，而这种看法只是一个虚伪的你，你的真实性格隐藏在内心最深处。胤禛做到了这点，他不但隐藏了自己，还骗过英明神武的康熙帝，使得康熙帝直到死都认为胤禛是个又诚又孝的好儿子。

表面上诚孝的胤禛，其骨子里不但是一个彻头彻尾的反太子党成员，而且想当皇太子的心百倍于其他皇子。从一些史料的蛛丝马迹中可以看出，胤禛平时跟反太子党允禩等皇子的关系较为密切，背地里没少挖允礽的

①《清圣祖实录》卷二百三十五，康熙四十七年十一月戊子。

墙脚。

康熙四十六年（1707年）是个多事之秋，这一年正是反太子党活动最为频繁的时期，第二年便发生了第一次废太子事件。就在这年年初，康熙帝此时经常住在畅春园，便让儿子们也在附近修建别墅，目的是想让他们更加方便地帮忙干活。胤禛、允禩、允禟和允䄉把别墅建在畅春园北边的一块空地，并且这四位皇子的别墅都挨得很近，而允祉、允祺和允祐三位皇子则不约而同地在畅春园另一块空地修建自己的别墅。①

别墅修建位置的不同恰恰反映出皇子们不同的政治立场。允祉等人故意没跟反太子党的中坚力量住在一起，目的是避嫌。胤禛如此精明的人反而不去避嫌，说明他跟允禩等人必有私下交往。再联系到胤禛跟允禩在京城的王府也是连在一起的，说明在当时没有网络、电话、手机、传真机的时代，住得近是一个很大优势，可以最为快速有效地互通有无。搞阴谋最重要的是隐蔽和信息，住得如此之近，说他两人之间没有阴谋，鬼都不信。

康熙四十七年（1708年）九月，康熙帝第一次废了允礽的皇太子之位，把他囚禁起来。本来就心情烦躁，

① 中国第一历史档案馆藏：满文朱批奏折，胤祉奏，康熙四十六年三月二十日。

由于允禩此时太过招摇，触怒了康熙帝，一怒之下把他也关了起来。允禩是反太子党的首领，下面小弟一看大哥被关，纷纷上书用身家性命为大哥担保。允禵也没管别人，拉上亲哥哥胤禛一起为允禩求情。[①]允禵是允禩的铁杆支持者，并且为人爱憎分明，性格直爽。他不拉别人，偏偏拉上胤禛一起，说明在允禵看来胤禛跟他是一路人，都是反太子成员，都是允禩的小弟。

胤禛虽然是反太子成员，但是其反太子的行为较为隐蔽，加上他很善于伪装，从不当出头鸟，因此康熙帝虽然有所察觉，但是自始至终都没有真正看透他。胤禛性格中最重要的一面就是狡诈。在第一次扳倒允礽之后，允禩在朝中的威望大增。此时胤禛并没有紧跟允禩，而是反其道而行，远离允禩领导的反太子集团，为允礽说好话，不断地哄康熙帝开心，这体现出胤禛的狡。允礽第二次被废之后，皇太子之位空缺，明明很想当，胤禛却表现出远离政治的姿态，天天寄情于山水，逢人便说自己是“天下第一闲人”[②]，但背地里却不断拉帮结派，控制要害部门，有计划有步骤地实施他的战略意图，这体现出胤禛的诈。

---

①《清世宗实录》卷四十八，雍正四年九月戊午。
②《世宗宪皇帝御制文集》卷六，《雍邸诗集序》。

胤禛能够在旷日持久的皇太子争夺战中笑到最后，跟他这种沉稳狡诈的性格有很大关系。内因决定外因，外因依靠内因起作用，胜出的原因是胤禛技高一筹，水平最高。

皇八子允禩，生于康熙二十年（1681年）二月初十，生母为良妃卫氏，比允礽小七岁。别看允禩年纪小，却是反太子党的大哥级人物。允禩母亲良妃出身低贱，最早入宫时只是一个宫女，被康熙帝称为“辛者库贱妇”[1]，因此允禩从小是由大阿哥允禔的生母惠妃那拉氏抚养。允禔在谋求皇太子之位失败后转而大力支持允禩，跟他俩是“一奶同胞”有很大的关系。

由于母亲出身卑贱，允禩受尽白眼，从小就养成跟其他皇子截然相反的性格。其他皇子高调，他就低调；其他皇子高傲，他就谦逊；其他皇子浮夸，他就务实；其他皇子趾高气扬，他就平易近人，总之就是跟你们反着来，独树一帜。允禩跟谁说话都客客气气，从来都不摆皇子的臭架子，成为一位远近闻名的“平民皇子”。

康熙帝对这个母亲出身不高的儿子也是非常喜爱，常常把允禩带在身边，刻意锻炼和培养。除了具有谦逊

---

①《清圣祖实录》卷二百六十一，康熙五十三年十一月甲子。

温和的性格之外，允禩从小就聪明伶俐，自尊心极强并且野心勃勃，从来都不自暴自弃，干什么事都要争第一。虽说允禩在文化课上不是优等生，但解决实际问题的能力在皇子中能排第一，具有超强的办事才能，属于实干型人才。用“精明强干”来形容允禩一点都不夸张，并且他这个特点得到皇室成员的一致认可。就连胤禛当上皇帝之后也不得不公开承认，“廉亲王允禩要是肯用心办事，绝对什么事都能办好。论才具、操守，诸大臣没有一个能超过他的”。[①]除了精明强干之外，允禩还是一位技术型人才。他从小就喜欢研究马，不但骑马技术一流还很会相马，是皇室公认的当代伯乐。

康熙帝看到了允禩的才干和优点，在康熙三十七年（1698年）第一次册封皇子时封他为多罗贝勒，时年不到十八岁的允禩成为皇子中最年轻的贝勒。有了爵位之后，康熙帝也开始放心大胆地交给允禩任务，发挥他的特长，让他帮着处理行政事务。从册封贝勒到第一次废太子之前的十年间，只要康熙帝外出不在北京，留在京城干活的人肯定有允禩。就连突审索额图这样的秘密差事康熙帝也指定允禩参与，说明康熙帝对他的能力高度认可。

---

①《清世宗实录》卷三十一，雍正三年四月癸未。

允禩谦逊温和的性格与突出的办事能力，使其具有超强的亲和力。人缘爆表的允禩走到哪里都是掌声一片，在康熙帝所有皇子中口碑最好。允禩依靠自身的优越条件，在干工作的同时广树恩德，到处收买人心。上到康熙帝的妃子，下到满汉王公大臣，团结一切可以团结的力量。宫里宫外都对允禩评价很高，一致认为他是个贤王[①]，其中大部分人都成为他的拥护者和追随者。允禩的人生信条是：依托谦和去交人，凭借办事去树恩。就连康熙帝二哥裕亲王福全，在病重时还向康熙帝大力推荐允禩，说他心性好，务实不务虚，是一个德才兼备的人。[②]

允禩跟允礽不同，他在皇子中有一批铁杆追随者。九阿哥允禟、十阿哥允䄉、十四阿哥允禵都是强烈拥护八哥允禩当皇太子，心甘情愿听允禩指挥，死心塌地做他的小弟跟班。[③]有了这批人的支持，允禩逐渐成为反太子党的首领。在允禩看来，只有利用各种势力扳倒允礽，他才有机会成为第二任皇太子。为了皇太子之位，允禩对允礽恨之入骨，在挖允礽墙脚时无所不用其极。

---

① 《清圣祖实录》卷二百三十五，康熙四十七年十一月戊子。
② 《清圣祖实录》卷二百三十五，康熙四十八年十一月戊子。
③ 《清世宗实录》卷十八，雍正二年四月辛亥。

然而表面上说话客气、平易近人的允禩并不是一个传统意义上的好人，他所有的“贤”都是装出来的。允禩在外人看来是个贤人，但是在王府里，外人看不见的时候脾气却是极为残暴。允禩爱喝酒并且酒品不好，喝醉了不好好睡觉，反而爱打人，就连言官御史雍泰都被他痛打过。①

允禩平时也根本不把王府的下人当人，只要不听话或者稍有不慎，就会被他收拾得很惨。王府护军九十六因为不听允禩的指挥，在院子里被人用棍子活活打死。②王府长史胡什吞因为说了几句耿直的话触犯允禩，允禩不但把人打了，还把胡长史推入冰水里，差点小命呜呼。③

允禩虽然内心残暴，但是他把这种残暴埋得很深。允禩是个非常有克制力的人，为了争夺皇太子之位，他很好地伪装自己，别人看到的只是一个温润如玉的“八贤王”。允禩通过“八贤王”这个金字招牌树立光辉形象，其声望和威信都远超其他皇子，在康熙帝诸皇子中脱颖而出。在允礽大失人心的情况下，成为新任皇太子

---

①《清圣祖实录》卷二百三十五，康熙四十七年十月癸卯。

②《清世宗实录》卷三十九，雍正三年十二月甲申。

③《清世宗实录》卷四十五，雍正四年六月甲子。

的热门人选。

过犹不及，月盈则亏。对允禩而言，有声望固然是好事，但是这种声望如果过了头，比如说盖过康熙帝，那就会成为负担，变成炸药包。允禩最后栽就栽在这个声望上，毕竟康熙帝才是国家一把手，你只是一个“打工的”。古往今来，功高震主的人下场一般都会很惨。允禩本身又没有睿亲王多尔衮那样的盖世功勋，反而“功高震主”，康熙帝这个主人要是能够容忍这种情况出现，除非是得了老年痴呆症。

你小子比你爹我的威望还高，到底你是皇帝还是我是皇帝，我还没死呢！不废了你的声望，我这个皇位就坐不稳。康熙帝后来用实际行动给允禩好好上了一堂政治课，中心思想就是告诉他：我是皇帝也是你爹，说你行你就行，不行也行；说不行就不行，行也不行，总之你是不服不行。

允禩是反太子党的老大，在他的统一领导下，反太子党经过十几年的不懈努力，最终成功把允礽从皇太子宝座上拉下来。但是允禩并没有得到他想要的东西，因为他没有读懂“政治”这两个字的真正含义。允禩在政治上道行太浅，搞政治不是相马，搞政治的对象是人，而人是这个世界上最难让人读懂的动物。尤其是坐在皇位上面的人，其内心之复杂更是让人无法理解。

皇九子允禟，生于康熙二十二年（1683年）八月二十七日，生母为宜妃郭络罗氏，比允礽小九岁。允禟是一个非典型皇子，论沉稳比不过三阿哥允祉，论才干比不过八阿哥允禩，论聪明比不过十四阿哥允禵，论狡诈跟四阿哥胤禛更不是一个级别，但他却是一个能量极大的人。允禟的性格跟所有皇子都不同，用八个字来概括就是“江湖义气，仗义疏财”。

别的皇子都在玩政治，允禟却是在混江湖，他很像《水浒传》里面的宋江。宋江虽然官不大（县办公室文秘人员），能力也平平，但是为人豪爽讲义气，视金钱为粪土，上至达官贵人，下至街头流氓混混，无人不识无人不交，在郓城县黑白两道吃得很开。不管是谁，有困难找到宋江，他必然会全力帮助，要钱给钱要力出力，并且不附带任何条件，因此被人送了一个外号叫“及时雨”。一说起宋大哥，大家都会暗暗竖起大拇指，并且都以能够认识宋大哥为荣，因此才略平平的宋江能量却很大。

允禟就是一个及时雨式的人物，性格豪爽，讲义气。皇宫里的太监杂役，皇宫外的三教九流，甚至外国传教士，允禟都无不极力结交。[1]允禟贵为皇子，但是朋友圈里都是出身低贱的人，想找出一个文化人实在是不容易。不管谁家有困难只要找到允禟，他二话不说，想尽一切办法给你解决，从来都不摆皇子的臭架子。允禟在底层人士中树立了良好的口碑，人送外号“九义贝子”。

允禟性格中仗义疏财的特点很突出，不管别人出身如何，有无能力偿还，只要向他张口，就把财物借给他，并且从来都不计较。[2]允禟有这个特点是因为一方面允禟本身有钱，另一方面他又很会弄钱。允禟本身爵位不高，到康熙四十八年（1709年）才被封为固山贝子，跟其他皇子比，差得不是一星半点，但是他却是所有皇子中最有钱的。

最有钱的原因是允禟跟当时朝中首富——明珠是儿女亲家，允禟由此接管了明珠家族的巨额财产，成为皇子中的首富。[3]

会弄钱的原因是允禟不但利用皇子的特殊身份大搞行业垄断，靠强买强卖赚钱，还经常诈取地方大员，伸手向他们要钱，动辄就是几万两白银。允禟利用富可敌

---

① 《清世宗实录》卷四十四，雍正四年五月庚子。
② 《文献丛编》第三辑，《允禩允禟案》，第32页。
③ 《文献丛编》第三辑，《允禩允禟案》，第27页。

国这一优势，用经济手段大力支援反太子党，取得相当大的战果。有钱能使鬼推磨，真金白银才是阴阳两界的硬通货。

允禟虽然仗义，但他不是慈善家，放下架子去结交比他出身低的人，用金钱去资助别人都是有目的的，仗义的背后其实隐藏着很深的用意。就像宋江一样，宋江帮助别人名义上是不求回报，其实都是表面现象糊弄世人，因为宋江不求回报的真实目的是求名。人是社会性动物，没有任何企图的付出不符合社会规律。

允禟广泛结交与仗义疏财也有他的小算盘。他的仗义疏财具有很强的功利性，到处撒钱是为了让这些受资助者拿了他的钱手短，将来有机会给他办事，说到底还是为了自己。[①]清朝太监的地位很低，跟明朝太监没法比，属于最让人看不起的人群。允禟身为皇子，不但没有戴有色眼镜看他们，反而使出浑身解数去百般结交，竟然还让儿子弘晸认康熙帝身边近侍太监魏珠等人为伯叔。弘晸身为皇孙，却对一个太监以伯叔相称，实在是不成体统。

允禟不惜以这种下三烂手段巴结魏珠等人，目的是

---

①《清世宗实录》卷四十四，雍正四年五月庚子。

通过魏珠等人及时掌握康熙帝的意图和身体状况。[①]在允禟看来，康熙帝身边的太监至关重要，只要能够达到目的，别说让儿子认他们为伯叔，到了关键时刻就是自己认他们为伯叔都不存在任何心理障碍。

允禟虽然一直在混江湖，结交的朋友又都是社会底层人物，不是文盲就是半文盲，但他本人却是一个地地道道的文化人，喜欢读书，并且很聪明。聪明的允禟自然知道自己几斤几两，这点本事混江湖还可以，玩政治当皇太子无异于痴人说梦。允禟当不上皇太子，但本身又有很强的权力欲，便退而求其次，全力支持最有希望的八阿哥允禩、十四阿哥允禵为皇太子，利用金钱与仗义疏财的特长为上述二位皇子开辟第二战场。允禟在反太子皇子中占有很重要的位置（财神爷）。

皇十子允䄉，生于康熙二十二年（1683年）十月十一日，生母为贵妃钮祜禄氏。生母为贵妃，他的出身在康熙帝所有成年皇子中除允礽之外最为高贵。由于高贵的出身，他在康熙四十八年（1709年）第二次册封时被封为敦郡王。但是出身高贵的允䄉本人却是一个才智较为平庸之人，跟其他皇子比，不管是智商、情商，还

① 杨珍:《历程制度人——清朝皇权略探》，学苑出版社，2013年版，第364页。

是文化、武功，都差得很远，论能力在所有皇子中大概能排倒数第一。康熙帝对这个儿子的评价是：十阿哥（允䄉）是一个忠厚老实的人，并没有什么能力。[1]也真是难为康熙帝，除了忠厚老实，他翻遍《康熙字典》也没找出第二个更好的词来形容这个儿子。

允䄉跟九阿哥允禟同岁，只比允禟小两个月，因此他跟允禟的关系最好。允禟是反太子党成员，允䄉也就跟着他一起反太子。反正就是九哥说谁好，他就说谁好；九哥支持谁，他就支持谁。尽管爵位比八阿哥允禩、九阿哥允禟、十四阿哥允禵都高很多，但是允䄉却是他们的跟班。作为一个郡王整天跟着一群贝勒贝子屁股后面混，完全不去计较别人的冷嘲热讽，就凭这点，允䄉确实是一个忠厚老实之人。

皇十三子允祥，生于康熙二十五年（1686年）十月初一，生母为敏妃章佳氏，比允礽小十二岁。允祥还没成年他的生母就去世，康熙帝便把允祥交给胤禛的母亲德妃抚养。允祥跟胤禛从小就生活在一起，同吃同住，两人之间建立了深厚的感情。有了这层既是好兄弟又是好“战友”的双重关系，当胤禛在反太子党中独树一帜

① 《清世宗实录》卷十八，雍正二年四月辛亥。

时，允祥便成为胤禛的铁杆支持者。

允祥性格沉稳，精明内敛，从小就能力突出，是个文武全才，属于上马能打仗、下马能治国的“两栖”人才。除了实干能力之外，允祥还是一个文人墨客，诗词书画样样精通，是个标准的文艺青年。①他的书法甚至得到书法大家康熙帝的高度肯定。康熙帝对这个武艺精湛，又具有书生气质的儿子非常喜欢和器重。

允祥在二十二岁之前，是康熙帝最为喜爱的儿子之一。②康熙三十七年（1698年）七月，康熙帝到盛京谒陵，第一次带上不到十三周岁的允祥。直到四十七年（1708年）九月第一次废太子之前的十年时间，康熙帝只要离开北京，不管是去北方围猎巡查还是下江南考察民情都会带上允祥。

康熙帝出门很讲究，后期除了带上允礽是为了监视之外，其他皇子能跟着康熙帝出门，属于相当大的恩宠。康熙帝出门带谁是看得起谁，说明这个皇子在他心中有位置。十年时间，允祥每次都能跟着康熙帝出门，说明康熙帝对青年允祥非常欣赏和宠爱。

---

①鄂尔泰等修:《八旗通志初集》卷一百三十四,《宗室王公列传》六,《怡亲王胤祥》。

②吴雲等辑:《义门先生集》卷四,《与友人书》。

才华横溢、年轻有为，再加上深受康熙帝宠爱与信任，允祥便成为反太子党中各个党派争先拉拢的对象。允禩一直都很想把允祥拉到他的阵营中，经常用各种手段拉拢允祥，可允祥就是不为所动。允祥事事都表现出一副公事公办的态度对待允禩，这在当时很需要勇气。当时允禩在朝中势力很大，而皇太子允礽又大失人心，允禩成为下一任皇太子的呼声很高。允祥没有随风倒，而是铁了心地跟着四阿哥胤禛一起反太子，认胤禛为老大，这一跟就是一辈子。允祥用实际行动向世人证明，自己是胤禛最为忠实的追随者。

为了表彰允祥的忠诚与功劳，胤禛继位之后封允祥为和硕怡亲王。到乾隆帝时，还把这顶亲王帽子送给允祥的子孙后代，特批这个亲王世袭罔替。允祥也很荣幸成为清朝入关之后第一位不依靠战功而受封的“铁帽子王”。

然而雍正时期风光无限的怡亲王允祥，在康熙时期却什么爵位也没有。康熙三十七年（1698年）第一次册封皇子，允祥年龄太小没赶上。等到四十八年（1709年）第二次册封时，允祥年龄合格，由于犯了政治错误，康熙帝故意把他撇开，包括十四阿哥允禵在内之上的皇子们各个都有爵位，最起码也是一个贝子，只有允祥是白丁皇子。这跟之前的喜爱与器重形成强烈反差，其原因是在康熙四十七年（1708年）第一次废太子事件中，允祥干了一些犯康熙帝忌讳的事情，从此被打入“冷宫”。

康熙四十七年（1708年）九月，皇太子（允礽）、皇长子（允禔）、皇十三子（允祥）被一起圈禁。[①]允祥作为反太子皇子，在第一次扳倒允礽的关键时刻出了大力。由于允祥是康熙四十七年（1708年）“帐殿夜警”事件的见证人和康熙帝身边人，康熙帝自始至终都认为是允祥在一定程度上影响和误导他，才最终导致他在极不理智的情况下做出第一次废太子的决定。康熙帝直到死都没有原谅允祥，并公开说允祥“并非勤学忠孝之人”。有了这个评价，允祥的政治生命算是彻底结束。

自从第一次废太子之后，允祥便成为康熙帝眼中的罪人，身上背着“不忠不孝”的名头让他彻底失去往日的风采。虽然允祥被圈禁的时间不长，没有失去人身自由，但是经过这次打击，他心灰意冷，直到康熙帝去世都没有再参与任何政治活动。允祥看淡名利金盆洗手，退出政治舞台开始闭门思过，谨言慎行，成为一个不过问政治的平常之人。[②]直到胤禛登基，允祥才东山再起，

① 弘旺:《皇清通志纲要》卷四（下）。
② 安双成:《宗礼布案满文译稿》，载《历史档案》，1997年第1期。

充分发挥文武才干，成为一个功勋卓著的怡贤亲王。

皇十四子允禵，生于康熙二十七年（1688年）正月初九，生母是德妃乌雅氏。允禵比允祄小十四岁，比亲哥哥胤禛小十岁，在反太子党诸皇子中数他年龄最小。允禵跟四哥胤禛一样，从小由康熙帝亲自抚养长大，并且深受康熙帝疼爱。[①]允禵深受父亲疼爱的原因除了他是较小的儿子之外，更为重要的一点是允禵是一个典型的满洲人。允禵跟其他皇子性格不同，其他皇子不是城府极深，就是老谋深算，要不就是明哲保身，完全失去满洲人原有的精神面貌。允禵为人光明磊落，爱憎分明，性格直爽，属于帮理不帮亲的类型。四阿哥胤禛是他的亲哥哥，按理说他俩关系应该最铁。没想到，允禵与四哥的关系不是很好，他看不上胤禛的狡诈为人，两人私下几乎没有任何交集。允禵又不会阿谀奉承，便投向看得上的八阿哥允禩的怀抱，成为允禩集团重要成员。允禵虽然城府不深，但从小就聪明绝顶，就连智商过人的九阿哥允禟都说允禵德才兼备，我兄弟们都不如他。[②]

除了智商高之外，允禵还有一个特点就是不畏强

---

①中国第一历史档案馆藏：满文朱批奏折，胤禛奏，康熙五十八年正月十九日。

②《文献丛编》第一辑，《允禩允禟案·雍正四年·何图口供》。

权，对康熙帝都敢在公开场合硬顶。第一次废太子之后没多久，允禩被猪一样的队友允禔“出卖”，引起康熙帝的震怒，康熙帝顺手就把允禩圈禁起来。允禵却认为八阿哥允禩无罪，属于无辜受连，父亲这事干得不地道。没想到他不顾康熙帝的怒火，主动向其上书说愿以身家性命为允禩担保，充分展现出一个政治上愣头青的性格。

虽然政治上是个愣头青，但允禵却是一个很有才干的人。不但武艺高强，还具有很强的军事能力，属于能带兵打仗的将才。性格彪悍，敢打敢杀，不惧艰险，满族人尚武的精神在允禵身上得到很好体现。康熙帝非常欣赏这个小儿子，在允禵身上仿佛看到了年轻时的自己。

康熙四十八年（1709年），允禵被封为固山贝子。虽说爵位不高，但是康熙帝对这个年仅二十二岁的儿子格外关注，深知允禵是个难得的将才，将来必定会给他带来惊喜。

康熙五十六年（1717年），西北发生战事，准噶尔部首领策妄阿拉布坦出兵进攻西藏。西藏拉萨汗扛不住，请求康熙帝派兵救援。当时清朝内部对西藏战事有所畏惧，认为西藏路途遥远，策妄阿拉布坦又是地头蛇，对派兵进藏充满悲观情绪。康熙帝这时候想起允禵，任命他为“抚远大将军王”，代替自己领兵进藏。允禵出征之时完全享受康熙帝亲征的规格待遇，康熙帝还对青海各蒙古友军部落首领发话，说：“大将军王允禵是我的爱子，是一位良将，我深知他有带兵打仗的才能，所以才让他掌生杀重任。在军事上不管大小军务，都应该谨遵大将军王的指示，就跟我当面训示一样。”①

允禵没给康熙帝丢脸，在极为困难的局面下率领清军攻克拉萨，收复西藏，建立不世之功。康熙帝给允禵的优异表现打了满分，多次公开表扬允禵，还经常对别人说一些例如“我老了，能够有这样的好儿子我很欣慰”之类的暗示性语言，使允禵收复西藏之后威望大增。允禵的爵位仅仅是个贝子，但是有“抚远大将军王”的称号，又有战功，很快便成为皇太子的热门人选。当时允礽已经第二次被废，皇太子之位悬空，而八阿哥允禩又被康熙帝打入“冷宫”，很多朝臣都认为允禵将成为新的皇太子。

允禵性格直爽，但绝不是没有政治头脑。就像当年豫亲王多铎，虽然支持多尔衮登基称帝，但是也有很强的权力欲望。允禵一开始是允禩的支持者，但是朝中局

---

①吴丰培编:《抚远大将军允禵奏稿》卷二，全国图书馆文献缩微复制中心，1991年版，第19页。

势变幻莫测，允禵在当时已经没有希望成为新任皇太子。允禵在京城不好好待着却跑到西藏去“晒日光浴”，说到底还是想多捞点政治资本，讨康熙帝欢心，使得将来康熙帝重新立皇太子的时候才能想到他。允禵个人也是充满信心，相比其他皇子他有年龄优势（康熙帝死时，他还不到三十五岁），能力突出又有战功，最重要的是康熙帝很看重他。有了这些优势，允禵就更加玩命表现，努力成为皇太子争夺战中的一匹黑马。

然而时局弄人，允禵的玩命表现不但没有帮助他登上皇太子之位，反而成为被秋后算账的借口。允禵的声望让他成为胤禛的眼中钉肉中刺，对这个不跟自己混的亲弟弟，胤禛继位之后毫不手软，一轮接一轮地打压。整个雍正时期，允禵几乎都是生活在圈禁之中，直到乾隆帝继位才把他放出来。乾隆二十年（1755年）正月初六，允禵病逝，终年六十八岁。

允禵是独一无二的，他是爱新觉罗家族的“千里驹”。从某种意义上说，允禵之后再无允禵，爱新觉罗家族的尚武精神最终随着他的去世而烟消云散。

这七位皇子是反太子党的主角，随着他们逐个长大成人，反太子党的势力也越来越大。在康熙帝和允礽的对抗中，他们并不是一个善意者，而是一个侵蚀者。在反太子党的皇子们眼中，无论是康熙帝还是允礽，都是他们利益的绊脚石。为了踢开这两个绊脚石，他们与康熙帝和允礽不断周旋，最终有的人收获成功，而有的人品尝失败。成功者得到皇位与权力，失败者失去生命与尊严。

三、皇权与储权激烈碰撞

1.“人民内部矛盾”时期

冰冻三尺，非一日之寒。康熙帝与允礽的矛盾最终走到无法调和的地步，也是日积月累的结果。康熙帝代表的皇权队与允礽代表的储权队展开了旷日持久的拔河比赛，这一拔就是二十多年，整个比赛过程惊心动魄。这场比赛早已没有好人与坏人之分，只有成功与失败之别。成王败寇，中国封建政治史只是一部胜利者的成功宣言史而已。

康熙四十七年（1708年）九月，康熙帝宣布第一次废太子，感情上同样受到极大伤害的他说出心里话：“允礽走到今天这种地步，不听我的告诫，无法无天，肆意虐待众人，暴戾淫乱，难出诸口，我已经包容他二十年。”[①]康熙帝是一个感情细腻且极为敏感的人，他说这

---

①《清圣祖实录》卷二百三十四，康熙四十七年九月丁丑。

话的目的是在告诉大家：他跟允礽两人之间的矛盾已经有二十年。按照这个逻辑往上推，两人之间第一次产生矛盾应该发生在康熙二十九年（1690年）。

康熙二十九年（1690年）七月，三十七岁的康熙帝领军亲征噶尔丹。正在塞外作战的他突然患病，并且高烧不退，随军御医使出浑身解数都不见好转，反而有加重的倾向。康熙帝可能是感觉快要不行了，就急忙把皇太子允礽召到行宫，意思是要传位于他，当面对他进行一番嘱咐。没想到允礽赶到塞外行宫之后，看到面容憔悴、奄奄一息的父皇竟然没有一点伤心忧虑的表情，反而跟没事人一样。康熙帝顿时伤透了心，认为允礽绝无忠爱君父之念，心里很是不痛快，不但没有把皇位传给他，还把允礽提前撵回北京。①

以上记载出自《清圣祖实录》。我们都知道《清圣祖实录》是雍正时期编著的，雍正帝对其进行大量修改，关于这段史料我们需要辩证地去分析。

事情肯定是发生了，但是真实的情况是否如此？还好当事人不止一人，法国籍传教士白晋当时就在康熙帝身边。他后来写给法王路易十四的信中提到此事，信中

① 《清圣祖实录》卷一百四十七，康熙二十九年七月癸丑。

写道:“皇帝像往常一样到鞑靼山区打猎，在此期间患病，生命垂危，就通知皇储经驿站赶来。皇储的一些侍从希望主子能早日登上皇帝宝座，对皇上病危不够悲痛，甚至流露出一些喜色。皇帝获悉后，就从太子的保傅开始，给这些有罪之人一顿严厉的棍打，并将某些有关的重要寝宫太监发配到鞑靼边境去充军。”①

康熙二十九年（1690年）允礽才十七岁，当时父子二人的感情很深。允礽还没真正意义上感受过皇权的魔力，不会做出如此愚蠢的事情。整个事情经过正如白晋所言：康熙帝病危，把允礽叫来安排后事。允礽看到病重的父亲必然是悲痛伤心，可是允礽的手下觉得主子要当皇帝，个个弹冠相庆，喜气洋洋。这些人的表现通过反太子党人的嘴传到康熙帝耳朵里，引起他的震怒。康熙帝一气之下也不提传位的事，狠狠地收拾了这帮人，还顺带骂了允礽，等病情好转之后让他提前回京。

康熙帝第一次在公开场合骂允礽，而且骂得很毒，说明允礽手下人的表现让敏感的他有种大权旁落的感觉。我还没死呢，你手下人就盼着我早点死，好给你让位，看来你平时也没少咒我死。这件事后康熙帝并没有再责

① [法] 白晋:《康熙帝传》，马绪祥译，载《清史资料》第一辑，中华书局，1980年版，第234页。

备允礽，但心里的刺是彻底扎上，这件事也成为两人关系的转折点。

还没成年的允礽自然不会想到父皇心里的政治起伏，也没有因为这件事而专门去向康熙帝解释（解释也没用）。允礽是皇太子，是将来的皇帝，树大招风，不管做了什么都不重要，最重要的是康熙帝对他是否还信任。这种信任由于混合着权力因素，往往会变得非常脆弱。一旦中间出现一点裂缝，两人之间的猜忌就会疯狂增长，并且无法缝合弥补。

康熙帝心里扎上一根刺之后，两人之间再也不是过去那种单纯的父慈子孝，而是逐渐变成夹杂着权力斗争的新型父子关系。更为可悲的是，两人之间的矛盾很少是面对面冲突，而是第三者在里面搅局。

随着皇太子允礽一天天长大，康熙帝又把允礽的待遇与礼仪拔高到跟自己几乎一样，使允礽在朝臣心中的威信越来越高，大有超过皇帝的趋势。再加上索额图周边形成的太子党势力越来越大，康熙帝反而处于一种很尴尬的政治境地。

康熙三十三年（1694年）三月，康熙帝要在奉先殿搞一个礼制，把祭祀列祖列宗的礼仪制度化，就安排礼部的人去办这事。礼部报上来方案，康熙帝看完之后很是恼火，原因是按照规矩祭拜祖先时只有皇帝的拜褥才能放到殿槛里面，这是皇帝的特权，其他人只能排在槛外。没想到礼部报上来的方案把皇太子的拜褥也放在殿槛之内，跟皇帝一样的待遇。

康熙帝忍着怒火把礼部尚书沙穆哈找来骂了一顿，让他按照老规矩重新布置。也不知道当天这个礼部尚书沙穆哈哪根筋不对，竟然要求把皇太子拜褥放在槛外的指示白纸黑字写在档案里，并加以说明这是康熙帝的意思，将来出事不能追究礼部与他的责任。康熙帝听完之后再也压不住心中的怒火，把包括沙穆哈在内的礼部官员狠狠地修理了一顿。①

这件事是沙穆哈的问题，你提出这样的过分要求，是为了将来不被皇太子报复。你倒是能够撇清关系，可是说这样的话就像打康熙帝的脸一样，他不愤怒才怪。康熙帝也确实生气了，皇帝的话非但不是一言九鼎，下面的人反而敢于讲条件，害怕皇太子甚于皇帝，到底皇帝大还是皇太子大？他在生气之余心里又扎上一根刺。

康熙帝虽然对允礽有所不满，两人的父子关系由于外人搅局也出现问题，但毕竟还属于“人民内部矛盾”。

---

①《清圣祖实录》卷一百六十二，康熙三十三年二月丁未。

皇太子是国本，该培养还是要培养，康熙帝并没有废掉允礽的想法。但是树欲静而风不止，随着其他皇子一个个长大成人，能够理解“皇太子”这三个字的深刻内涵之后，不等康熙帝招呼就纷纷加入这场权力拔河比赛中，帮着康熙帝把允礽往这边拽。允礽也在体验权力带来的快感之后，开始变得蠢蠢欲动。到康熙三十五年（1696年）、三十六年（1697年）这两年，康熙帝与允礽的矛盾迅速升级，已经超出“人民内部矛盾”的范围，变成“敌我矛盾”。

2.“敌我矛盾”时期

康熙三十五年（1696年）、三十六年（1697年），西北的准噶尔部首领噶尔丹死灰复燃，不但没有吸取康熙二十九年（1690年）乌兰布通惨败的教训，反而变本加厉跟康熙帝叫板。为了维护西北局势的稳定，康熙帝不得不再次亲征，目的就是把噶尔丹彻底撵出国界，省得他老在西北折腾，闹得各蒙古部落不得安宁。既然要亲征，国家大事及日常政务又不能没人管，于是康熙帝就在断断续续出征这两年让皇太子允礽监国，代理行使皇帝的职权。[①]

① 《清圣祖实录》卷一百七十一，康熙三十五年二月甲寅。

康熙帝这一走就是十个多月，京城里就数允礽最大，他也当了十个月的“真皇帝”。康熙帝出征期间也把权力抓得很紧，但毕竟人不在北京，再加上出门又是去打仗，稍有不慎就会马革裹尸，手中的权柄不可能像在北京那样抓得牢固。允礽在十个多月的时间独立行使皇帝权力，没有康熙帝的束缚，第一次真正意义上感受到皇权的魅力。

权力就像毒品，吸了毒的允礽对皇权的渴望也达到了新高度。等康熙帝回来后拿走权力，允礽感到非常不快，心里痒痒但又无处发泄。等康熙帝再次亲征，允礽更加贪婪地吸食权力这个毒品。如是者再三，刚刚二十岁出头的允礽已经成为一个资深的政治瘾君子，陷入权力之毒无法自拔。他已经无法再像以前那样淡定地看待皇位，开始萌生想要早日继位的念头。内心深处盼着康熙帝早点自然死亡，好让出皇位。这种念头一旦形成，允礽就开始过于热情地关注父亲身体状况以及一举一动。

这一热情就惹出大麻烦。康熙三十六年（1697年）五月，康熙帝第三次亲征归来，由于成功收拾了噶尔丹心情大好。他在京城待着没意思又跑到塞外去巡边（生命在于运动），这次巡边依然带上允礽和其他几个皇子。

康熙帝在巡边途中发现一个很奇怪的现象，身边几个下人没事就玩消失，常常不打招呼就找不到人。这个现象引起康熙帝的警觉，经过暗中调查，他发现御膳房下人花喇、额楚，小奴才德住，茶房人雅头等人没事就往皇太子的住处跑，去干什么回来也不汇报。康熙帝觉得事态很严重，管饭管茶的奴才竟然跟允礽关系这么好，这吃饭喝茶还能安心？等了解到真相之后康熙帝震怒，为了能够混个自然死亡，毫不手软地以“偷偷往皇太子住处跑，无组织无纪律，目无章法”的罪名杀了花喇等三人，把额楚交给他爹赫紫圈禁在家中。[①]

这些人跑到允礽住处，允礽不可能不知道。在明明知道的情况下还继续干，只能说明允礽在发展线人，依靠康熙帝身边人掌握父亲日常生活情况。允礽这种过于热情的举动自然不会让康熙帝认为允礽这是在关心他的身体健康，而是想在身边安插内线监视他，甚至还有不可告人的阴谋。身边这些下人跟了自己十几年，不说忠于君，反而充当允礽的眼线，两者的碰撞激怒了敏感的康熙帝。他对这些人处以极刑，目的是敲山震虎，告诉允礽老实点，我还没死呢，玩这套把戏你还差得很远。

这是一起非常严重的政治事件，也是父子二人矛盾

---

①《清圣祖实录》卷一百八十五，康熙三十六年九月壬辰。

升级为“敌我矛盾”的转折点。康熙帝以前虽然骂过允礽，但是并没有触动他的根基，仍是给足面子，并且处处维护他。这次处死花喇等人却一反常态明着挂上允礽，直接打了允礽的脸，把他的阴谋搞成阳谋。说明康熙帝已经不把允礽当儿子，更不把允礽当皇太子国本，而是当成政治对手与敌人。从此之后，政治关系超越血缘关系，成为二人关系的主要矛盾。

康熙帝是个感情极为细腻的人，这件事一直都藏在他心里，十几年后都记得清清楚楚。他后来对人说道：“我第一次率军中路出师，留皇太子办理朝中事务，朝廷上下都说皇太子贤明。等到我第三次出征回来之后，皇太子听信小人之言，性情大变，从此之后我对他的爱就有所减弱，处置了几个人。以后外边的人私底下议论皇太子不孝以及恶行，就是从那时开始。”[①]康熙帝说这话的意思是在告诉大家：花喇事件我记得很清楚，允礽从那时候起就开始蠢蠢欲动，在我背后搞阴谋，他不把我当爹，我自然也不会把他当儿子。

康熙帝不再把允礽当儿子，但允礽毕竟是皇太子，两人之间除了父子之外还是国家一把手和二把手的关

---

① 《清圣祖实录》卷二百三十五，康熙四十七年十一月戊子。

系。根据历史经验，皇帝这个一把手就算对二把手皇太子再不满意，在没有令人信服的理由之前也不能轻易采取行动，不然马上就会祸起萧墙，引起政治上的地震。允礽的皇太子之位虽然表面上看似一切正常，但是失去父子关系这个润滑剂，他的储权已经从根本上无法有效运转。

康熙帝为了避免成为第二个唐高祖，对允礽专门做了两手政治准备：一方面把明珠等人招回来，目标是对付以索额图为首的太子党；另一方面就是大封皇子，把已经成年的其他皇子册封爵位，分到下五旗，让他们参政议政，目标是对付皇太子允礽，削弱他的权势。康熙帝的目的很简单，把你的跟班收拾了，不让你大权独揽，你自然就会老老实实。我当我的皇帝，你当你的皇太子，楚河汉界，泾渭分明。等我死后你就接班，谁也别过线，皆大欢喜。

康熙帝本以为这两招打出去之后，允礽就会乖乖当他的皇太子，自己也不会大权旁落，可以避免处于尴尬的境地。所谓“请神容易送神难”。清朝的祖宗家法中皇子本来就没有高低贵贱之分，这些成年皇子不用招呼就亲自上阵帮着康熙帝拔河反太子。康熙帝一册封，成年皇子们有了“帽子”、权力与下人，瞬间告别单干，开始组团反太子。朝中的反太子大臣有了皇子们的“英明领导”，逐步形成反太子党。反太子党形成之后便一发不可收拾，并且不以康熙帝的意志为转移，这一反就要把皇太子反死，不但把允礽逼到绝境，更是把康熙帝逼到更为尴尬的境地。

康熙三十九年（1700年），在反太子党诸位皇子的不懈努力下，太子党一号人物索额图后院起火。索额图被家人告发，说他有种种不臣之举，常常在家里开小会，背地里乱搞阴谋。索额图为了保全允礽，连年都没过好，就在康熙四十年（1701年）正月被迫向康熙帝申请退休。看着眼前堆积如山的犯罪材料，康熙帝为了顾全大局就忍了，批准索额图的请求，让他回家老老实实待着，做个安乐公，别再惹事。[①]没想到退休之后的索额图没有理解康熙帝的良苦用心，还继续给允礽出谋划策。

面对康熙帝与反太子诸皇子的步步紧逼，允礽被逼无奈只能正面迎战。索额图一倒，太子党失去首领，允礽也失去政治靠山，更加惴惴不安，想当一把手的意愿却越来越强烈。到康熙四十一年（1702年）十月，蠢蠢欲动的允礽与满腹牢骚、心有不甘的索额图在德州相见，

---

①《清圣祖实录》卷二百五，康熙四十年九月戊申。

于是太子党的老大与精神领袖两人在德州日夜密谋。索额图鼓动允礽，准备抢班夺权，发动政变。这次“德州相会”掀起一场政治风暴。在反太子党人到处煽风点火以及皇位不保的形势下，康熙帝不得不采取断然措施，于康熙四十二年（1703年）秘密处死索额图。[①]除了允礽没动之外，只要是跟太子党沾边的人员全部撤职查办，一个没留。

索额图的死对允礽是个致命打击。康熙帝当时虽然没有公开说明处死索额图的原因，可是允礽心里明白，他俩德州密谋的事情都是诛九族的重罪。索额图虽然没有把他招出来，但是允礽知道康熙帝肯定已经查清他们的阴谋。

允礽对父亲的脾气极为了解，康熙帝嘴上不说只能说明他心里更恨。康熙帝属于那种表面上不动声色，一旦张嘴就能把人咬死的性格。在允礽看来，皇太子之位随时可能被废，每天都生活在恐惧中，精神压力日甚一日。极度害怕的允礽除了重新发展太子党之外，性格也开始变得更加阴暗，胆子也越来越大，对反对他的其他兄弟与朝廷大臣更是恨之入骨，采取各种办法疯狂报复。

---

① 《清圣祖实录》卷二百三十四，康熙四十七年九月丁丑。

在皇太子之位不保的情况下，允礽个人私生活也进一步挥霍无度、奢靡淫乱，哪怕是跟着康熙帝出门也是本色不改，不知收敛。[1]

允礽在权力之毒的侵蚀下逐渐失去自我，当年那个文武双全的优秀文艺青年不见了，蜕化成一个性格扭曲、心理变态的落后失足青年。允礽跟康熙帝的父子关系名存实亡，政治关系你死我活，两人都被对方逼到绝路。在这场残酷的权力游戏中，要想生存，除了向对方亮剑之外别无他法。没有父父子子，只有成王败寇。

3. 第一次废太子

康熙帝与允礽的矛盾发展到“敌我矛盾”阶段之后，两人之间已经根本没有任何信任可言，双方的猜忌也越来越深。从康熙四十年（1701年）开始，由于索额图家人告发，康熙帝担心允礽在背地里搞阴谋发动政变，无论去哪里，不管时间长短都要带上允礽。反太子党人看到允礽与康熙帝的矛盾尖锐不可调和，便趁机到处煽风点火，不断地向康熙帝打允礽小报告。就在康熙四十六年（1707年）第六次南巡之际，他们还向康熙帝密报说允礽在南巡期间指挥手下强抢民女，并且在暗中监视康

①《清圣祖实录》卷二百三十四，康熙四十七年九月丁酉。

熙帝的各种动向，图谋不轨。[1]

这些小道消息让性格极为敏感的康熙帝坐立不安，他彻底领教什么叫养虎为患。在康熙帝看来，允礽就像隐藏在森林里的猛虎一般，不知道什么时候就会突然跳出来把他咬死。康熙帝的政治神经一直绷得很紧，在这种长时间高强度紧张的情绪下，本来就敏感的他变得有些神经质。

对于康熙帝来讲，允礽究竟做了什么已不重要，重要的是他脑中这根神经早已非常脆弱。当这种脆弱积累到一定程度之后，哪怕是一点微不足道的震动，都会让这根神经断裂，从而引起一场政治海啸。康熙四十七年（1708年），皇十八子允祄的死成为压断康熙帝这根神经的最后一根稻草。从康熙帝后面的一系列表演来看，他确实压抑得太久太久，要是不爆发一下就得憋死。

康熙四十七年（1708年）五月十一日，康熙帝嫌北京城太热，按照老规矩就领着皇太子允礽、皇长子允禔、皇十三子允祥、皇十八子允祄等几位皇子一起去塞外巡视，顺便避避暑。[2]康熙帝这次出门带着允礽是因为不

① 中国第一历史档案馆编：《康熙朝汉文朱批奏折汇编》第一册，档案出版社，1984年版，第614页。

② 《清圣祖实录》卷二百三十三，康熙四十七年五月丙戌。

放心，而带上允禔与允祥是为了护驾。允禔与允祥除了武艺出众之外，最重要的是康熙帝知道他们跟允礽不是一路人，到了关键时刻可以救驾。至于其他皇子都是未成年人，带他们出来是为了散散心。

七月十八日，康熙帝领着这帮人开始在塞外行围。打猎刚开始没多久，八月十三日这次随驾中年龄最小的皇十八子允祄（时年七岁），由于水土不服突然生病。允祄的病一开始并不是很严重，康熙帝照顾几天之后也没在意就把他留在原地，领着大部队继续前进。

没想到刚走两天，后方就传来允祄病情加重的消息。康熙帝很疼小儿子，火急火燎地赶回到原驻地，并吩咐京城留守皇子派最好的大夫前来给允祄治病。五十五岁的康熙帝对这个老来子非常疼爱，没日没夜地把允祄抱在怀里，抚摸着允祄的身体希望能够减轻他的痛苦。允祄的病一有好转，康熙帝就手舞足蹈，就像自己获得重生一般。①没想到康熙帝的一片爱子之心没能打动上苍，允祄的病继续恶化，一天比一天虚弱，眼看快要不行了。年迈的康熙帝非常痛苦，整天心如刀绞，心情也差到极点。

---

①中国第一历史档案馆藏：满文朱批奏折，胤祉、胤禛奏，康熙四十七年八月二十二日。

就在这个时候，反太子党一号干将皇长子允禔觉得机会来了。康熙帝本来心情就差，允禔没有劝慰父亲保重身体，反而趁此机会在康熙帝面前极力贬低允礽，只要一有机会就说允礽的种种不良表现，没日没夜地打小报告。为了一己私欲连父亲的健康都不顾，允禔这个人确实不如禽兽。

此时允礽的表现实在让人搞不懂。按理说你小弟病重，父亲心情不好，现在又是在塞外，没有宫里面的烦琐礼仪，就数你住得最近，这应该是一次绝佳的表现机会。无论是作为兄长还是儿子，允礽都应该借此机会猛拍父亲的马屁，多安慰安慰康熙帝，以便缓和一下两人之间紧张的关系。

当允祄病重之时，康熙帝在行宫抱着允祄唉声叹气之际，就站在身边的允礽竟然毫无感觉，好像康熙帝怀里的孩子跟他一点关系都没有。没感觉也就罢了，连句安慰的话都不说。康熙帝本来心情就不好，看着眼前不懂事的允礽更是窝了一肚子火，就顺嘴批评他几句。康熙帝的几句批评算是捅了马蜂窝，脑子进水的允礽不但不赶紧认错反而勃然大怒，连个招呼都不打，袖子一甩——走人。嫌我碍眼，我还不伺候了！

允礽的所作所为彻底激怒了康熙帝。你小子还有没有点人性？对你的亲弟弟都没有丝毫怜爱之情，说你两句就敢顶嘴甩脸子，不给你点颜色看看我就不是你爹！

八月二十八日，怒气未消的康熙帝马上采取行动，让御前侍卫给随驾大臣们传话："最近我听说诸皇子经常挞辱各位大臣与侍卫，又经常没事找事地迫害诸王贝勒……诸位阿哥无法无天，作威作福，导致大臣、下人无以自存，目的是想分我的权柄……从现在开始诸阿哥要是不知悔改，我允许被欺辱之人告御状，觉得被冤可以直接来找我，我当面给他做主。"[①]康熙帝的宝贝儿子们由于出身高贵，加上满族人特有的主仆观念，平时打骂凌辱诸王贝勒、侍卫与朝廷大臣都是公开的秘密。其中皇太子允礽由于地位最高，这方面的名声更是中外皆知。

康熙帝在爱子重病心情极为糟糕的情况下，突然开始亲自搞起平反冤案运动，表面上是针对所有皇子，实际明眼人都知道他说这些话矛头直指皇太子允礽。康熙帝发布这条上谕很明显是在告诉诸王贝勒与侍卫大臣，允礽平时干的那些破事我都知道，你们的苦衷我也清楚。这次我要给允礽点颜色看看，欢迎大家都来告御状，我亲自给你们做主。

---

①《清圣祖实录》卷二百三十三，康熙四十七年八月辛未。

九月初二，允祄的病情继续恶化，连药都吃不进去，并且深度昏迷。御医已经回天乏术，向康熙帝禀报要他做好心理准备。康熙帝抱着病入膏肓的小儿子万分悲痛，不愿意看着爱子咽气，便领着众人启程回京。

在得知康熙帝上谕以及幼弟允祄不行的消息之后，允礽彻底慌了手脚，心里极度害怕。生怕父亲把这两件事联系起来怪罪到他头上，更不知道父亲后面将采取什么样的手段对付他。政治上不成熟，不知深浅的允礽干了一件非常愚蠢的事情。

九月初三深夜，由于心理压力过大，允礽深更半夜睡不着觉，便走出帐篷，领着侍卫静悄悄地靠近康熙帝御帐。允礽是皇太子，他的帐篷离皇帝御帐最近，又熟悉周边环境，因此他们很轻松地躲过巡视侍卫。允礽看四周无人，便贴在御帐缝隙向里面窥测，想看看康熙帝在干什么，睡觉没睡觉。

这是一个极为危险的动作。深更半夜不睡觉领着侍卫（注意这点），偷偷跑到皇帝御帐偷窥，犯了大忌讳。允礽这次行为看似隐蔽，以为偶然之举别人不会知道。然而在他偷窥康熙帝的同时，背后也有一双眼睛在暗处紧紧地盯着他，这个人就是负责康熙帝行宫护卫的允禔。允禔看到允礽竟然深夜领着侍卫绕过皇帝的侍卫，背地里偷偷观察康熙帝，在康熙帝毫不知情的情况下违反行宫禁令，心里极为震动。

允禔看完允礽的行动之后，在惊恐之余又倍感兴奋，认为这是一个扳倒允礽的绝好机会。允禔马上命令手下人加强戒备，飞身跑到康熙帝前面，把允礽深夜偷窥御帐的事情向康熙帝禀报，并添油加醋大肆渲染，说允礽深更半夜领着侍卫在没有御旨的情况下靠近御帐，行为诡异，必有图谋。

康熙帝听完允禔的汇报之后大为震惊，他虽然早就知道允礽在暗中监视自己，但是没有现场证据就没在意。允礽这次竟然深夜领着带刀侍卫靠近御帐，这觉还能睡得安稳吗？本来就心情低落的康熙帝预感到人身安全受到严重威胁，认为允礽狗急跳墙，要对自己下手。为了防止成为第二个隋文帝，他马上命令允禔调集兵力保护自己，并加强对允礽的监视。这就是后来朝廷上下议论纷纷的“帐殿夜警”事件。

康熙帝整晚都没睡觉（不敢睡），叫来这次随行负责安保工作的允禔与允祥，详细询问事情经过。作为资深反太子党成员，二人心照不宣地选择落井下石，狠狠地挖了一次允礽的墙脚。在听到二人肯定答复后，康熙帝的精神彻底崩溃，培养了三十多年的皇太子竟然要对自己下手。刚刚经历丧子之痛，心力交瘁的康熙帝瞬间失去理智与判断力，听信允禔与允祥的一面之词，最重要的是他内心早已对允礽失去信任。在这种万分危急的情况下，康熙帝当机立断，先发制人，废黜允礽，以免死于非命，成为历史笑柄。

九月初四，康熙帝在行宫召集随行诸王、皇子、侍卫以及文武大臣，让允礽跪在诸人面前，当众宣布他的四大罪状：

一是专擅威权，暴戾成性，任意凌辱捶挞诸王贝勒、朝廷大臣，对敢于反抗的人更是加倍报复；

二是穷奢极欲，生活腐化，生活水平远远超过我，但还是不满足，经常派人去敲诈地方官员，搜刮民脂民膏；

三是毫无人性，对待兄弟无情无义，百般寻衅，有将其他皇子不遗噍类之势；

四是我的人身安全得不到保证，你每天晚上都偷偷跑到我的御帐，偷窥我的动静，从前索额图帮助你谋划的那些事情，我早就知道，所以才将索额图处死，如今你想要给索额图复仇，大肆结党，我时刻担心今日被鸩，明日遇害，整日整夜都不得安宁。[①]

①《清圣祖实录》卷二百三十四，康熙四十七年九月丁丑。

在康熙帝看来，上述四条罪状中前三条都是对众人说的，能够引起众人共鸣，而第四条才是他最不能容忍的。你平时作威作福，穷奢极欲，不把我放在眼里，我能忍，但你要是威胁到我的生命，那就别怪我不客气，废你没商量。

在宣布允礽诸多罪状之时，康熙帝是一边说一边哭，由于压抑不住激动的情绪，竟然扑倒在地。在众人搀扶下，康熙帝最后总结说："如果让这样一个不仁不孝的逆子当皇帝，列祖列宗留下的基业必然毁在此人手里，等回京之后就昭告于天地宗庙，废黜允礽的皇太子之位。"[①]

康熙帝说完之后，马上命令侍卫将允礽拘禁起来。废了允礽之后康熙帝仍然不解恨，对早已死去多年的索额图恨之入骨，认为允礽走到今天这种地步都是受索额图教唆，为此他专门下令将索额图的两个儿子就地正法。康熙帝对允礽身边的下人更是不留情面，把他们全部处死，一个不留。允礽的其他党羽也被发配到盛京做苦力，继续为清朝发挥"余热"。

就在康熙帝宣布废黜允礽的当天，贯穿于整个第一次废太子事件的皇十八子允祄也不治身亡。年仅七岁的

---

①《清圣祖实录》卷二百三十四，康熙四十七年九月丁丑。

允祄没想到，自己短暂的一生使得当了三十多年的皇太子在短短二十多天时间就第一次倒台。

九月十六日，康熙帝一行人回到北京。允礽已经变成废太子，回到北京自然不能再住进他的东宫毓庆宫。康熙帝下令在皇帝养马的上驷院给允礽搭了一个临时帐篷让他居住，并让允禔与胤禛对其严加看守。康熙帝交给他俩的任务主要有两个：一是防止允礽反扑；二是防范允礽自杀或者被杀。

接下来就是走程序。废皇太子不是小事，康熙帝必须要向大家交代清楚，不然不好收场。就在同一天，康熙帝在午门召集诸王贝勒、满汉大臣，让太监当场宣读废黜皇太子允礽的上谕。上谕读完后，康熙帝登上午门城楼正式对众人说道："我决心已定。当即告祭天地、太庙、社稷，废斥皇太子，并把他幽禁。"①

九月十八日，康熙帝亲自撰告祭文，向老天爷与地下列祖列宗说明情况之后，正式宣布废黜皇太子允礽，把他幽禁在紫禁城内的咸安宫。

九月二十四日，康熙帝把废黜诏书颁布天下，正式向全国人民宣布允礽的皇太子头衔即刻失效，至此全部

---

①《清圣祖实录》卷二百三十四，康熙四十七年九月己丑。

程序走完。从这天开始，康熙帝正式给允礽一个新头衔——高级囚犯废皇太子。

允礽从康熙十四年（1675年）六月两岁被立为皇太子，直到康熙四十七年（1708年）九月三十五岁时被第一次废黜，当了三十三年的皇太子。允礽这三十三年的皇太子当得确实是太憋屈、太窝囊，因为除了他之外，身边全是猛人。他父亲康熙帝是千年不遇的大猛人，他的兄弟们都是百年不遇的小猛人，这些猛人联合起来搞他，他自然是抵挡不住。再加上满洲人特有的“风俗旧制”这道无法逾越的高墙，允礽除了感慨对手狠毒之外，也只能仰天长叹，大喊一声：“时矣！命矣！运矣！”

反太子党的皇子们经过十几年如一日的挖墙脚，终于把允礽从皇太子宝座上拉下来，个个脸上都洋溢着幸福的喜悦。然而废黜皇太子给康熙帝与允礽两人都带来极大的痛苦。康熙帝为此事搞得心力交瘁，精神萎靡，身体每况愈下，开始走下坡路。允礽被废之后更是无法接受现实，精神一度失常，整天处于半疯半癫的状态，有如鬼物附身。[1]

客观地说，允礽表现出的精神怪异现象可以理解。

---

①《清圣祖实录》卷二百三十四，康熙四十七年九月辛卯。

按照以往的历史经验教训，历朝历代大部分废太子的下场无非是两种结局：一种是被现任皇帝杀了，另一种是被下任皇帝杀了。不管是明杀还是暗杀，反正横竖都是一个死，想混个自然死亡真是要靠佛祖显灵。允礽熟读历史，自然知道一旦被赶下台必死无疑。正常人都害怕死，所以允礽疯癫了。

然而，历史却给允礽开了一个大玩笑，帮他选择第三条路，让他又惊心动魄地活了十几年直到寿终正寝。首先是拉了允礽一把，于是历史上第一次出现复立废太子的政治事件；其后又把他推进更为痛苦的深渊，于是历史上也第一次出现二废太子的政治事件。这两个事件都是前无古人后无来者，允礽却是全程参与，最终沦为皇位最熟悉的陌生人。

第四节　复立太子与第二次废太子

一、复立太子

康熙四十七年（1708年）九月，从初四在塞外行宫宣布废黜皇太子到二十四日正式颁布诏书公布天下，康熙帝在短短二十天时间就把允礽从皇太子宝座踢了下去。康熙帝能够如此迅速且波澜不惊地处理皇太子问题，基本上没有引起较大的政治震动，除了他独掌乾坤之外，跟反太子皇子们联合起来不断地挖允礽墙脚有很大关系。

允礽居东宫皇太子之位三十多年，虽然在德行方面做得不好，但是这些问题其他皇子也都存在，只不过是程度深浅而已，拿这些事情大做文章，纯属五十步笑百步。允礽本身并没有大的过失（弑君或者主观谋反），总体而言是个基本合格的皇太子。被康熙帝第一次废掉，很大原因在于其他皇子本着“宽于律己、严以律人”的精神，领着手下人天天拿着放大镜去看待允礽的缺点，不断地在康熙帝面前恶意中伤，激化两人之间的矛盾，逼疯了允礽，最后也逼得康熙帝无路可退。[①]

从政治角度分析，康熙帝废黜允礽是在一种极端特殊情况下做出的不理智之举。康熙四十七年（1708年）九月初三，感情细腻敏感的康熙帝在政治上早已对允礽积累许多怨气，再加上允祄生病，使得他就像一座濒临喷发的火山。此时允礽一次无心的愚蠢行为被允禔等人利用并且大肆渲染，在康熙帝面前故意制造恐怖气氛。

① 萧奭:《永宪录》卷三，中华书局，1959年版，第205页。

在允禔与允祥联手制造的假象面前康熙帝害怕了，怀疑允礽要弑君。这种念头一旦形成，使得康熙帝这座憋了二十多年的火山突然爆发。爆发之后产生两个结果：一是皇太子允礽被废；二是皇太子之位空出就像打开潘多拉的盒子，让反太子皇子们从幕后走到台前。对于皇太子宝座，有些人撕开所有伪装，开始真刀真枪地明着抢，大有跟康熙帝与允礽死磕到底的架势。康熙帝也失去控制局面的最后机会。

父子之情淡如水，太子之位贵如金。

《资本论》中有一句名言："如果有百分之十的利润，资本就保证到处被人使用；有百分之二十的利润，资本就活跃起来；有百分之五十的利润，资本就铤而走险；为了百分之百的利润，资本就敢践踏一切人间法律；有百分之三百的利润，资本就敢犯任何罪行，甚至冒绞首的危险。"资本是死的，人是活的，而人的贪念更是欲壑难填没有尽头。在诸皇子看来，成为皇太子的利润保守估计能够达到百分之一万以上。在这种一本万利的诱惑下，诸皇子不仅践踏了法律，也把父子、兄弟之情踩在脚下。

康熙帝这座憋了二十多年的火山突然爆发，虽然爆发的时候很激烈，但是喷完之后只剩下一个结果——怨恨、伤心、纠结、失望、痛苦、怜爱，最后发展到后悔。失望痛苦是因为培养三十多年的皇太子竟然如此不肖，逼着他亲手废黜，感情上过不去这个坎；纠结后悔是因为废了允礽，使得其他皇子浮出水面，为了争夺皇太子之位完全丧失人性，局面比允礽当皇太子的时候更为复杂。这种复杂局面就连英明神武的康熙帝都觉得力不从心。

康熙四十七年（1708年）九月初四，宣布废黜皇太子允礽之后，康熙帝连续六天都没睡过一个好觉，整天心神不宁，以泪洗面，连饭都吃不下。经过几天的回忆思考，他慢慢开始理性看待九月初三晚上发生的一切。

九月初七，康熙帝对身边大臣说废黜允礽，是因为他凶残暴戾，既然已经处理，这事就到此为止，不要再搞扩大化。康熙帝进一步警告诸皇子，谁要是处心积虑地谋求皇太子之位，就是乱臣贼子，法理不容。[①]康熙帝没有当过真正意义上的皇太子，自然对允礽的行为百思不得其解，也无法洞察他的变态心理，只能用“凶残暴戾”这个理由去解释。

康熙帝明确表态此事到此为止，有些反太子皇子却

① 《清史稿》卷二百二十，《允禩传》。

利令智昏，为了消除后患，要把允礽置于死地。允禔天天上蹿下跳，自以为允礽一旦被废，皇太子之位非他莫属。康熙帝察觉到允禔的政治野心，也知道这个皇长子也就是武艺高强，除此之外一无是处，搞政治他还差得很远。

就在废黜允礽的当天，康熙帝对诸大臣说："我让直郡王皇长子允禔护驾，并没有立允禔为皇太子之意，允禔这个人秉性急躁愚蠢，怎么能立为皇太子?"[①]允禔心宽体胖，没希望成为皇太子了也不气馁，转而支持与他有"一奶同胞"之情的八阿哥允禩，继续挖墙脚事业。

允禔不愧为"政治白痴"。康熙帝前脚刚宣布废太子的事情到此为止，并要求诸位皇子安分守己，不能为了皇太子之位把父子之情、兄弟之情搞没了。允禔后脚就跑到康熙帝面前，大义凛然地对其说："允礽的所作所为已经大失人心。相面人张明德曾经给允禩相面，说他将来贵不可言。现在要是诛杀允礽不用父皇出手，交给我来办就行。"[②]另外，允禔还大言不惭地说要是立允禩为皇太子，我愿意诚心辅佐。

康熙帝听完允禔的话极为震惊，差点没气晕。我刚

---

① 《清圣祖实录》卷二百三十四，康熙四十七年九月丁丑。

② 《清圣祖实录》卷二百三十四，康熙四十七年九月戊戌。

说完不搞扩大化，你小子就跑到我面前说要杀了亲弟弟？说什么允禩后必大贵，还在我面前玩这套鬼把戏？刚说你不能当皇太子，没两天你就支持允禩当皇太子，看来你们私底下没少交易。康熙帝认为允禔这些反常举动必然是受到允禩指使（允禩很冤枉），这些人的愚蠢行为引起他的极大反感。

康熙帝最不愿意看到的局面最终还是出现了。为了争夺皇太子之位，允禔、允禩等人已经完全丧失人性，暗中结成一党，连兄弟之情都不顾，竟然要置允礽于死地。康熙帝再联想到平日里这些皇子没少在他面前说允礽的坏话，“帐殿夜警”当晚允禔等人对允礽更是百般诋毁，顿时对允礽动了恻隐之心。

康熙帝下决心废黜允礽，根本原因在于他怀疑允礽有弑君的企图。当他派人质问允礽时，允礽回答得很实在，说道：“父皇若说我其他不对的地方，我承认事事都有，但是说我有弑逆之事，我实无此心。”①康熙帝听完允礽这番肺腑之言后，正好暗合他的心理，非常高兴，不但没有斥责允礽反而认为他说得对，还让人把他脖子上的锁链取下。在康熙帝看来，允礽既然没有谋杀他的

① 《文献丛编》第三辑，《允禩·允禟案》。

企图，其他的事情根本就不叫事。

允礽表白内心之后，康熙帝开始后悔当初如此草率就宣布废黜他，更加睡不着觉，夜里总是噩梦连连。梦到早已去世多年的孝庄皇太后，只是远远坐着不说话，脸色不高兴，跟平时不同。甚至还梦到允礽生母，爱妻皇后赫舍里氏，似乎也在给允礽喊冤。①

康熙帝是个很迷信的人，有了这些心理暗示之后更加后悔，觉得允礽被废确实有点冤。但是既然已经宣布废黜皇太子，木已成舟，康熙帝只能从允礽身上找突破口，企图挽回他的名声，也安慰安慰自己受伤的心灵。

九月十五日，距离宣布废黜皇太子仅仅十天后，康熙帝在跟诸大臣聊天时就说："允礽宫人所住的撷芳殿阴暗不洁，允礽天天往来其间，肯定是中了邪魅。现在看来允礽种种不正常的举动，必然是有鬼物上身，导致其精神不正常。"②这是一个非常明显的政治暗示，表明康熙帝对允礽的态度有了根本变化，不再提允礽图谋不轨反而主动为其开脱，认为允礽各种怪异举动都是因为有鬼物在背后使坏，跟他没关系。

九月十六日，康熙帝回到北京，召集群臣在午门宣

① 《清圣祖实录》卷二百三十五，康熙四十七年十一月丁亥。

② 《清圣祖实录》卷二百三十四，康熙四十七年九月甲申、戊子。

布上谕。虽然最后的结果依然是废黜允礽，但是这道上谕跟九月初四的激烈言辞却是大相径庭。在上谕中，康熙帝先是对允礽进行一番正面评价，说允礽从小就由我亲自辅导读书，他的骑射、言辞、文学都很优秀，是一个难得的人才。允礽本性是好的，但是现在突然被鬼魅附身，埋没他的本性。最后康熙帝得出结论：允礽的种种乖张举动，肯定是得了狂疾。[①]

当着所有王公大臣的面，康熙帝公开表示允礽人品不坏，把所有责任都推给鬼魅，认为他得了狂疾。这些话也可以理解为要是允礽的病能治好，还是可以教育好的。

康熙帝这番话让群臣不知所措，许多人都无法理解这些前后矛盾的说法。前几天你还龙颜大怒地指责允礽要弑君夺位，今天又说允礽本性不坏，干了很多缺德事是因为有狂疾。天威难测，群臣搞不清楚康熙帝的真实意图，谁都不敢接话。康熙帝的如意算盘是，要把允礽的种种乖张举动归结为狂疾，先把允礽身上的污点洗干净，然后为将来复立做准备。

九月二十四日，废黜诏书公告天下。在诏书中康熙帝再一次强调允礽许多反常举动包括逼近幔城、裂缝窥

① 《清圣祖实录》卷二百三十四，康熙四十七年九月己丑。

伺，都是因为鬼物所凭，狂易成疾。[1]总而言之，所有一切都是鬼物的错，跟允礽没关系。

康熙帝的小算盘自然瞒不过反太子皇子们的眼睛。眼看康熙帝要反悔重新复立允礽，诸皇子在斗争策略上出现分化。以允禔、允禩等人为首的集团为了斩断康熙帝的念想，开始加紧制造事端，企图把允礽杀掉；而胤禛摸清康熙帝真实意图之后，开始主动为允礽说好话，获得康熙帝的极大信任，使得其在日后争夺皇太子的政治斗争中占据有利位置。胤禛确实是个世外高人，同样一件事，不一样的策略，别人都在紧盯允礽，而他却看透了康熙帝。

从九月二十五日开始，宫中在很短的时间内连续发生三件大事，最终促成允礽第二次被立为皇太子。

一是张明德案被揭露，允禔、允禩等人牵连其中。九月二十五日，康熙帝将允禔向他密奏允禩日后大贵，要杀允礽的言行公之于众，并对允禔、允禩大加谴责。康熙帝公开骂允禔，说他为人凶顽愚昧，根本就不知廉耻，跟着允禩纠集党羽，想要杀害允礽。既然连允礽都敢杀，保不齐哪天就敢杀我。[2]康熙帝不但骂了愚蠢的

---

①《清圣祖实录》卷二百三十四，康熙四十七年九月丁酉。
②《清圣祖实录》卷二百三十四，康熙四十七年九月壬寅。

允禔，对阴险狡诈的允禩更是厌恶至极。

九月二十八日，康熙帝公开对诸大臣说："允禩这个人到处妄博虚名，凡是我所施的恩德，他都归为自己，你们都说他的好，置我于何地？又出来一个皇太子，要是有一个人说允禩好，我马上把他砍了，这个权力我还是有的。"[①]这话说得已经够狠，但还不是最狠的。随后的几天康熙帝不断地骂允禩，最狠的时候说他柔奸成性，一直都想当皇太子，这事我早就知道，允禩对我恨之入骨，我跟他父子之情已经断绝。

康熙帝这些狠话目的是在告诉大家：允禩是个奸诈小人，想当皇太子门儿都没有，你们趁早断了这个念想。骂完之后马上下令将允禩锁拿，交于议政处审理，省得他到处煽风点火。允禟、允禵等人为了营救允禩，联名上奏为其担保，这种抱薪救火的做法，让康熙帝对允禩更加痛恨。

康熙帝骂完允禔、允禩之后，派人秘密逮捕相面人张明德并对其严加审问。这一审不要紧，竟然审出惊天大案。张明德作为一个江湖术士，不仅到处坑蒙拐骗，还是一个在道上混的黑社会成员，不但有谋刺皇太子允

①《清圣祖实录》卷二百三十四，康熙四十七年九月辛丑。

礽的企图，还有刺杀康熙帝的计划。

“张明德谋逆案”牵连甚广，负责此案的步军统领托合齐（太子党成员）向康熙帝密报：谋刺的事情策划者主要有公赖西、顺承郡王布穆巴、王府长史阿鲁等人，大阿哥允禔是总指挥。张明德动摇人心，说他有朋友五六人，武功高强能以一敌百，皇城高墙行走如飞，偷偷地混进人群搞个暗杀易如反掌。大阿哥允禔相信了这些谎言，要他赶紧来京，有机密任务交给他。八阿哥允禩也知道这个事情，但没有揭发允禔。①

康熙帝接到密报之后气得差点吐血，他死都不愿意相信儿子们为了皇太子之位竟能干出如此禽兽不如的事。康熙帝是个很要脸面的人，为了维护皇家颜面，不敢再往下查，马上下令将张明德凌迟处死，杀人灭口。

案子秘密审完之后，康熙帝找来允禔又把他臭骂一顿，把他以前干的那些缺德事全部揭发出来，让他威信扫地。对于允禩这个“八贤王”康熙帝已经忍无可忍，以明知张明德的妄言却不上报为由，革去他贝勒爵位，降为闲散宗室，让他回家闭门思过（相当于软禁）。张明德案让康熙帝一方面认识到诸皇子为了争夺皇太子之

---

① 《康熙朝满文朱批奏折全译》第1653页，《步军统领托合齐奏报大阿哥图谋不轨折》。

位已经发展到你死我活的地步，并深感意外和震惊；另一方面加深对允礽的同情。

二是允禔镇魇诅咒允礽之事被允祉揭发。允祉是个读书人，为人较为厚道，虽然平时看不惯允礽的胡作非为，内心深处不支持他，但是对允禔等人置允礽于死地的行为更是深恶痛绝，觉得大哥这事干得太不地道。十月十五日，允祉通过手下探听到允禔竟然暗中用巫术诅咒允礽，马上站出来向康熙帝密报此事。允祉说他的牧马厂有个叫巴汉格隆的蒙古喇嘛，从小学医，还会咒人之术。允禔知道这事后就把他招过去，还有喇嘛明佳噶卜楚、马星噶卜楚，他们之间来往密切，肯定是在背后干不利于允礽的事情。

康熙帝听完允祉的汇报之后，马上下令将这三个喇嘛以及允禔郡王府相关人员捉拿审问。经过一番拷打审讯，蒙古喇嘛巴汉格隆对此事供认不讳，为了活命供出允禔，声称诅咒废太子允礽的事都是受直郡王允禔指使。康熙帝立刻派侍卫纳拉善等人去寻找，竟然在废太子所居之处发掘出十余处魇胜之物。①

人证物证俱在，康熙帝这次不再手软。新账老账一

---

①《清圣祖实录》卷二百三十五，康熙四十七年十月丁巳。

起算，二话没说就废了允禔，革去他郡王爵位，把他幽禁在王府内并让人严加看管，再敢闹出动静就要他的小命。[①]这位反太子党第一猛将从此之后再也没有走出王府。

这个意外发现让康熙帝既惊又喜，惊的是他最烦旁门左道的巫术，专门下令严禁宫内出现这种不祥之物，没想到允禔竟然用这种令人不齿的手段谋害允礽，实在是可恶至极；喜的是允禔派人诅咒镇魇允礽，肯定是这些不祥之物导致他鬼物附身行为反常，从而埋没其善良本性。这样一种逻辑推理正合康熙帝的心意，也为允礽乖张的举动找到根源。

“镇魇事件”被揭发之后，允礽和他的手下也没闲着。自从在允礽住处挖出这些魇胜之物后，他们预感到扭转时局的机会来了，随即展开配合行动。十月十七日，侍卫刚挖出诅咒废太子的魇胜之物，废太子宫里的下人就马上向康熙帝汇报，说：“挖出魇胜之物那天，废太子突然作疯癫状，行为怪异，差点没自杀。身边的人把他团团抱住，过了一会儿才渐渐恢复正常。废太子也很惊讶，问身边人我刚才干了些什么？直到这些不祥之物被全

① 《清圣祖实录》卷二百三十五，康熙四十七年十月壬申、十一月癸酉。

部挖出之后，废太子的精神才渐渐恢复，知道自己犯了重罪，应该被拘禁，身边的人都觉得他跟以前不一样。”①

康熙帝接到这些汇报之后如获至宝，马上连续两次召见允礽，并对允礽与众人说：“从此以后，以前的事情不要再提。废皇太子在咸安宫中调养，我很想念他，见到他我的心情就格外舒畅。”②康熙帝也询问允礽以前的事情，允礽自然不会实话实说，就笼统地说有些事情一点都不知道。康熙帝在这些虚假信息的基础上得出最终结论：允礽之前所有的失常行为，肯定是鬼魅附身。③总而言之，我没有错，允礽也没有错，错都在虚无缥缈的鬼魅身上。这是一场误会，既然是误会，消除之后自然是各就各位。

允礽的智商也不白给，感觉康熙帝又开始待见他就玩命表现。人一旦到了生死关头，也就顾不得面子。十月二十三日，五十多岁的康熙帝经不住一系列折腾，病倒在床。自从康熙帝病倒之后，允礽就努力表现，极力讨好康熙帝，跟着胤禛、允祉一起精心伺候父亲，极尽孝道，又是喂药又是忏悔。

---

①《清圣祖实录》卷二百三十五，康熙四十七年十一月庚辰。

②《清圣祖实录》卷二百三十五，康熙四十七年十月甲子。

③《清圣祖实录》卷二百三十五，康熙四十七年十一月庚辰。

康熙帝的心情渐渐好起来，身体也逐渐恢复，他经过数日观察，发现允礽跟以前简直是判若两人。之前是想要谋逆弑君的皇太子，现在却是孝顺的好儿子，康熙帝更加坚定了允礽是鬼物附身的幼稚想法。

康熙帝这些带有风向标的举动，使朝中一些大臣闻风而动，纷纷上书为废太子允礽保奏。康熙帝看到时机成熟，就在十一月初八向诸王贝勒、满汉大臣下了一道圣谕。在圣谕中康熙帝主要强调四点：一是允礽以前是鬼魅附身，现在治好了，这是我的福气，也是清朝的福气，更是你们的福气；二是允礽以前的很多罪行，大部分都是有名无实，都是允禔等人恶意栽赃诬陷；三是允礽干的那些悖乱之事，都是受索额图父子唆使，跟允礽没关系；四是允礽的病既然治好，要是不记前仇，改恶行善，我自有主意。[①]

在这道圣谕中康熙帝再也不提允礽企图弑君的事，并且向诸臣暗示：既然允礽的病已经治好，下一步就该复立为皇太子，你们看着办吧！

康熙帝还担心手下人没理解他的暗示，又专门把汉族大学士李光地召到身边进行一番嘱咐。李光地是汉族

① 《清圣祖实录》卷二百三十五，康熙四十七年十一月庚辰。

大学士，也是汉臣的领袖，在满汉诸臣中极有威望。李光地跟康熙帝不仅有君臣之义，还有朋友之情。[1]通过之前几次秘密谈话，康熙帝觉得李光地跟他的思想很接近，在复立允礽为皇太子的立场上一致，最能体察他的良苦用心。康熙帝专门召李光地谈话的意思是想让他在关键时刻站出来，为皇帝分忧，为废太子允礽说话。没想到李光地这个朋友在关键时刻掉链子。

经过一系列暗示与明示，提前也给允礽造了声势，康熙帝觉得他的想法大家都已经很清楚。康熙帝是个很要面子的人，希望诸臣能够按照他的意思集体奏请复立允礽为皇太子。十一月十四日，康熙帝突然在畅春园召集满汉文武大臣，对先到的人信誓旦旦地说："这次把你们召来开会，会议的主题是推举皇太子，除了大阿哥允禔之外，你们推举哪个阿哥为皇太子，我就让哪个阿哥当皇太子。"[2]康熙帝敢用这种方式选择皇太子，是因为他相信想复立允礽为皇太子的心思大家早就明白，诸臣必然会按照他的意思推举允礽。通过这种方式复立允礽为皇太子，他也好有个台阶下。

为了能够让这次推举大会开成胜利的大会，康熙帝

---

①李清植辑：《文贞公年谱》卷下，康熙五十二年十一月条。
②《清圣祖实录》卷二百三十五，康熙四十七年十一月丙戌。

着实下了一番功夫。在开会之前，把先到的内大臣叫到身边，当面对他们说："你们天天喊着想为我效命，现在就是一个机会。"言外之意就是让他们推举允礽为皇太子。康熙帝为了能够让允礽顺利复位，首先破坏公平公正原则，还担心其他人破坏推举工作，串通一气联合起来违背他的意愿。康熙帝知道满洲首席大学士马齐跟允礽不和，竟然下令取消马齐的参会资格。[①]康熙帝本以为这样安排必能保证万无一失，信心满满地等着众人给他带来好消息。

康熙帝的担忧不是没有道理，马齐确实不支持允礽，但也不是省油的灯，做人一向直来直去，性格极为凶悍。康熙帝不让他参加会议，他也不生气。在还没正式开会之前，马齐就是不走。反正我是满洲首席大学士，谁敢撵我?

过了一会儿，大家陆陆续续地进屋。汉族大学士张玉书进屋之后就问："因为啥事把大家伙儿召来?"在场的人都不敢接话，只有马齐说："让我们在诸阿哥中推举皇太子。"话都说到这份上，按理说张玉书就不该再问。也不知张大学士是故意还是装傻，随口就问："推举的人

---

①《清圣祖实录》卷二百三十五，康熙四十七年十一月丙戌。

是谁?”会议还没开始就问这样敏感的问题显然是很犯忌讳。马齐等的就是这句话，张口就说:“还没定下来，不过听说有人推举八阿哥(允禩)。”说完，拂袖而去。老狐狸就是老狐狸，你不让我参加会议，我就会前说，看你能把我怎么样。

马齐作为满洲首席大学士，属于朝中大哥级人物，说话很有分量。表面上说有别人推举八阿哥允禩，明眼人都知道这是他的意思。马齐的话给推举允禩制造了先声夺人的气势。

会议开始之后，理藩院尚书阿灵阿、内大臣鄂伦岱、翰林院掌院学士揆叙、户部尚书王鸿绪等满汉大臣暗中串联，在纸上写了一个“八”字密示众人。这几位都是朝廷重量级人物，再加上马齐的话还在耳边，大家也就不敢再有其他异议，跟着他们一起写上八阿哥允禩的名字，交给太监呈送康熙帝。

康熙帝打开一看上面写的不是允礽，几乎全部都是推举最令他厌恶的允禩，顿时大跌眼镜。这是他最不愿意看到的结果，我越厌恶谁，你们就越推举谁，难道我以前的话都白说了。他马上让太监传话:“八阿哥经验不足，最近又犯罪，并且他的母亲出身低贱，你们要重新考虑人选。”既然我以前的话都白说了，那我也自食其言，反正八阿哥我不同意。

康熙帝面对这个结果很是恼火，马上派人责问李光地："今天你怎么一句话都不说?"为人圆滑世故的李光地等的就是这句话，面不改色地回答说："前几天皇上问我，废皇太子的病怎么才能治好？我说慢慢调治，天下之福，我没敢把这事给众臣说。"[①]李光地的话一说完，就把康熙帝的阴谋搞成阳谋。众臣这才"恍然大悟"，原来康熙帝是想让允礽复立为皇太子。这场推举皇太子会议违背康熙帝的意思，自然无法再持续下去。康熙帝把众臣打发回家，明天过来等圣旨。

在不到两个月时间里连续发生这三件大事，给康熙帝留下深刻印象。他得出结论：一是允礽的病已经痊愈，还是可以培养的；二是允禩太阴险，在朝臣中的威望这么高，让我这个皇帝都颜面扫地，相对而言还是老实巴交的允礽靠得住；三是皇太子之位必须马上解决，不然夜长梦多，不好收场；四是复立允礽为皇太子指望众臣是不靠谱的，还得靠乾纲独断。

总结出上述几点心得之后，康熙帝马上行动，既然你们不给我台阶下，那我就自己找台阶。反正我是皇帝，

---

① 《清圣祖实录》卷二百三十五，康熙四十七年十一月丙戌。

一个人说了算，还怕你们造反不成。

十一月十五日，也就是推举皇太子会议的第二天，康熙帝召集昨天开会的那帮人以及来自草原的客人科尔沁达尔汗亲王额驸班第，当众宣布上谕：“皇太子之前因为鬼魅附身，从而埋没了本性。现在用心调治已经痊愈。”康熙帝把话都说到这份上，大家也就不敢硬顶，齐声高呼废皇太子病好，实在是国家的福气，天下的福气，并请求康熙帝下命令。允礽复立为皇太子，我们举双手赞成，坚决支持。康熙帝满意地点了点头，让额驸班第当众宣读自己的御笔朱书。

康熙帝情商过人，自然理解众人的忧虑——害怕允礽将来反攻倒算报复他们，竟然在御笔朱书中强调一句：允礽将来肯定不会报复大家，我可以为他担保。[①]从这句话中可以看出康熙帝的不易，为了让允礽能够成功复立，他这个当皇帝的都开始兼职做起担保人了。先不说这个担保等你死后还靠不靠谱，光是这句话就很有分量。此话一出，大家也只能按照康熙帝的意思办，至于以后只能听天由命。

十一月十六日，康熙帝正式召见废太子允礽、其他

① 《清圣祖实录》卷二百三十五，康熙四十七年十一月丁亥。

皇子、王公贝勒以及文武大臣，当着众人的面先是对允礽过去的事情做一番解释和澄清，解释清楚之后就把允礽当庭释放。康熙帝又让允礽当着众人的面说几句心里话，意思是让他也表个态，好给大家吃个定心丸。

允礽没想到这么快就被释放，压抑不住内心的激动，整理好情绪之后深情地说道："父皇谕旨，至圣至明，凡事俱我不善，人始从而陷之杀之。若念人之仇，不改诸恶，天亦不容。今予亦不复有希冀，尔等众人若仍望予为皇太子，断断不可。"[①]允礽这番话说得相当精彩，有理有据有节，充分展示了他良好的个人素质。康熙帝听完允礽这番表白之后也是倍感欣慰，最后警告他："你要洗心革面重新做人，要是不改前恶，最终就是死路一条。"

在释放允礽之后没几天，康熙帝又恢复允禔的贝勒爵位，给这个反太子党老大一个安慰奖。康熙帝希望通过这种方式缓和允礽与允禔的敌对关系，也平息一下由推举允禩为皇太子而引发的政治骚动，稳定人心。

万事俱备之后，康熙四十八年（1709年）三月初九，康熙宣布复立允礽为皇太子，遣官告祭天地、宗庙、社

①《清圣祖实录》卷二百三十五，康熙四十七年十一月戊子。

稷，并举行盛大的庆祝仪式。三月初十，派大学士温达、李光地为正使，正式授予允礽册宝，正位东宫。①拿到康熙帝颁发的皇太子证书之后，允礽心中感慨万千：半年多的时间真是很漫长，皇太子证书失而复得，突然有一种“我胡汉三又回来了”的感觉。

康熙帝为了平衡朝中各个政治势力，让诸皇子能够精诚团结为朝廷服务，就在册封允礽为皇太子的当天，第二次大封诸子。晋封皇三子允祉、皇四子胤禛、皇五子允祺为亲王；皇七子允祐、皇十子允䄉为郡王；皇九子允禟、皇十二子允祹、皇十四子允禵为贝子。允禩虽然没有进步，但是在之前已经恢复贝勒爵位，也算是有所收获。康熙帝这次大封诸子的目的很简单，告诉儿子们：你爹我老了，不想折腾。我当我的皇帝，允礽当他的皇太子，其他人也都有了爵位。大家各就各位，好好过日子，也让我过几天太平日子。

康熙帝希望通过晋封爵位的办法消除各皇子之间的矛盾，让他们知足常乐，懂得感恩。但事与愿违，康熙帝晋封诸子的行为犹如火上浇油，更加刺激了他们的野心。在部分反太子皇子与其党羽看来，康熙帝复立允礽

① 《清圣祖实录》卷二百三十五，康熙四十八年三月壬午。

为皇太子是把他们逼到绝路。他们一致认为：覆水难收，头上顶着反太子的帽子，就成为允礽眼中的“乱臣贼子”，等他继位后还不得把我们扒皮抽筋。开弓没有回头箭，既然已经走到这一步，索性就反到底。期待允礽能够网开一面，放一马是不现实的，把允礽第二次拉下马才是最安全的办法。

总而言之，这个皇太子谁当都可以，绝不能让允礽当，不然大家都是死路一条。在这样一种“破罐子破摔”情绪的鼓舞下，反太子党某些皇子以及其跟班又开始第二次奋斗，并最终依靠这种执着创造新的历史。古人讲“有志者事竟成”，看来不管一个人的志向有多不靠谱，只要努力肯定会有收获。

二、第二次废太子

从康熙四十七年（1708年）九月至四十八年（1709年）三月，经过半年多的折腾，康熙帝用尽各种手段死保允礽，总算把允礽再次扶上皇太子宝座。康熙帝死保允礽，除了感情因素之外，最重要的一点是只有允礽坐在皇太子位置上，才能断了其他皇子的念想，阻止最让他厌恶的允禩成为新任皇太子，他这个皇位才能坐得稳，说到底还是为了自己。[1]在康熙帝的逻辑思维里，允禩仅仅是个贝勒，威望就盖过他，就能在朝中一呼百应，如果当上皇太子，他要想混个自然死亡相当困难。

康熙帝不管是真明白还是装糊涂，自始至终都在强调一点，允礽被废黜皇太子是因为得了狂疾，等病好之后自然就名正言顺地回到皇太子的岗位上。其实允礽确实得了狂疾，但这个狂疾的病根不在吃药与调养而在权力。只要康熙帝活着一天，允礽这个皇太子就不能转变成皇帝，就不能掌控清朝最高权力，狂疾也就不能治根。说到底这是皇权与储权的矛盾，是一个根本无法调和的矛盾，尤其是在父子关系名存实亡的情况下，成为一个政治死结。

要想解开这个政治死结只有两种可能：要么康熙帝让位（无论主动还是被动），要么再次废了允礽，别无他法。康熙帝复立允礽为皇太子，其实是想赌一把。赌注是他对允礽的爱与包容，希望能感化允礽，让他知恩图报，自己也能保住皇位与名声。

很可惜，康熙帝赌输了。

翻开二十四史，历史这位伟大的老师再一次教导我

---

①《清圣祖实录》卷二百六十一，康熙五十三年十一月甲子。

们：政治上存在任何幻想都是幼稚可笑的。英明神武的康熙帝输了，这根本不是他的错，因为他除了是一位父亲之外，还扮演着皇帝角色。在这种形势下，父亲和皇帝的角色只能二选一。

在历史规律面前，任何人都是渺小的，想违背它的人最终都会被它压在五指山下。

允礽虽然被第二次立为皇太子，但是经过前一番折腾，政治斗争出现新情况，有三个不可调和的矛盾摆在康熙帝面前。

矛盾之一是康熙帝与允礽的父子关系完全破裂，也就是皇权与储权完全对立，无法统一。康熙帝希望允礽好好当皇太子，允礽却天天盼着早日当上皇帝。当时康熙帝已经年近六旬，早已过了知天命的阶段，内心非常脆弱，特别需要允礽能够拿出百分之二百的孝心对他，以抚慰一个老年人孤独脆弱的心。

自从允礽复立之后，在感情上，康熙帝经常召见皇太子谈心，每次都对他进行一番思想教育，希望他能够洗心革面重新做人，当一个好儿子。在国政上，康熙帝也是百般迁就皇太子，凡事能忍就忍，能退就退。凡是允礽说谁不好，他就训谁；凡是允礽看谁不顺眼想惩罚谁，他就惩罚谁；凡是允礽想驱逐谁，他就驱逐谁。总之，除了杀人之外，康熙帝都听允礽的。[1]

康熙帝希望通过这“三个凡是”满足允礽的权力欲望，没想到适得其反。康熙帝给得越多，允礽的胃口就越大。允礽还经常牢骚不断，常常对手下人说“古往今来，哪有四十年的太子”这样大逆不道的话。[2]在允礽眼中，康熙帝已经不是他的父亲，而是他成为皇帝的绊脚石。允礽还指望康熙帝能够早点死，好抚慰他当皇帝的心，哪还有心情去抚慰康熙帝。允礽一门心思地想早点继位，发展到后来竟然妄图通过手中掌握的军事力量逼康熙帝退位。

矛盾之二是允礽与反太子皇子们势同水火。就在允礽被第二次立为皇太子的同时，康熙帝对其他皇子进行第二次册封，使反太子皇子势力大增。他们认为允礽复立是把他们逼到绝路，只能联合起来继续挖允礽的墙脚，并且挖起来比以前更加疯狂。他们指挥手下四处收集允礽的黑材料，向康熙帝打小报告，到处散播允礽的恶行，处处与允礽作对，没让允礽消停过一天。这些反太子势力的存在，使允礽复立为皇太子之后如坐针毡，时刻担

---

①《清圣祖实录》卷二百三十七，康熙五十一年十月辛亥。

②吴晗辑:《朝鲜李朝实录中的中国史料》第十册，中华书局，1980年版，第4322页。

心再次被废黜，天天生活在恐惧中。

允礽第二次上台之后，对反太子皇子与其跟班进行疯狂报复，运用手中掌握的储权打压他们。允礽想通过以暴制暴的办法削弱反对势力，保住皇太子之位，双方你来我往打得不亦乐乎。反太子势力的存在还产生一个副作用，就是让本来就心理变态的允礽变得更加变态。允礽把“骄奢淫逸、乖戾残暴”这两个词语的含义发挥到极致，使得本来就不得人心的他彻底成为政治上的孤家寡人。

矛盾之三是朝廷大臣面对皇权与储权的矛盾进退两难，处于崩溃边缘。神仙打架，凡人遭殃。康熙帝与允礽的矛盾在发展，允礽与反太子皇子的矛盾在激化，朝中大臣面对如此复杂的政治斗争形势无所适从。尤其是反太子大臣，康熙帝当初搞了一次皇太子推举大会，会上带头推举允禩为皇太子的都是朝廷重臣。这些人惶惶不可终日，害怕允礽继位之后反攻倒算。太子党大臣日子也不好过，跟着允礽就得罪康熙帝，说不定哪天就被康熙拉出去剐了。总之大臣们是两头受气，两条路哪条都是死路。①

---

①《清圣祖实录》卷二百五十一，康熙五十一年十月辛亥。

朝中大臣面对这“三路神仙”还不能不表态，他们面临的尴尬局面就是：站队是死，不站队也是死，站错队更是死。这帮人整天都生活在纠结中，该干的政务也不好好干，大家都开始磨洋工，天天想着如何自保。这种态势如果任其发展下去必然会引起朝廷混乱，削弱清朝的统治。

虽然存在三个矛盾，但是这三个矛盾实质上是一体的，矛头都指向同一个人——皇太子允礽。在大家都不支持允礽的情况下，康熙帝一个人死保允礽就是跟大部分朝臣作对，这对于一个皇帝而言非常危险。有这样三个不可调和的矛盾存在，除非康熙帝猝死，否则允礽只能再次乖乖地交出皇太子证书。

反太子党从允礽复立那天就开始行动，他们四处打探消息寻找允礽的破绽。康熙四十八年（1709年）十一月，多罗安郡王马尔浑去世。他们发现一个奇怪现象，原本是安亲王包衣家奴的步军统领托合齐父子（允礽的铁杆）公然违背康熙帝颁布的在殡葬期间严格“禁酒令”“禁宴会”，大摆宴席，跟其他太子党成员秘密开小会。反太子党获得这个消息之后非常振奋，认为这是一个很大的把柄。

因为托合齐官位不高，但是身上贴着两个标签足以令允礽粉身碎骨。一是托合齐是太子党的中坚力量；二是托合齐时任步军统领，俗称九门提督，这个职位相当于北京卫戍司令，掌握着全北京城的军权。在反太子党看来，负责京城防卫的军事长官是皇太子的心腹，这些人打着宴饮的幌子天天秘密开小会，里面必有阴谋。镇国公景熙（允禩的母舅）马上向康熙帝告发此事。这次告发也成为允礽被第二次拉下马的导火索。

康熙帝接到景熙的告发密折之后，并没有立刻处理此事，而是以证据不足为由驳回。[①]没处理不代表康熙帝不想处理，允礽刚被复立为皇太子时间不长，康熙帝还想再观察观察他。关于托合齐等人宴饮结党之事，康熙帝担心再次重蹈第一次废太子的覆辙就忍了下来。最后康熙帝一片苦心，换来的却是允礽得寸进尺的贪欲。

经过一年多的观察，康熙帝发现允礽不但不改前恶，反而大肆扩张个人势力，而且跟上次结党不同，这次太子党里面军官的比例大幅度提升，允礽手下人掌握了一定的军事力量。康熙帝脚踩鲜血才保住了皇位，明白“枪杆子里出政权”的道理。纵观历朝历代，皇太子一旦掌握军权，搞军事政变的可能基本上是百分之百。就算

---

①《清圣祖实录》卷二百四十八，康熙五十年十月壬午。

皇太子不想搞，他手下这帮扛枪的粗人也会逼着皇太子搞。面对如此危险的局面，康熙帝彻底死心，意识到再这样任由允礽势力发展下去不但皇位不保，连性命随时都有呜呼的危险。

谁敢动我皇位，我就要他命。

康熙五十年（1711年）十月二十日，康熙帝突然下了一道命令，以有病为由，撤了托合齐步军统领职务，解除他的兵权，让他回家养老。废了托合齐仅仅七天后，康熙帝就在畅春园召集诸王贝勒、满汉大臣开大会（计划周密）。康熙帝怒火中烧，当场发飙，当面质问太子党成员："现在很多大臣都依附皇太子结党，你们都是我提拔起来的人，受恩已经五十多年，现在却要依附皇太子跟我作对，你们到底想干什么?"说完之后点了刑部尚书齐世武、兵部尚书耿额等人的名字。这些人没想到康熙帝会问得如此直白，眼看到了生死关头，他们都以毫不知情为由一口咬定绝无此事。康熙帝早料到他们不会认罪，当场找来证言（密折）与证人，当场指认，现场的太子党成员一个没跑全被点了名。证人指认完之后，康熙帝把他们臭骂一顿，命令身边侍卫把点名之人全部关起来严加审问。[1]就连刚被解职的太子党重要骨干托合齐也被关进宗人府。

康熙帝命令手下组成一个专案组，专门负责审理托合齐等人结党宴饮案。不知康熙帝是不是故意为之，负责审理这起陈年旧案的人基本上都是反太子成员。就在该案件审理之时，反太子党成员没有高抬贵手，因为落井下石是他们的强项，他们组织人于康熙五十一年（1712年）四月又揭发了托合齐等人贪污受贿的旧账。[2]

新账旧账一起算，这样一搞就算神仙也救不了托合齐等人。审理的最终结果毫无悬念，托合齐等人犯罪事实清楚，证据确凿。专案组成员一致上书，请求康熙帝对这些乱臣贼子从快、从严、从重处理。

康熙帝收到专案组的报告之后再一次震怒，龙颜震怒的后果是他第一次违背其一向宽厚待人的性格，对这批人处以不可思议的极刑。最惨的两个人是托合齐与齐世武，因为在康熙帝看来这二位是太子党的领头人，也是密谋搞军事政变的主要策划者。

托合齐的罪名是暗通皇太子允礽，密谋逼康熙帝退位。原本托合齐是被判了凌迟处死的酷刑，没想到他运

---

①《清圣祖实录》卷二百四十八，康熙五十年十月壬午。
②《清圣祖实录》卷二百五十，康熙五十一年四月甲子。

气好病死在狱中。就算这样康熙帝依然没放过他，他的尸体被“挫尸扬灰，不准收葬”。[①]（非常恐怖）

齐世武的罪名是谄事皇太子允礽。康熙帝最恨齐世武，对他进行“特别关照”，让人用铁钉把他的五体钉在墙壁上，齐世武在墙壁上号呼数日之后因为失血过多而死（恐怖至极）。[②]

除了上面两位反面典型之外，康熙帝对其他太子党成员也是毫不手软，该杀的杀，该流放的流放，该撤职的也被撤职。只要是跟着允礽混的人，再一次被康熙帝包了饺子，全部当成政治垃圾处理掉。经过这么一番折腾，新的太子党被一扫而空，基本上全军覆没。

康熙帝处理完这批人后，在政治上与允礽彻底撕破脸。其实康熙帝是个厚道人，一向不喜欢杀戮，但这种厚道的底线是你不能触动我的皇位与生命，很显然允礽的行为已经越过这个底线。康熙帝也顾不上父子之情，扫清完外围势力之后，下一步就把屠刀指向了允礽。

康熙五十一年（1712年）九月三十日，康熙帝从塞外巡视回到北京畅春园，马上召集众皇子宣布一个令他们振奋人心的好消息。康熙帝对他们说：“皇太子允礽自

---

①《清圣祖实录》卷二百五十三，康熙五十二年二月辛亥。

②萧奭：《永宪录》卷二（上），第84页。

从复立以来，病没有治好，大失人心，祖宗弘业断不能托付给他。这件事我已经向皇太后汇报，现在将允礽再次拘禁。”①

十月初一，康熙帝召集诸王贝勒、满汉大臣，用御笔朱书向众人宣布手谕，再次废黜皇太子允礽。这道手谕主要列举废黜允礽的两大理由：一是狂疾没治好，秉性凶残，大失人心；二是不改前恶，与小人结党，威胁到康熙帝的生命安全。②十一月十六日，正式颁布诏书宣告天下，废黜皇太子允礽。康熙帝还特意命令礼部给各省督抚发了一个文件：允礽的皇太子证书已经被收回销毁，要求他们不要再向允礽呈奏皇太子笺文。这个举动表明康熙帝已经彻底下定决心，不会再第二次复立允礽为皇太子。

康熙帝还担心下面人不能明白他的决心，放出一句狠话：“以后要是有人向我上折子说允礽已经改过从善，应该释放，我马上把他砍了。”③这一系列组合拳打出去之后，意味着允礽的政治生命彻底结束。这下康熙帝安心了，皇子们激动了，众臣解放了。可谓是牺牲你一人，

---

①《清圣祖实录》卷二百五十一，康熙五十一年九月庚戌。
②《清圣祖实录》卷二百五十一，康熙五十一年十月辛亥。
③《清圣祖实录》卷二百五十一，康熙五十一年十月辛亥。

幸福一群人。

从康熙四十八年（1709年）三月至五十一年（1712年）十月，允礽第二任皇太子仅仅干了三年半就被人踢下台。对于允礽而言，如果说第一次被废是有点冤枉的话，那么第二次被废就不能怪对手太狠，只能怪自己不争气。在三年多的时间里，康熙帝给了允礽无数次机会，可惜允礽都没有抓住，充分说明允礽也是一个政治上扶不起来的阿斗。

第二次废黜皇太子允礽，证明康熙帝输掉了人生最重要的一次赌博。康熙帝输得心服口服，不再像第一次废黜允礽那么痛苦。从两次废黜皇太子的整个过程来看，第一次废太子显得有些感性与仓促，而第二次废太子则展现出康熙帝的沉稳与理智。第二次废黜允礽从开始到结束经历一年多时间，表明康熙帝抛开父子之情，真正从一个政治家的眼光看待皇太子的问题。

康熙帝通过两次惨痛的教训，终于明白一个道理：在一个错误的时间做出一个正确的决定，得到的结果依然是错误的。太子制度能够在历史上延续上千年，证明它是一个非常科学稳定的制度。存在即合理，这个制度本身没有问题，客观分析康熙帝立允礽为皇太子也是一个正确的决定。然而康熙帝没有意识到本民族特性与社会旧俗会如此强大，即使这个决定无比正确，但是把这个制度移植到满族人身上却仍然是格格不入，引起强烈的排斥反应。如果把允礽放在明朝，也许就是另外一种结局。

纵观清朝近三百年历史，可以说允礽之后再无皇太子。

第四章　两代和硕理亲王
——废太子允礽与弘皙

第一节　和硕理亲王的政治王冠

一、允礽从废太子到和硕理亲王

康熙五十一年（1712年）十月初一，允礽第二次成为废太子，算是正式退出历史舞台。有的人活着，他已经死了；有的人死了，他还活着。允礽显然属于前者，人虽然活着，但其政治生命彻底结束，在别人眼里跟个死人没有区别。通过康熙帝之前的种种言行举动去分析，很多人都认为允礽不可能再第三次被立为皇太子。

允礽第二次被废之后，又搬出毓庆宫，被安排在咸安宫居住。咸安宫现名寿安宫，位于紫禁城隆宗门西、寿康宫北，明代到康熙年间这里称为咸安宫，到乾隆时期才改称寿安宫。[1]允礽从被废那天开始，就带着老婆孩子、太监宫女搬进咸安宫。咸安宫不如毓庆宫高大上，但是作为一个废太子，能够住进这样的地方已经非常不错。康熙帝虽然“哀其不幸，怒其不争”，对这个让他失望至极的皇太子非常痛恨，但二人毕竟有父子之情。康熙帝是个厚道人，并不想把事情做绝。政治上废了允礽，但并不想要他的命，因此对允礽采取八字方针——严密监视，生活无忧。

严密监视是为了防止允礽在背后搞小动作，引起朝廷混乱，威胁到他的皇位。康熙帝把允礽软禁在咸安宫，隔断他与外界联系，并亲自安排人手看管监视。康熙帝对谁都不放心，生怕允礽在里面闹出点动静，就亲自挑选委派宗室王公大臣进行看守，并让他们组成一个专门看守机构“二阿哥看守处”。这个小组成员身份极为复杂，各旗的人都有。康熙帝如此重视此事，一方面是担心看守人员与允礽相互勾结欺骗自己，另一方面也可以防止看守人员铁板一块，做出对允礽不利的事情。

生活无忧体现在康熙帝对允礽的生活照顾有加。在康熙帝看来，他与允礽的矛盾，主要是政治上皇权与储

---

①陆成兰:《康熙皇太子废立前后的住所》，载《中国档案报》，1999年2月10日。

权的矛盾。两人的矛盾势如水火，是因为允礽在皇太子位置上。既然允礽被废黜皇太子之位，之前的旧账也就一笔勾销，允礽还是儿子，父子之情又回归本位。康熙帝一再对众人说:“我与二阿哥（允礽）之间并没有间隔，现在把他关在拘禁处，我还经常派遣内侍太监前往看望，赐物赐食。这都是父子之间的感情，我这个当爹的不能看着孩子受罪，这就是所谓的姑息之爱。”①

正是在这种感情支配下，康熙帝给予允礽相当优厚的生活待遇。允礽生活在咸安宫里，有老婆孩子在身边，还有一大群太监、宫女、下人伺候，除了不能到处乱跑之外，生活上跟当皇太子时没什么两样。允礽所住的咸安宫冬天有人送炭取暖，夏天有人送冰块消暑。康熙帝还经常派人给允礽送吃送喝，对待允礽跟其他皇子都是一视同仁。就连康熙帝在塞外得到奇珍异果，也专门嘱咐太监挑一些好的送给允礽。②咸安宫虽说是一个高级监狱，但是允礽没有戴枷锁，不受皮肉之苦，衣食无忧，各方面条件都比较优越，比其他被拘禁的皇室人员舒适

---

①《清圣祖实录》卷二百七十七，康熙五十七年正月庚午；卷二百九十一，康熙六十年三月丙子。

②故宫博物院掌故部编:《掌故丛编》，中华书局，1990年版，第50页。

许多。康熙帝对允礽要求不高，只要不再找政治麻烦就打算放他一马，让他衣食无忧安度余生，混个自然死亡，也算对得住爱妻皇后赫舍里氏的在天之灵。

事实证明，康熙帝的良苦用心又被允礽无情地击碎。这也可以理解，康熙帝废了允礽，宣布让他退出历史舞台，只是他个人的一厢情愿。从历史经验来看，任何“反动势力”都不会心甘情愿地退出历史舞台，垂死挣扎是他们的历史传统。允礽作为康熙帝的“反动势力”，并不想退出历史舞台，还想继续站在舞台中央发挥“余热”。

允礽作为一个废太子，能够活着，还能够享受如此体面安逸的生活，应该知足常乐才对，古往今来废太子的最终下场个个都比他惨。允礽不但不知足，还想尽一切办法垂死挣扎，妄想着能够第三次被立为皇太子，从而实现当皇帝的梦想。

康熙五十四年（1715年）四月，准噶尔部首领策妄阿拉布坦在西北不老实待着，突然派兵占领哈密部分地区，企图扩大势力范围。康熙帝意识到这个祸害不除，国无宁日，于是准备派人领兵彻底解决这个历史遗留问题。这件事情跟允礽八竿子打不着，他没有带兵才能与经验，康熙帝虽然老了但是不糊涂，就算皇子全死光也不会派他去领兵。

允礽被关在咸安宫并且受到严密监视，但三十多年的皇太子不白当，也有消息渠道。得到这个跟他没关系的消息之后，大喜过望，想当然地认为这是一次千载难逢的好机会。恰好这时候允礽嫡福晋瓜尔佳氏生病，太医贺孟頫奉旨给嫡福晋治病，经常出入咸安宫。允礽就借此机会用矾水写了一封密信交给贺孟頫，让他把这封密信交给镇国公、都统普奇，希望普奇能够在康熙帝面前保举他为大将军。①

允礽谋求出任西征大将军，目的是想通过建立军功，得到康熙帝的原谅，第三次被立为皇太子。允礽本以为做得很隐蔽，没想到反太子党时刻都在关注他的动向，这件事很快就被告发。康熙帝收到消息之后非常震惊，马上令宗人府审理，审理的结果自然是告发属实。此案又引起一场政治风波，除允礽之外只要是跟这个案子沾边的人全部受到惩处。这件事反映出两个问题：一是允礽虽然被废但是贼心不死，还妄图东山再起；二是反太子党并没有因为允礽被废而放松警惕，为了防止他死灰复燃，这帮人连睡觉都睁着眼，密切关注他的一举一动。

---

①《清圣祖实录》卷二百六十六，康熙五十四年十一月庚子。

这件事就是允礽的不对，当皇帝的爹都宣布让你退出历史舞台，你还想继续表演就是不识时务。不好好在咸安宫做你的安乐公，偏要往枪口上撞，除了利令智昏之外没有别的理由可以解释允礽这种愚蠢行为。

“矾水密信”事件让康熙帝大感头痛，没有处理允礽并不是他不想处理，而是不知道该如何处理这个废太子。对于干了五十多年皇帝的康熙帝而言，从来没有哪件事能让英明神武的他感到如此棘手。

咸安宫里废太子允礽不老实，皇宫外面的大臣更是让康熙帝不省心。百足之虫死而不僵，允礽干了将近四十年国家二把手，虽然目前被废成为阶下囚，但是对朝臣的心理影响依然很大。有些大臣担心康熙帝哪天心血来潮再次复立允礽为皇太子，因此他们依然畏惧允礽的权势，不敢跟允礽彻底撕破脸，以免将来遭到报复。在这种自保心态的驱使下，很多人私底下干了不少让康熙帝感到不痛快的事情。

康熙五十二年（1713年）十二月，此时距离允礽被废黜皇太子已经一年多时间。康熙帝闲来无事翻看“托合齐案”的卷宗，发现该案中有一个叫常名的犯人，本来已经判刑定罪，但是由于刑部尚书哈山等人的主观纵容，本该流放到白都纳的常名并没有被发配到流放之地，反而在北京房山县藏了起来。康熙帝了解到这个情况之后大为恼火，找来刑部的人把他们臭骂一顿，指责他们该杀的人不杀，该发配的人不发配，这种行为是严重的玩忽职守，是蔑视国法。①

康熙五十五年（1716年）五月，康熙帝突然发飙，把大学士嵩祝又骂了一顿。原因是大学士嵩祝为了讨好废太子允礽，竟然私下藏匿允礽的属下得麟，并帮助本该判处死刑的得麟逃走。②类似这样的事情并不是个例，尽管康熙帝三令五申要严厉打击允礽的太子党势力，但是朝中依然有很多人阳奉阴违，与允礽手下藕断丝连，为允礽手下背地里开绿灯。

这些大臣除了在背后搞小动作之外，有些人甚至公开向康熙帝上折子，要求复立允礽为皇太子。康熙五十七年（1718年）正月，翰林院编修满臣朱天保，在他父亲原兵部左侍郎朱都纳的支持下，专门跑到康熙帝面前递上密折，请求复立允礽为皇太子。康熙帝看完朱天保的折子后大为震动，没想到都过了将近六年时间，还有人在为废太子允礽说话。他马上令人逮捕朱都纳、朱天保等人，亲自对他们进行审讯，不管他们有没有结

---

①《清圣祖实录》卷二百五十七，康熙五十二年十二月辛卯。

②《清圣祖实录》卷二百六十八，康熙五十五年五月辛酉。

党，先把他们骂了一个狗血喷头。[1]骂完之后就是严惩，朱天保和朱都纳的女婿戴保被砍了脑袋，朱都纳等人也被康熙帝弄个半死。

康熙六十年（1721年）二月，汉族大学士王掞第二次向康熙帝上密折，请求他尽快立皇太子。王掞是个稳重人，并没有指名道姓表示立谁为皇太子。但是神经过敏的康熙帝看完之后仍然勃然大怒，对号入座认为王掞是在为允礽说话。康熙帝当着诸王大臣的面狠狠地批评王掞，说他是看到自己老迈，请求赶紧确定接班人，实际上就是想要放出二阿哥（允礽）。[2]

朱都纳父子、王掞等人并不是真正意义上的太子党成员，但是他们或明或暗地要求复立允礽为皇太子，表明允礽虽然已经是废太子，但是在朝中依然有很强的政治影响力。康熙帝如此善待允礽，给众人一个错误信号，以为他并没有从心里面真正放弃允礽，允礽还有复立为皇太子的可能。

允礽在内折腾，大臣在外添乱，一向沉稳的康熙帝开始变得坐立不安，如何处置允礽成为其晚年的一块心

① 《康熙朝起居注》第三册，中华书局，1984年版，第2483—2484页。

② 《清圣祖实录》卷二百九十一，康熙六十年三月丙子。

病。作为一个政治家，康熙帝明白一切事情的根源都在允礽身上，杀了他所有问题都会迎刃而解。但是作为一个好父亲，连虎毒都不食子，一向以仁孝自居的康熙帝更干不出杀子的事情。既然不能杀允礽，又不会再立他为皇太子，那就得对其另做安排。

康熙帝经过一番深思熟虑，觉得允礽住在皇宫里不是长久之计，遂决定在昌平郑家庄这个“隔越郊外，离宫禁甚远”的地方修建行宫王府①，名义上是行宫王府，实际上是给允礽安个新家。在康熙帝看来把允礽赶出皇宫有两个好处：一是让允礽和朝臣断了念想，表明不会再第三次立允礽为皇太子，稳住朝臣的心；二是给将来的皇太子留出政治空间，等他死后新君继位不至于秋后算账，对允礽下毒手。

从康熙五十七年（1718年）十二月开始，康熙帝就秘密派人在昌平郑家庄附近修建行宫王府，至六十年（1721年）十月工程全部结束。等郑家庄行宫王府修建完毕后，康熙帝才在公开场合说明该行宫王府的用途，是想让一个阿哥过去居住。康熙帝是个很要面子的人，话只说了一半，并没有明确说让允礽过去居住。但是皇子

---

①《清世宗实录》卷一，康熙六十一年十一月丁酉。

们都不是傻瓜，清朝自问鼎中原以后，从来就没有一个王府建在北京城二环以外，这次康熙帝却反其道而行，在远离北京城修建一座王府，显然有很强的政治色彩。除了安置废太子允礽，没有其他理由可以解释康熙帝这一反常举动。皇子们心里都很清楚，知道这座行宫王府的用途是为了保护与关押允礽。

康熙帝本意是善待允礽，让他离开皇宫这个是非之地，住在京城郊外的郑家庄王府，老老实实当个亲王，最后能混个自然死亡。在郑家庄王府修建之前，康熙帝早已对允礽有了名分上的安排。康熙五十七年（1718年）七月，废太子允礽嫡福晋瓜尔佳氏病故[①]，内务府不知道按照什么样的礼仪安葬这个废皇太子妃，便向康熙帝汇报此事。康熙帝专门下旨要求内务府按照和硕亲王福晋的礼仪规格安排瓜尔佳氏后事。这样一搞，也就间接给了允礽一个名分，从废太子变成和硕亲王。

康熙帝把一切都安排妥当，等时机成熟之后把中意的皇子封为皇太子，然后给允礽搬家。人算不如天算，康熙六十一年（1722年）十一月十三日，康熙帝还没等宣布最终的皇太子人选就突然病逝。胤禛继位之后，根

① 《清圣祖实录》卷二百八十，康熙五十七年七月壬子。

据所处的政治形势有条件地遵循父亲的遗愿：一是马上册封允礽嫡长子弘晳为多罗理郡王，这样也就间接册封允礽为理亲王；二是让弘晳代替允礽迁居郑家庄王府，把允礽关在景山禁所继续圈禁。

雍正二年（1724年）十二月十四日，允礽病逝于景山禁所，死时年仅五十一岁。雍正帝按照和硕亲王的规格安排允礽后事，并正式追封允礽为和硕理亲王。

废太子允礽死后才正式成为第一代理亲王。从皇太子到废太子，再到理亲王，允礽所有的头衔都是别人给予，从来没有自由过一次，他的一生是令人唏嘘的一生。对允礽而言，不管头上顶着什么帽子，能够混到自然死亡已经是最大的幸运。跟其他参与皇太子之争的兄弟相比，允礽没有意外死亡，还能混个亲王，也算是其中的“成功人士”。

允礽死后戴着和硕理亲王的王冠，被埋在蓟县黄花山亲王园寝。一代正牌皇太子，长埋异乡。也许只有在园寝内的一亩三分地，允礽才能真正摆脱别人的束缚，当家做主。

二、和硕理亲王弘晳

爱新觉罗·弘晳生于康熙三十三年（1694年）七月

初五，生母是允礽侧福晋李佳氏。允礽一生共有十二个儿子，弘晳排行第二。由于允礽长子早卒，嫡福晋瓜尔佳氏没有生子，弘晳实际上是允礽的嫡长子。允礽虽然儿子众多，但直到病逝之际，大多数儿子还都是未成年人。[①]除了弘晳（时年三十一岁）之外，其他儿子不是早卒就是孩童。弘晳既有嫡长子身份，又有年龄优势，在允礽家族诸子中具有相当大的影响力，真正属于大哥级人物。

弘晳从小就表现出过人的智商，聪明伶俐，能说会道，又是皇太子允礽的嫡长子，深受康熙帝喜爱，是名副其实的皇太孙。在允礽当皇太子的时候，康熙帝就把弘晳养在宫中，倍加宠爱（下下代接班人）。康熙五十一年（1712年）十月，允礽第二次被废黜，弘晳时年十九岁。尽管康熙帝废了允礽，但是对这个嫡长孙依然关爱有加。

弘晳虽然因为父亲允礽的原因在政治上失势，也失去人身自由，但是由于受到祖父康熙帝的喜爱，在宫中依然有很强的影响力。康熙五十四年（1715年）、五十五年（1716年）仲夏，康熙帝按照老规矩领着宫眷、

---

①《清世宗实录》卷三十三，雍正三年六月庚寅。

大臣等一大帮人跑到热河避暑山庄避暑，皇宫顿时成了空城。

原在皇太子允礽处当差，后于养心殿造办处行走的正白旗包衣雕刻匠华色违反皇宫禁令，私底下为弘晳秘密烧制珐琅火链等御用制品，分两次交给弘晳。这事没过多久就被人告发，经过内务府审理，华色戴枷三个月，被人打了一百鞭子，最后被发配到伯都纳服役，相关人员也被严肃处理。

根据华色的口供，弘晳通过太监高文贵，在华色日常出入的东华门等候，向他传达制作之事。物件制成之后，也由高文贵取走，并分两次赏给华色银质小锞子，差不多七八钱银子。此案表明，弘晳因自幼长在宫中，对宫内情况及有关人员相当熟悉。他的交结面很广，尽管其父被废黜软禁，但仗着皇祖康熙帝的喜爱，竟置禁约于不顾。华色知法犯法，也从一个侧面反映出允礽父子尽管在政治上失势，但仍然令人畏惧。①

允礽在康熙帝与反太子党两面夹击下，被折腾得名声扫地。但是弘晳在皇室中口碑却很好，能力又突出，大家都说弘晳很有贤德，也是一个标准的青年才俊。允

① 杨珍：《历程制度人——清朝皇权略探》，学苑出版社，2013年版，第313页。

礽有这样一个康熙帝钟爱、口碑又好、年龄又合适的嫡长子，对朝中大臣产生了一定影响。大家不敢跟允礽彻底撕破脸，跟弘皙也有一定关系。作为允礽嫡长子、康熙帝嫡长孙的弘皙在康熙帝与允礽之间起到一个桥梁纽带作用，其所处的政治位置让大家浮想联翩。

康熙帝按照汉族嫡长子继承制度立允礽为皇太子，但是允礽这个嫡长子表现不好，让他大失所望，最终两立两废，演变成一场宫廷闹剧。自从允礽第二次被废之后，康熙帝一直都没有再立皇太子，其间不断有人向康熙帝上折子立皇太子，他就是不松口。

随着康熙帝渐渐老迈，皇太子的问题迟迟不解决，众臣都开始坐立不安。这是一个大是大非问题，关系到每个人的政治前途，很多大臣都开始挖空心思地想搞清楚康熙帝到底想立谁为下一任皇太子。其中有部分人认为康熙帝立允礽失败，并不意味着嫡长子继承制度也失败，康熙帝是个汉化很深的人，把嫡庶之分看得很重，不会放弃这一传统制度。虽然嫡长子允礽不争气，但是还有嫡长孙弘皙。弘皙年龄合适又深受康熙帝喜爱，并且名声很好，成为下一任皇太子也不是没有可能。

在当时的政治形势下，康熙帝撇开其他皇子，立嫡长孙为皇太子这一说法在一段时间很有市场。毕竟这事又不是没有发生过，历史上也有过先例。当年明太祖朱元璋立嫡长子朱标为太子，朱标命薄，没赶上登基就病死。朱元璋是一个封建思想根深蒂固的人，他认为皇位就应该由嫡长子一系继承，其他人都靠边站。于是朱元璋搞了一次专制独裁，把朱标嫡长子，也就是朱元璋的嫡长孙朱允炆立为太子，让嫡长孙继承皇位。

先不说朱允炆最后被他四叔朱棣造了反，就说朱元璋传位于嫡长孙朱允炆，这件事历史教科书里面都有，饱读诗书的康熙帝不会不知道这个故事。朝中传闻康熙帝立嫡长孙弘皙为皇太子不是空穴来风，因为有历史根据。这种说法现在看来有点幼稚可笑，但是在当时影响却很大。就连出使清朝的朝鲜使臣，回去都跟朝鲜国王汇报：皇长孙（弘皙）颇有贤德，康熙帝难于下决断；很多人都说太子之子（弘皙）很贤明，康熙帝不忍立其他人而放弃弘皙。①

正是因为这层关系，朝中的官员们才不敢把废太子允礽得罪到底，睁一只眼闭一只眼，害怕将来万一弘皙真被立为皇太子，遭到这父子二人的报复。在他们的政治逻辑思维里，哪怕这种可能只有百分之一，也不能忽

① 吴晗辑：《朝鲜李朝实录中的中国史料》第十册，中华书局，1980年版，第4323、4334页。

视其存在，任何人都不会拿身家性命开玩笑。

弘皙虽然被限制人身自由，但是政治环境相比允礽宽松很多，也有许多耳目打探各种消息。康熙帝传位给他的说法都传到邻国朝鲜了，野心勃勃的弘皙不可能不知道。正是在这样一种背景下，弘皙才仗着祖父康熙帝对他的钟爱胆大妄为，不把宫廷禁令放在眼里，依然我行我素，整天盼着康熙帝能够立他为皇太子，并做着当皇帝的白日梦。

康熙六十一年（1722年）十一月十三日，弘皙的皇太子白日梦被彻底击碎。这天康熙帝突然病逝，直到死也没有明确表态到底让谁当继承人。性格狡诈的胤禛依靠无人能及的“忍功”笑到最后，坐上皇帝宝座。胤禛继位之后，心里明白他继位很多兄弟都不服气，也知道弘皙这个出身高贵的侄儿不是省油的灯，还在做着黄袍加身的美梦。为了尽快把他从梦中叫醒，就在康熙帝死后第二天，还没有正式登基的胤禛就迫不及待册封弘皙为多罗郡王，没过几天又赐封号多罗理郡王，把他封入镶蓝旗。①

弘皙郁闷至极，等他知道康熙帝死讯的时候，四叔

①台北故宫博物院:《宫中档雍正朝奏折》第二十八辑（《满文谕折》第一辑），第240页。

胤禛早就顺利拿到皇位，十年的皇太子梦做到头了。人在屋檐下，不得不低头，连他父亲废太子允礽都已认命，他这个康熙帝嫡长孙再折腾也没用。弘皙被封为多罗理郡王之后，虽然不甘心，但也只能任人摆布。出身再高贵也不能当饭吃，身体才是革命的本钱，脑袋要是丢了就一切全完了。郡王就郡王吧，只要能留在北京，还是有机会。

正在弘皙准备卧薪尝胆的时候，雍正帝却给他来了一个釜底抽薪。雍正元年（1723年）五月，雍正帝突然拿出康熙帝当年的原话大做文章，以康熙帝的名义把弘皙踢出北京城，要求他限期搬出北京，带着老婆孩子、弟弟妹妹迁往昌平郑家庄王府居住。弘皙政治上太幼稚，跟老谋深算的雍正帝比差得不是一星半点。还想卧薪尝胆，你小子还没睡醒吧？先把你的薪撤了看你在哪儿卧？雍正帝用实际行动给侄子弘皙上了一堂政治课：想留在北京，对不起，你没有留京指标。

雍正这一招，其实有些阴损。

按照当时的规矩制度，宗室王公和其他朝臣一样，需要到皇宫“上班”。而清朝皇帝的上朝时间，通常是在卯时。朝臣们当然要比皇帝到得更早，要提前站在朝堂之下，等待皇帝的临朝召见。卯时一到，会有专门人员来点名，叫作“点卯”。

卯时按照今天的钟点计算，是早晨五点至七点。大臣们按这个时间上朝，就算住得离紫禁城很近，至少也得在寅时（即三点钟）起床才能赶到。假使当年的理郡王弘晳也像其他皇子王孙那样上朝议事、请安的话，只能每天都在轿子中吃饭睡觉。当然这只是一种假设而已，事实上雍正帝把他打发到郑家庄王府居住，恐怕也就是不想在紫禁城看到他。弘晳住在郑家庄，一则有兵丁看守，二则还能少在紫禁城里转悠。表面上还是一个郡王，实际上不过是一个高级囚徒而已。

雍正元年（1723年）五月初七，为了能够让弘晳风风光光、高高兴兴地搬到郑家庄“高级监狱”，也为了体现对弘晳的“照顾”与“关爱”，雍正帝专门组织宗室诸王贝勒召开大型会议，专门商讨弘晳搬家问题。会议专题讨论了如何安排弘晳随迁人员、如何赡养王府佐领人、需要给弘晳置办哪些长久产业等具体事宜。雍正帝还专门下旨，要求关于弘晳搬家的一切花销必须保证充足，不能让弘晳这个当主子的为难，让下人受罪。①

六月二十五日，经过雍正帝反复数次朱笔修改，弘

---

①《清世宗实录》卷七，雍正元年五月乙酉。

皙搬家事宜最终确定。雍正帝确定的方案主要有三个方面：

一是给予弘皙全家人相当优厚的待遇。要人给人，光拨给弘皙的王府下人就超过三百人，这还不包括弘皙原来的属下。要钱给钱，只要是跟着弘皙搬家的属下全部发钱发粮，就连跟随弘皙的一百多名太监每人都发了一两银子（雍正帝特批）。

二是增加郑家庄王府的兵力，提高王府安保等级，严禁一切闲杂人等骚扰理郡王，给弘皙创造安静祥和的生活环境（也可以理解为防止弘皙骚扰别人）。

三是用规章制度限制弘皙的政治活动范围。雍正帝是个心思非常缜密的人，考虑到郑家庄王府离京城比较远，弘皙跟住在京城的诸王一样每天上朝来回跑比较累，为了弘皙的身体健康就不给他安排具体工作（理由很充足）。只要求弘皙每个月来京朝会一次，射箭一次，到雍正帝升殿之日，弘皙能不能来京需要等通知。要是雍正帝出门，弘皙不能随便来京（这点尤为重要）。要是遇到重大节日，皇室成员集体活动，弘皙可以来京参加。①

从这份章程可以看出，雍正帝确实没安好心。虽然

① 杨珍：《清朝皇位继承制度》，学苑出版社，2009年版，第387页。

表面上又是送钱又是送人，各方面都给弘晳开绿灯，实质上是把弘晳踢出北京政治中心，不给他安排工作，不在政府担任职务，让他做一个闲散宗室。雍正帝是想通过允礽父子给别人树立一个典型，把弘晳挂起来当成善待宗室的一面镜子，并且让大家都能看到这面镜子，给脸上贴金，从而增加个人声望。

雍正元年（1723年）九月二十日，万事俱备之后，雍正帝让庄亲王允禄（康熙帝第十六子）等人主持，为弘晳搞了一个盛大的乔迁仪式。在一片喜气洋洋的气氛中，弘晳怀着无比悲愤的心情领着一大家子人迁到郑家庄王府。雍正八年（1730年）五月，啥差事没干过，没功没劳的弘晳正式晋封为和硕理亲王，三十七岁的他很荣幸地成为同辈人中爵位最高之人。尽管弘晳身居理亲王这样的显爵，但心里相当不痛快。

弘晳是一个能力很强的人，参政议政的意识很强烈，没有任何正经差事，人身自由还受到一定限制，换作是谁心里都会不痛快。除了每年去京城开几次例会，平时也只能在郑家庄王府待着。弘晳本人倒是可以自由出入王府，还可以去周边郊外打打猎，游玩一番，但是他所有出行都必须要有雍正帝的人跟着，并且每次出入王府还有城守尉记录在案，这些东西最后还要年终汇总，报到宗人府备案。[1]弘皙表面上贵为亲王，其实还不如一个普通八旗子弟过得自由。

弘皙成为第二代理亲王之后，面对的政治局面非常复杂。雍正帝是个刻薄寡恩的人，这时候正在四处打击当年争夺皇太子时的政治对手。在这方面雍正帝向来是六亲不认，想干掉谁就干掉谁，从不考虑血缘关系的远近。作为前废太子的嫡长子，弘皙知道身份敏感，不得不放下身段，低下高贵的头，每天都夹着尾巴做人，生活得小心翼翼，如履薄冰，不敢有半点差池。就算内心再恨，表面上也得对雍正帝毕恭毕敬。

作为一个心智精神都正常的成年人，弘皙心里明白，在如此高压的政治环境下，保命才是当前的第一要务。一旦有任何异常行为，让雍正帝抓住小辫子，下场就会跟其他叔伯一样，不是被整死就是被开除宗籍。整个雍正年间，弘皙过得就像一个“小媳妇”，最大的目标就是能够保住理亲王的帽子，保住一家人的性命。

按理说跟其他猛人（康熙时期反太子皇子）相比，弘皙能混个理亲王应该知足才对。根据清朝组织规定，爵位都是按照降等世袭的方式继承，弘皙在正常情况下

① 台北故宫博物院:《宫中档雍正朝奏折》第二十八辑（《满文谕折》第一辑），第243页。

只能当个郡王，能够被破格册封为亲王已经是莫大的恩宠。尤其是他四叔雍正帝气量本来就小，能够做到这点也算是对得起允礽父子。理亲王的王冠不仅戴在允礽头上，还能传到他头上，弘皙应该识时务，知足常乐，老老实实在王府待着，不给现任皇帝添麻烦。

但是由于理亲王的王冠是由皇太子转变而来，其政治含义过于敏感与沉重，压垮了颇有才干的弘皙。野心勃勃的弘皙不甘心失去本应该属于他的皇位，最后变成了一个炸药包。没爆炸是因为没有火苗，一旦有一点星星之火就会瞬间爆发，不是炸死自己就是炸死别人，总之就是不想窝囊地活着。在这种信念支配下，弘皙最终走上他父亲废太子允礽的老路。

第二节 “困兽犹斗”的和硕理亲王弘皙

一、理亲王弘皙的奋斗

作为康熙帝嫡长孙、废太子允礽嫡长子，弘皙的高贵出身曾经让所有皇室成员都羡慕妒忌恨。在弘皙看来，清朝皇位传承顺序应该是爷爷康熙帝—父亲允礽—自己。

康熙帝按照汉族嫡长子继承制度立允礽为皇太子，如果允礽没有被废黜，康熙帝死后皇位必然属于允礽。允礽继位之后，弘晳作为允礽嫡长子，按照制度必然被册封为皇太子。按照这个历史规律发展下去，弘晳坐上龙椅是早晚的事。

关于皇位传承顺序就连乾隆帝也认同，他在晚年不止一次对别人说："理密亲王（允礽）要是没有大的过错就会继承皇位，也不过就是干两年。允礽的嫡长子弘晳，荒淫无度，也不会长寿，他要是当了皇帝，不是我清朝的福分。"[①]乾隆帝这话虽然有些恶毒，但是基本事实还是承认的。在正常情况下皇位不属于他，而是属于弘晳。

弘晳也这样认为：皇位本来是在我家传承，只不过被你们抢走而已。弘晳的性格有点一根筋，这方面算是继承了爱新觉罗家族的优良基因。关于皇位，就连废太子允礽在康熙帝死后都已认命，还有素以"强悍"著称的十四阿哥"大将军王"允禵，当年是何等桀骜不驯，等乾隆帝继位之后也不得不服软，但是弘晳自始至终都没有服软，到死都认为皇位应该属于他。

---

① 《清高宗实录》卷一千一百八十九，乾隆四十八年九月戊午。

是我的就得还给我，你不给，我就得争。——理亲王弘皙

原本应该在太和殿接受众臣朝拜的皇帝弘皙，现在却变成理亲王弘皙，还被人撵出京城踢到郑家庄王府，没自由没权力，天天喝西北风，这口气谁咽得下？弘皙开始为悲惨的命运唉声叹气，为本该属于他的皇位蠢蠢欲动。弘皙就像一只被关进囚笼里的猛兽，陷入困境但是斗志不减。

胤禛继位之后，出身高贵且性格高傲的弘皙，打心眼里看不起雍正帝，把他当成一个篡位者。由于雍正帝太过生猛，谁不服就整谁，弘皙就算心里有一万个仇恨也只能与他虚与委蛇，又是感恩又是戴德，张口皇父闭口皇父，不敢有半点不满。①但对于失去皇位，弘皙是一肚子怒火。

雍正十三年（1735年）八月二十三日，跟康熙帝一样没留下一句话的雍正帝突然病逝。雍正帝死后没有出现政治动荡，是因为他生前吸取康熙帝晚年诸皇子争夺皇太子的历史教训，采取秘密立储的新办法传承皇位。早在他继位之初就立皇四子弘历为接班人，因此雍正帝

---

① 台北故宫博物院：《宫中档雍正朝奏折》第三十二辑（《满文谕折》第五辑），第536—537页。

死后皇位顺利交接，弘历没费半点周折就当上皇帝，转眼间宝亲王就变成乾隆帝。

弘历继位之后，弘晳心里更加郁闷。皇帝换了一个又一个，等死两任皇帝，就是轮不到他。在弘晳心里，他四叔雍正帝当皇帝也就罢了，怎么说人家也是真刀真枪抢过来的，靠的都是真本事，论辈分还高一辈，就是再不服也得承认。但是面对跟他同辈，出身不好，还小他十七岁的乾隆帝，弘晳是无论如何都不能接受。对于乾隆帝，弘晳是又嫉妒又恨。以前都是大家羡慕他的高贵出身，现在弘晳却反过来开始嫉妒乾隆帝的好运气。

出身低微的宝亲王都能变成乾隆帝，出身高贵的理亲王却依然还是理亲王。面对这样一个残酷现实，弘晳再也无法淡定，开始用实际行动证明他的存在。

乾隆帝继位之后，对待皇室人员，采取跟雍正帝完全相反的政治策略。雍正帝太过生猛，当政期间十三年如一日地打击政治对手，弄得整个皇室成员怨声载道。乾隆帝为了稳住皇位，采取温和手段，极力笼络政治对手。尤其是对于过去遭到雍正帝严厉打击的皇室成员，以前关起来的他释放，以前削除宗籍的他恢复，以前没爵位的他册封，以前没差事干的给安排工作。乾隆帝希望通过“加恩九族”的办法创造一个良好的政治环境，恢复皇室成员的团结。①

但是对于弘皙这个昔日东宫嫡子，乾隆帝还是比较忌惮。皇室成员一个没跑地全部加恩，唯独把弘皙排除在外。弘皙虽然贵为理亲王，依然处于无组织有纪律状态，政治环境没有任何改变，还是跟以前一样遇到皇室集体活动跟着大家凑热闹，朝中正经事完全靠边站。

弘皙也没指望乾隆帝能给他加恩，自己动手才能丰衣足食。弘皙虽然基本上失去人身自由，但是嫡长孙的名头依然有影响力，他开始利用各种关系密切关注宫中动向。有一个叫李蟠的太监，原来是弘皙手下，后来被弘皙送到宫内当眼线。李蟠没事就请假离宫，偷偷地跑到弘皙王府中向他汇报宫中的事情。②弘皙通过眼线实时了解皇宫中的各种动向。

乾隆三年（1738年）十月，宫中发生一件大事。乾隆帝嫡长子永琏不幸夭折，死时还不满九周岁。乾隆帝悲痛万分，因为永琏不仅仅是他的嫡长子，还是内定皇位接班人。早在乾隆帝继位之初，永琏就被秘密立为皇太子。永琏一死，乾隆帝知道瞒不住，只好向庄亲王允禄等诸王大臣表明：永琏虽然没有行册立之礼，但实际

---

①《清高宗实录》卷一百六，乾隆四年十二月戊寅。

②《清仁宗实录》卷二百三十九，嘉庆十六年二月戊戌。

上我已经立他为皇太子。[1]乾隆帝为了能够让爱子死得风光，要求礼部按照皇太子的规格厚葬永琏。

乾隆帝嫡长子夭折，这事跟弘皙没一点关系，因为永琏虽然死了，不代表乾隆帝的皇位就没人接班。乾隆帝当时还不到三十岁，并且还有别的儿子，自然会有人顶替永琏的位置。但是，弘皙听到这个消息之后像吃了兴奋剂一样，幸灾乐祸之心溢于言表。除了高兴之外，弘皙自认为这是上天在惩罚雍正帝父子，皇位早晚还要回到他手中。弘皙在王府里逢人便说：老天爷还是公平的，多行不义的人必然会自绝于列祖列宗。皇位本来应该在我家传承，谁抢走了都会遭到报应。雍正帝没干几年就病死，我看乾隆帝也干不了几年就得“英年早逝”，我才是真正合法的皇位继承人。

弘皙还在家里养了一个邪教头目巫师安泰，没事就把他叫到密室，问一些大逆不道的敏感问题，诸如：准噶尔啥时候来京？皇上还能活多少年？我啥时候才能当皇帝？[2]从这些让人啼笑皆非的问题来看，弘皙确实是权迷心窍。准噶尔如果打进北京城，弘皙的理亲王算是彻底当到头了，命肯定也会到头。按照他的爵位等级估

①《清高宗实录》卷七十八，乾隆三年十月辛卯。

②《清高宗实录》卷一百六，乾隆四年十二月戊寅。

计连个全尸都留不下，就算是当皇帝也得去地下。此时的弘皙已经被皇位与仇恨蒙住双眼，连基本的是非观念都分辨不清。皇位的诱惑太大，慢慢地吞噬了这位当年颇有才德的嫡长孙。

弘皙不光嘴上说，还抡开膀子在王府中干了不少违法乱纪的事情。弘皙住在昌平郑家庄理亲王府，在当时来看距离紫禁城算是比较远。那时候北京城出了二环就是菜地，郑家庄属于北京城的偏远郊区。弘皙住在郊区，又没人管，于是就把郑家庄王府搞成独立王国，把自己搞成一个“土皇帝”。为了在王府里过把皇帝瘾，弘皙对府中下属机构进行大胆改革，按照皇宫里面的规矩，设立只有内务府才有资格配置的会计司、掌仪司等机构。弘皙只是一个普通亲王，却把配置搞成皇帝级别，除了过瘾之外也在间接表达对现状的不满，对乾隆帝的不满。

如果说弘皙只会在家里发发牢骚，讲讲排场，那就太小看他了。弘皙在家待业没工作，不代表他没有能力。恰恰相反，正是由于弘皙有能力而且很强，所以乾隆帝才防着他，导致他没差事可干。弘皙的所作所为乾隆帝不是没有察觉，弘皙的名字早已在乾隆帝的批斗名单上挂了号。对于乾隆帝的想法，大家心知肚明，都害怕受到牵连避之不及。在这样困难的局面下，弘皙还是结交了一批人。从这批人的名单上看，弘皙贤德的名号绝非浪得虚名。

这份名单里面皇室成员就有五位，分别是允禄、弘普、弘昇、弘昌、弘晈。这五人都不是外人，允禄是康熙帝的儿子，其他四位都是康熙帝的孙子。

允禄是康熙帝第十六子，由于没有卷入康熙帝晚年的皇太子之争，雍正帝对其大加笼络。允禄于雍正元年（1723年）二月被封为庄亲王。[①]允禄在整个雍正年间一直在宫中担任重要职务。乾隆帝继位之后，允禄继续受到重用，其名声与地位已经远远超过其他普通亲王，成为皇室成员中数一数二的人物。[②]

弘普是允禄的长子。弘昇是恒亲王允祺（康熙帝第五子）的长子。弘昌和弘晈是同父异母的亲兄弟，都是雍正帝最好的兄弟怡亲王允祥的儿子，其中弘昌是允祥的长子，而弘晈是允祥第四子，也是允祥嫡福晋生的嫡子。

允禄是弘皙的长辈十六叔，另外四人是弘皙的同辈堂弟，都是皇族近支。乾隆四年（1739年）时，弘皙四十六岁，允禄四十五岁，弘昇四十四岁，弘昌三十四

① 《清世宗实录》卷四，雍正元年二月乙卯。

② 《清高宗实录》卷一百三，乾隆四年十月己丑。

岁，弘普与弘晈同岁都是二十七岁。这些人都不是康熙朝反太子皇子或其后裔，更不是雍正帝的政治敌对势力。其中允禄是雍正帝继位的受益者，而弘昌和弘晈的父亲怡亲王允祥更是雍正帝的铁杆支持者，是其左膀右臂。这样一群人不但不站在乾隆帝这边，反而跟弘皙混在一起，实在是耐人寻味。

从年龄结构来看这五人都不是小孩，被弘皙忽悠的概率基本为零，其中庄亲王允禄最具代表性。从辈分上看，允禄虽然比弘皙小一岁，但是辈分比弘皙还高一层。从政治地位上看，弘皙是个闲散亲王，而允禄却是深受雍正帝与乾隆帝重用，官居显位的亲王，再加上弘皙的敏感身份，两人的政治地位有天壤之别。

当年雍正帝开会讨论弘皙搬家事宜，允禄都是全程参与，他还亲自把弘皙送到昌平郑家庄王府。没想到这一来二去，允禄变成弘皙的支持者，不但经常秘密派人往弘皙家里跑，还利用职务之便（管理内务府），把宫里的东西私自与弘皙交换。为了讨好弘皙，允禄私底下干了不少犯乾隆帝忌讳的事情。另外四人都是弘皙的堂弟，更是唯弘皙马首是瞻。

弘皙能够和他们密切来往，结成一个小团体，成为这群人的领导者，说明弘皙有很强的领导才能与人格魅力，也表明弘皙虽然身处困境，但是在满洲贵族眼中依然有很强的影响力。弘皙跟这帮人经常秘密开小会，是希望通过他们了解宫中与朝中的动向，扩大其在朝中的影响力。在弘皙看来，搞阴谋信息才是成败的关键。说不定哪天乾隆帝突然暴毙，到时候才能及时收到最新情报，顺利接班成为清朝下一任皇帝。

弘皙在郑家庄王府没日没夜地折腾，跟中央政府对着干，又是探听情报，又是拉帮结派，明知乾隆帝不高兴，依然我行我素。弘皙天天都盼着还不到三十岁的乾隆帝出点小意外，赶快去地下见列祖列宗，好拿回本来应该属于他的皇位。没想到弘皙盼来盼去，乾隆帝没出小意外，自己却出了“大意外”。

二、“弘皙逆案”与郑家庄王府毁灭

“弘皙逆案”发生在乾隆四年（1739年）。这个案子并不是一个很复杂的政治案件，案情简单，人数不多范围小，没流血没死人，唯一的亮点就是涉案人员都是皇室成员。该案能够引起乾隆帝重视，是因为它并不是一个孤立案件，而是历史遗留问题，是康熙帝晚年皇太子争夺战的余波。案件起因是前废太子允礽嫡长子弘皙，不甘心在昌平郑家庄当理亲王，想去京城当皇帝。整个案件可以用一段简单的对话来概括：

弘　哲：你爹的皇位拿得不光彩。

乾隆帝：……

弘　哲：你小子何德何能当清朝皇帝？

乾隆帝：……

弘　哲：皇位本来是我家的，我想拿回来。

乾隆帝：我不同意。

弘　哲：你不给我，我就得争。

乾隆帝：你争，我就废了你。

弘哲太小瞧乾隆帝，就算他不争，乾隆帝也会找其他理由废了他。从历史记载可知，乾隆帝可不是一般的皇帝，从小就是个人精，年龄虽小但是政治斗争经验十分丰富，其权谋水平与政治嗅觉丝毫不逊于他爷爷康熙帝与父亲雍正帝，而权力欲望更是远超其祖父辈。弘哲天天在郑家庄王府里折腾，就差把“我想当皇帝”这几个字贴在脸上了，精明睿智的乾隆帝对此事肯定了然于心。

乾隆帝没有采取行动，因为一是刚登基不久，想借机搞好皇室内部团结，捞点政治资本（次要原因）；二是没有借口（主要原因）。既然弘哲主动跳出来，乾隆帝只能“勉为其难”地对其下刀子。

大哥，不是我不照顾你，实在是你的要求太高我满足不了，只好废了你。

乾隆四年（1739年）八月，乾隆帝要过二十九岁生日。皇帝过生日是政治大事，大家纷纷给他送礼物祝寿。弘皙为了给乾隆帝祝寿，特制了一顶鹅黄色的轿子送给他当生日礼物。虽说礼物轻了点，但也算是弘皙的一片心意。令所有人意外的是乾隆帝不但不领情，反而把这个事情上纲上线。乾隆帝认为鹅黄色是皇帝专用颜色，你送我这个轿子，我要是不收，你就得自己留着用（皇帝专用逻辑）。[①]按照这个逻辑得出的结论就是，弘皙居心叵测，挑战我的权威，妄想当皇帝。

乾隆帝用如此奇怪的逻辑思维去想这个问题，是因为早在一年前他的嫡长子永琏夭折之后，弘皙开始幸灾乐祸，不安分守己，仗着是前废太子的嫡长子，跟庄亲王允禄等人秘密来往，结成一个政治小团体。[②]乾隆帝忍了一年，“鹅黄肩舆”事件只不过是他找的一个借口。找到借口之后，下面的事情就好办了。刚过完生日的乾隆帝马上派人秘密调查这帮人，在掌握基本事实、人员名单之后就开始行动。

---

①《清高宗实录》卷一百三，乾隆四年十月己丑。

②《清高宗实录》卷一百三，乾隆四年十月己丑。

乾隆四年（1739年）九月，还在外地办差的弘昇突然被乾隆帝撤了职。还不知道自己犯了哪条王法的弘昇旋即被押回北京，送到宗人府严加审问。面对大家的一头雾水，乾隆帝公开指责弘昇："你小子所干的丑事，我要是全给你抖搂出来，牵连的人会很多，并且会让这些人没脸做人。虽然你不仁，但是我不能不义，我不把这些丑事公之于众，你们都要好自为之。"[①]乾隆帝这样说是为了敲山震虎，在没拿到人证物证、搞清楚案件细节的情况下给弘晳等人一个警告。

这边刚把弘昇关起来，就有一个叫福宁的人把弘晳告了，说弘晳在王府里不老实，经常跟允禄、弘昇等人秘密来往，有结党之嫌疑。这边刚动手，那边就有人告发，剧情衔接如此紧凑，说后面没有"导演"鬼都不信。

按照清朝律法有人告你，自然要走司法程序。普通人被告就要进衙门，皇室成员被人告就得进宗人府，弘晳等人被"请"进宗人府接受审讯。要说弘晳就是弘晳，在宗人府受审期间脾气一点都没变，不但不承认所有指控，还大显硬汉本色跟审判长当庭辩论，嗓门比审判长都大，从气势上看倒像是弘晳在审讯审判长，弄得宗人

---

①《清高宗实录》卷一百一，乾隆四年九月乙丑。

府这帮人非常狼狈。允禄等人也不承认他们跟弘晳结党，一致声称冤枉，是赤裸裸的政治迫害。

弘晳等人不承认结党，但是宗人府毕竟归皇帝管，拿了皇帝的工资就得给皇帝办事。乾隆四年（1739年）十月，宗人府审讯完弘晳等人之后向乾隆帝报告，指出庄亲王允禄与弘晳、弘昇等人都有罪，罪名是“结党营私，往来诡秘”。为了维护清朝律法的严肃性，宗人府请求乾隆帝对这些人进行严惩。

乾隆帝接到报告之后满意地点了点头，高度赞扬了宗人府“以皇帝之忧为忧，皇帝让我整谁我就整谁”的良好职业素质与敬业精神。他也没有核实复查，直接在报告上做了批示。

在批示中乾隆帝指出：弘晳是理密亲王（允礽）的儿子，圣祖康熙皇帝在位时父子两人获罪，被圈禁在家里。先帝（雍正帝）继位之后，顾念叔侄之情，把弘晳封为郡王，之后又破格晋升为亲王。我上台之后对他更是恩遇有加，待他不薄。没想到弘晳性情乖张，不但不知恩图报，反而在我面前肆意妄行，毫无敬谨之意。另外弘晳自以为是旧日东宫嫡子，居心甚不可问（这句是重点）。他干的那些破事我全都知道（这句是忽悠），没想到他不知畏惧，不老实交代问题，天底下就找不出第二个比他更忘恩负义的人。①

从这个批示可以看出，乾隆帝深谙政治之道。在政治上要搞垮一个人，首先要把他的名声搞臭，要让大家都知道我是一个厚道重情义的好人，而你却是一个忘恩负义的小人。

乾隆帝批示完之后，下一步就是处理人。弘皙的理亲王爵位被注销，押回郑家庄继续居住，但是不许他再踏出王府半步（相当于圈禁）。为了让弘皙断了念想，乾隆帝让弘皙的十弟弘曣按照降等世袭的原则袭封理郡王爵位；允禄虽然保住了庄亲王爵位，但是被罚一半的俸禄，乾隆帝还撤了他议政王大臣头衔以及理藩院尚书的职位，只保留内务府的差事；弘昇被永远圈禁；贝勒弘昌、贝子弘普丢了爵位；弘晈只保住宁郡王的王号，工资停发，俸禄待遇全被收回。②从处理的轻重程度也能看出弘皙是主犯，而其他人都是从犯。

乾隆帝处理完这批人之后本打算收手，毕竟手里没有掌握任何弘皙“居心甚不可问”的铁证。既然弘皙已经被搞臭，不会构成任何政治威胁，为了搞好皇室团结，体现乾隆帝的厚道，他打算到此为止，不再搞扩大化。

---

①《清高宗实录》卷一百三，乾隆四年十月己丑。
②《清高宗实录》卷一百三，乾隆四年十月己丑。

事情的发展出乎所有人预料。这起案件的审讯名单不仅仅是上述这几位皇室成员，里面还有很多皇室成员的跟班与手下，尤其是弘皙王府里面的人，只要是跟该案件有牵连的全部被抓起来审讯。弘皙判完之后被押回郑家庄王府，而王府里很多下人还在刑部大牢。刑部堂官对这帮下人可不会像宗人府对皇室成员那样客气，动刑上手段是历史传统。刑部堂官秉承着“坦白从严，抗拒更严”的精神对这帮人日夜轮番审讯，谁要是不交代清楚自己的问题，就甭想走出刑部大牢的门。

为了能够早日脱离苦海，有些人顶不住了。

乾隆四年（1739年）十二月，郑家庄王府当年的座上宾邪教头目安泰，把弘皙曾经问过他的那些话全盘供出，包括时间、地点、具体过程，甚至连弘皙当年说话的表情神态都一五一十地全部交代。这些大逆不道的话一旦供出，弘皙算是彻底栽了。其他人也不甘落后，把弘皙在王府里私设内务府下属机构等一系列僭越的事情也全部供出。

乾隆帝拿到这些供词之后大喜过望，早就怀疑你小子有二心，这次总算是拿到证据了。你不承认没关系，有人把你供出来这就叫铁证如山。乾隆帝认为这些证词足以说明弘皙仗着他是前废太子的嫡长子，心怀异志。

乾隆帝公开对大臣们说："令我感到意外的是弘晳竟然如此利令智昏，为了能够当上皇帝，不但咒我死，还想断送列祖列宗创下来的基业，实属罪大恶极，可恨至极，这种人要是不严肃处理，清朝律法就成了摆设。"①"弘晳在郑家庄王府里自起炉灶，搞独立王国与中央对抗无异于谋反，这种行为比当年允禩、允禟等人干的坏事严重一百倍。"②

乾隆帝这样一说算是给案子定了基调，把原本是"结党营私"的皇室内部矛盾，搞成"弘晳谋逆"的阶级"敌我矛盾"。有这个帽子扣在头上，弘晳身上的政治污点就再也洗不清。乾隆帝命人把弘晳从郑家庄王府又抓回京城，关在景山东果园永远圈禁。

鉴于弘晳犯的是谋逆罪，死罪虽免但活罪难逃。乾隆帝借此机会开除弘晳的皇室宗籍，给他起了一个新的名字——四十六（弘晳时年四十六岁）。③

经过三个多月的折腾，"弘晳逆案"彻底结束。弘晳被开除宗籍圈禁在景山之后，乾隆帝把原来住在郑家庄王府的弘晳子弟全部迁回京城，交给理郡王弘㬋看管。

---

①《清高宗实录》卷一百六，乾隆四年十二月戊寅。
②《清高宗实录》卷一百六，乾隆四年十二月辛巳。
③《清高宗实录》卷一百六，乾隆四年十二月戊寅。

令人值得玩味的是允禄等人的结局，乾隆帝对他们并没有赶尽杀绝而是继续重用，让他们全部得以善终。这帮人死时都混上了爵位，有的甚至还被赏赐了谥号。

通过这件事可以看出一个问题：乾隆帝只恨弘皙。

乾隆七年（1742年）九月二十八日，弘皙病逝于景山禁所，终年四十九岁。弘皙的死宣告一个时代的结束。盖棺而论，弘皙这种困兽犹斗的精神确实值得尊重，但是精神不能当饭吃，最后还是要靠实力说话。面对皇权早已掌控一切的新时代，弘皙的所作所为最终只会害了自己，为他多舛的命运增添几分悲壮色彩。

清圣祖康熙帝嫡长孙、废太子允礽嫡长子弘皙，这位出身高贵、生不逢时、性情高傲的皇孙争了一辈子，失去了皇位、王爵、宗籍，最后也失去了生命，但是唯一没有失去的是他的信念与尊严。为尊严而活，弘皙是一个令人敬佩的人。

弘皙被圈禁在景山之后，郑家庄王府也就结束了它的历史使命。随着弘皙子弟迁回京城，郑家庄行宫王府渐渐淡出人们的视野。弘皙死后二十一年即乾隆二十八年（1763年），乾隆帝下旨裁撤郑家庄驻防城守尉以下的官兵，把这些官兵连带眷属调往福建水师驻防。乾隆二十九年（1764年）三月，郑家庄王府被彻底平毁。[①]昔日盛极一时的行宫王府从此便在郑家庄一带消失，周边只留下弘晳的墓地以及众多当年驻守兵丁的坟茔。

昌平郑家庄行宫王府因废太子允礽而兴，又因其子理亲王弘晳而亡，形式虽已不在，但是其蕴含的历史传承依然在继续。

① 《清高宗实录》卷七百六，乾隆二十九年三月壬子。

附录1　爱新觉罗·允礽生平与园寝

爱新觉罗·允礽，康熙皇帝第二子，废皇太子，追封理亲王。康熙十三年（1674年）五月初三生。母皇后赫舍里氏，即孝诚仁皇后。康熙十四年（1675年）六月，立为皇太子。康熙四十七年（1708年）九月废黜。康熙四十八年（1709年）三月复立为太子，康熙五十一年（1712年）十月再废，拘禁。雍正元年（1723年），诏于郑家庄修盖房屋，驻扎兵丁，将移允礽往居之。雍正二年（1724年）十二月十四日死于禁所，年五十一岁。追封和硕理亲王，谥曰密。子十二人。

允礽葬于今天津蓟县黄花山亲王园寝，其位置位于黄花山福全园寝（俗称大王陵）与顺治帝第四子荣亲王园寝之间，俗称“二王陵”。其园寝据冯其利调查，“南边建有神桥，前行有碑楼，驮龙碑高三四米。宫门宽四丈五尺，进深二丈八尺，宫门与红墙相接，外有守护班房，内有五间享殿。享殿宽六丈二尺，进深四丈一尺。享殿旁边有东西角门，进内有月台，月台上有琉璃门一座，里边一座大宝顶。园寝内以松树为主，几乎没有柏树。民国初年守灵户有十户”。

该园寝在1927年被盗发，驮龙碑一直保持到1971年，后被炸毁。现仍有墙基遗迹残存。[1]

---

①宋大川、夏连保:《清代园寝制度研究》，文物出版社，2007年版，第384页。

附录2　爱新觉罗·弘皙生平与葬地

爱新觉罗·弘皙，废太子理密亲王允礽第二子，革退理亲王。康熙三十三年（1694年）七月初五生。康熙六十一年（1722年），世宗即位，封为理郡王。雍正六年（1728年），晋亲王。乾隆四年（1739年）十月，高宗谕责弘皙自视为东宫嫡子，居心叵测，削爵。同年十二月，将弘皙黜宗室，改名四十六。以允礽第十子弘㬙袭郡王。乾隆七年（1742年）九月二十八日卒。乾隆四十三年（1778年）正月，奉旨复入宗室，复其原名。

弘皙葬于今北京市昌平区北七家镇黄土南店村东土岗之上。冯其利云："北七家镇原名南郑家庄，自雍正元年（1723年）在这里盖造房屋，驻扎兵丁安置废太子允礽之后，'南郑家庄'的名称消失了，代之以'平西府'之名。平西府西南八里的黄土北店村，村里有一座东岳天齐庙，是平西王弘皙监造的，被视为平西王府的家庙，毗邻的黄土南店村，有平西王弘皙的墓地。”

“墓地占地十五亩，东到老赵家，南至黑塔寺吴七房后，西边是车道，北边与黄土北店村接壤。如今京包线铁路在两村搭界处通过。坟地坐东朝西，双立祖，除了弘皙的宝顶之外，有废太子、理密亲王允礽第十一子弘晌的大土坟一座。”

冯其利早年曾对弘皙的坟地做过调查，早在1922年的时候，当时的看坟户吴锁便开始以挖平西王坟的黄土维持生计，弘皙坟地的黄土被挖去一部分。至1924年以后，弘皙的后裔溥贵岩、溥阔臣陆续到弘皙坟地伐木变卖，1938年弘皙墓葬被盗。1960年，当地政府把弘皙墓平毁，改建成了公共墓地。[1]

---

①董坤玉:《昌平清代园寝》，北京出版社，2015年版，第56页。

附录3　从康熙废太子的沉浮看清初宫廷内部的政治斗争

提起允礽[①]，稍微对清史有点了解的人，都会知道这个人。他是清朝开国至灭亡二百九十五年中唯一的一位被公开册立的太子，也是清朝历史上唯一的一位先后两次被废立，在太子位上一待就将近四十年，但最终却没能熬到继位的那一天，反而被囚死的皇太子。他的一生充满了传奇和神秘，也充满悲情色彩，在中国历代的封建王朝中都是极为罕见的。今天的人们对他的生平际遇和最后的不幸结局仍然充满了好奇和同情，他的一生似乎仍然有许多未解之谜，等待着后人去发现和挖掘，以至于今天的历史研究者和文学工作者，都对他充满了兴

① 《清世宗实录》卷二，康熙六十一年十二月辛未。从康熙帝开始其诸子均以胤字排行，雍正帝胤禛继位之后，将诸兄弟名字中"胤"改为"允"，以避"御讳"。

趣。他的故事被不断地搬上银屏，不断地被研究着和演绎着，成为普通百姓茶余饭后都喜欢谈论的话题。他虽然死去二百九十多年，但仍然是一个活跃在今天人们视线中的“公众人物”。

一、允礽的被立标志着清代“皇权”对“旗权”的绝对胜利

允礽原名胤礽，为清圣祖康熙皇帝玄烨的第二子，也是康熙帝的嫡长子。生于康熙十三年（1674年）五月初三，生母孝诚仁皇后赫舍里氏是顺治帝临终前顾命的四位辅政大臣之一索尼的孙女，领侍卫内大臣承恩公噶布喇之女，当朝大学士、领侍卫内大臣索额图的侄女。[1]赫舍里氏十二岁嫁给康熙，两人恩爱，但不幸在生育允礽时因难产而死，年仅二十二岁。康熙帝与这位早逝的皇后感情深，因此对允礽也就格外钟爱。在康熙十四年（1675年）十二月十三日，允礽才两岁时，康熙帝为他在太和殿举行册封大典。由皇帝来公开册立皇储，在有清一代这是第一次，也是唯一的一次。

清朝在努尔哈赤建立后金政权之初，女真各部落刚

---

①《爱新觉罗宗谱》甲册，第346页。

刚得到初步统一，内部的矛盾还相当尖锐，甚至连努尔哈赤对这一政权的发展都信心不足。正如《皇清开国方略》所说的那样："太祖初未尝有必成帝业之心，亦未尝定建储继立之议。"① 为了加强新生政权内部的凝聚力，鼓励上层贵族建功立业，努尔哈赤制定了"八和硕贝勒共议国政"制度，规定军国大事，均由八旗旗主决定，在汗位的继承上，当然也必须由八旗旗主共同来推举。天命七年（1622年）三月，努尔哈赤曾明确告谕八位旗主："尔等八和硕贝勒，有才德能受谏者可继我之位，若不纳谏，不遵道，可更择有德者主之。"②

这一制度在当时的历史形势下，有力地制约了上层贵族之间政治力量的平衡，对巩固后金政权有着非常重要的意义。但是，随着后金政权的不断发展，"皇权"与"旗权"之间的矛盾开始突现出来。至清太宗皇太极死后，实力较强的诸王大臣们在推举皇嗣的问题上，几乎要兵戎相见，使这个建立起来不久的政权差点分裂。

清廷入关之后，全国的政治形式发生了急剧的变化，原本统治着东北一隅的后金政权，一下子变成了全国性

---

① 《皇清开国方略》卷九。

② 《满洲实录》卷七，天命七年三月初三；另参见《清太祖实录》卷八，天命七年三月己亥；《满文老档》上册，第345—346页。

政权，皇权与旗权之间的矛盾越来越突出，顺治帝病逝前，就想不遵祖制，建立皇储，以削弱旗权，但可惜顺治只活到了二十四岁，这一愿望没有来得及实现。最后由顺治帝与孝庄太后、诸王、大臣等商量，决定由皇三子玄烨来继承皇位，四大臣索尼（正黄旗）、苏克萨哈（正白旗）、遏必隆（镶黄旗）、鳌拜（镶黄旗）辅政，算是皇权与旗权取得了折中，才算没有引起政权的动荡。

康熙帝继位之前，清朝一直延续以前的“八和硕贝勒共议朝政”制度，旗权对皇权形成的制约还非常严重。康熙帝要加强皇权统治，削弱旗权对于皇权的制约，正好可以通过册立允礽为皇储这件事，借助辅政大臣索尼家族的力量，帮助自己达到废除八旗旗主推举继嗣的目的。由此可见，允礽能在刚出生后不久就被册立为皇太子，其实只是当时清王朝上层“皇权”与“旗权”政治斗争的需要。允礽不幸出生在这样的一个时代和家庭，就注定了他一出生，就要被推到政治斗争的风口浪尖上的命运。

二、允礽是康熙时期诸子争嗣政治斗争的牺牲品

康熙帝在册立允礽为皇太子以后，对他寄予了很高的期望。允礽六岁以前，康熙“亲教之读书”，后来又

为他选择了名儒张英、李光地、熊赐履为师，稍长，又特召江宁巡抚、著名理学家汤斌为詹事府詹事。允礽天资聪颖，加上有康熙帝的精心安排和名师的指导，很快就能“通满、汉文字，娴骑射，从上行幸，赓咏斐然”[①]。为了让允礽得到更好的锻炼，康熙三十五年至三十六年（1696—1697年），康熙帝三次亲征噶尔丹，先后有十多个月的时间不在京城，都让二十二岁的皇太子允礽坐镇京师处理朝政，让他“代行郊祀礼。各部院奏章，听皇太子处理。事重要，诸大臣议定，启皇太子”。[②]允礽也能克尽厥职，博得满朝文武的称赞，“举朝皆称皇太子之善”[③]。康熙帝“不胜喜悦”，认为有允礽这样的接班人乃“朕之福泽，想由行善所致耶”[④]，对他寄予了莫大希望。

康熙三十七年（1698年）三月，康熙帝分别册封了已成年的诸皇子为郡王、贝勒，其中：封皇长子允禔为多罗直郡王，皇三子允祉为多罗诚郡王，皇四子胤禛、皇五子允祺、皇七子允祐、皇八子允禩，俱为多罗贝勒。并给他们分拨佐领，各有属下之人。这些受封的诸皇子

---

①《清史稿》卷二百二十。

②《清圣祖实录》卷一百七十一，康熙三十五年二月甲寅。

③《清圣祖实录》卷二百三十五，康熙四十七年十一月戊子。

④《宫中档康熙朝奏折》第八辑，《满文谕折》。

都参与国家政务，各自暗中培植自己的势力，允礽深感自己的地位受到了威胁。此时允礽已在太子的宝座上苦熬了二十余年，而其父康熙帝的身体依然非常健康，在残酷的宫廷政治斗争中，皇帝、皇太子与诸皇子之间的矛盾也愈演愈烈，朝中就出现了拥护皇太子与反皇太子的两大政治势力。眼看着皇太子与诸皇子之间的明争暗斗已发展到了水火不容的程度，而且蔓延到了朝臣之间，康熙帝非常伤心。康熙四十二年（1703年）五月，康熙帝首先以“议论国事，结党妄行”之罪，将支持允礽的索额图拘禁于宗人府，接着又逮捕了索额图诸子，朝臣中只要与索额图稍有牵连的人全都受到了株连，索额图不久死于幽所。索额图被治罪，实际上就等于彻底剪除了朝臣中允礽的死党。康熙帝这样做，是想给允礽一个警告。但这一做法却又客观上助长了朝中反对皇太子的势力。

诸皇子中，野心最重的首先是皇长子允禔。那时候，中国传统的宗法观念在清王朝贵族中已是深入人心，在允禔看来，他是皇长子，又有他的舅父大学士、内大臣明珠做他的后盾，为他谋划，一旦允礽从太子之位上跌落下来，那么太子的宝座就非他莫属了。

康熙四十七年（1708年）五月十一日，康熙帝巡幸塞外，命皇太子、皇长子、皇十三子、皇十四子、皇十五子、皇十六子、皇十七子、皇十八子随驾。在随驾巡幸期间，康熙帝“命直郡王允禔善护朕躬”，允禔认为这是父皇给了自己一个机会，乘机在康熙帝面前不断地打允礽的“小报告”，说允礽暴戾不仁，恣行捶挞诸王、贝勒、大臣，以致兵丁“鲜不遭其荼毒”[①]等等。这些小报告，有些是不实之词，但是康熙帝深信不疑，认为皇太子的行为是“欲分朕威柄，以恣其行事也”[②]，开始对允礽越来越不满。而恰恰就在这个时候，刚满七岁的皇十八子允祄在随从康熙帝巡幸途中患了急病，康熙帝十分焦虑，而作为皇太子的允礽却面无戚容，无动于衷。

这不由得使康熙帝想起了十多年来一直耿耿于怀的另一件事：康熙二十九年（1690年）七月，乌兰布通之战前夕，康熙帝出塞，途中生病，令皇太子与皇三子驰驿前迎。允礽到行宫给父皇请安，看到天颜消瘦，竟没有忧戚之意，也没有良言宽慰。康熙帝认为这位皇太子“绝无忠爱君父之念”，就先把他打发回京了[③]。当时只有十七岁的允礽可能根本没有意识到父皇的不满，康熙

①《清圣祖实录》卷二百三十四，康熙四十七年九月丁丑。
②《清圣祖实录》卷二百三十三，康熙四十七年八月辛未。
③《清圣祖实录》卷一百四十七，康熙二十九年七月癸丑。

帝从这时开始认为皇太子不孝，不堪重用。后来康熙帝在废皇太子时说已包容了二十年，就是把这件事作为起点，可见此事给康熙帝留下非常深的印象。当年君父生病，皇太子就不关心，现在幼弟生病，他还是这般冷漠。康熙帝气愤地责备皇太子："伊系亲兄，毫无友爱之意。"但是皇太子不仅不接受批评，而且还"忿然发怒"[①]，这件事使康熙帝觉得皇太子实在冷漠无情，缺乏仁义之心。在返京途中，康熙帝发现皇太子夜晚靠近他的帐篷，从缝隙向里面窥视，便立即怀疑皇太子可能要"弑逆"。康熙四十七年（1708年）九月初四，康熙帝在巡视塞外返回途中，在布尔哈苏台行宫，召诸王、大臣、侍卫，文武官员等齐集行宫前，命皇太子允礽跪，垂涕数说允礽之罪，甚至连赫舍里氏皇后难产而死这件事也算在了允礽的头上，认为他"生而克母"，为不孝不仁之人，废掉了在储位上苦熬了三十三年的皇太子。

允礽被废，允禔喜不自胜，认为他煞费苦心地给康熙帝打的那些"小报告"都已奏效，自己也就必然深得父皇的信任。但他没想到，他在告发允礽的同时，他的野心也就完全暴露在了康熙帝面前。所以康熙帝在宣布

---

①《清圣祖实录》卷二百三十四，康熙四十七年九月丁丑。

拘执允礽的同时，也明确宣谕："朕前命直郡王允禔善护朕躬，并无欲立允禔为皇太子之意。允禔秉性躁急、愚顽，岂可立为皇太子？"[①]康熙的这一谕旨，给了允禔当头一棒，完全打破了允禔的太子美梦。

这是一个极为敏感的时刻，诸皇子和朝臣们的眼睛这时全都盯在康熙帝的身上，看他做什么，听他说什么。这个时候皇帝的一个眼神，都能在朝臣和诸皇子们绷紧的神经上撞击出一个闪电。所有的人都在一边担心着却又一边迫不及待地盼望着这一个闪电的炸响。就在这时候，康熙又宣布了一件事情：让皇八子贝勒"允禩署内务府总管事"。

这是一个信号。允禔知道自己做太子彻底无望。现在康熙帝让皇八子允禩做内务府总管，是不是有意立允禩做皇太子？允禔虽然心中绝望，但又觉得如果自己做不了皇太子，能立允禩，那也未必是一件坏事。因为在诸皇子中，他与允禩的关系还是比较近的。

允禩之母卫氏，系满洲正黄旗包衣人、宫内管领阿布鼐之女。宫内管领虽为五品文官，但因她是辛者库出身，故较后宫其余人等为贱。"辛者库"是满语"辛者

---

① 《清圣祖实录》卷二百三十四，康熙四十七年九月丁丑。

库特勒阿哈”的简称，意为“管领下食口粮人”，即内务府管辖下的奴仆。清代八旗官员得罪后，他们本人及其家属就被编入辛者库，成为戴罪奴仆，以示惩处。卫氏的先人大概有过类似经历，才成为辛者库罪籍[①]。允禩出生后，康熙帝嫌卫氏出身低微，将他交由允禔之母惠妃那拉氏教养，允禩与惠妃感情甚亲，因为有这一层关系，允禩与允禔的关系也就比其他的皇子亲近。而且允禩是在康熙三十七年（1698年）受封爵位的皇子中最年轻（仅17岁）的一位，说明康熙帝对他还是非常欣赏的。允禔眼看着自己做太子无望了，于是就又极力想推荐允禩。

康熙帝鸾驾返回京师后，命在皇帝养马的上驷院旁设毡帷，给允礽居住。又命皇四子胤禛与皇长子允禔共同看守允礽。当天，康熙帝召集诸王、贝勒等副都统以上大臣、九卿、詹事、科道官员于午门内，宣谕拘执皇太子允礽之事。康熙帝亲撰告祭文，告祭天地、太庙、社稷，将废皇太子幽禁咸安宫，颁诏天下。

而此时的允禔，却错误地以为康熙帝内心对允礽的怨恨已到了必欲杀之的地步，所以不杀允礽，只不过是

---

① 《清皇室四谱》中，也说卫氏“本辛者库罪籍，入侍宫中，康熙二十年生皇八子”。

碍于父子情分，怕被天下人唾骂而已。他竟然利令智昏地向康熙帝秘密建议说："今欲诛允礽，不必出自父皇之手。"同时又极力在康熙帝前称赞允禩之贤。为了能把允禩推上皇太子的宝座，允禔竟然把相面人张明德曾经说允禩后必大贵的话也说了出来。这也足以看出允禔是一个根本缺乏政治头脑的人，他犯的是一个极为小儿科的错误。他的这一小儿科的错误，不仅没有把允禩推到皇太子的宝座上，反而把他和允禩的前程彻底断送了。第二天，康熙帝就以他密奏的话向诸皇子公开训诫道："拘禁允礽时，允禔奏'允礽所行卑污，大失人心。相面人张明德曾相允禩后必大贵。今欲诛允礽，不必出自父皇之手'。言至此，朕为之惊异。朕思允禔为人凶顽愚昧，不知义理，倘果同允禩聚集党羽杀害允礽，其时但知逞其凶恶，岂暇计及于朕躬有碍否耶？似此不谙君臣大义，不念父子至情之人，洵为乱臣贼子，天理国法皆所不容者也。"①

至此，康熙皇帝完全明白了允禔、允禩等人的阴谋，派人追查张明德相面之事，查出不仅有相面之事，而且他们还真有谋杀皇太子的企图。②于是"召诸皇子入乾

①《圣祖仁皇帝实录》卷二百三十四，康熙四十七年九月戊戌。
②《圣祖仁皇帝实录》卷二百三十四，康熙四十七年九月戊戌。

清宫，谕曰：‘当废允礽之时，朕已有旨。诸阿哥中，如有钻营谋为皇太子者，即国之贼，法断不容。废皇太子后，允禔曾奏称允禩好。《春秋》之义，人臣无将，将则必诛。大宝岂人可妄行窥伺者耶？允禩柔奸性成，妄蓄大志，朕素所深知。其党羽早相要结，谋害允礽。今其事皆已败露，著将允禩锁拏，交与议政处审理。’皇九子允禟语皇十四子允禵云：‘尔我此时不言何待？’允禵奏云：‘八阿哥无此心，臣等愿保之。’上震怒。出所佩刀欲诛允禵，皇五子允祺跪抱劝止。诸皇子叩首恳求，上怒少解。命诸皇子挞允禵，将允禟、允禵逐出。”①

实际上，康熙帝已经明确认识到允礽的罪名原多不实。当初，他最怀疑允礽企图谋杀他，皇太子申诉说：“父皇若说我别样的不是，事事都有，只弑逆的事，我实无此心。”康熙帝听了，不但未斥责皇太子，反而认为他说得对，令将允礽项上的锁链取下。②

就在这个时候，皇三子允祉向康熙帝揭发：皇长子与一个会巫术的人有来往。经查，发现允禔用巫术镇魇允礽，阴谋暗害亲兄弟，并有物证。其母惠妃也向康熙帝奏称允禔不孝，请置正法。康熙帝不忍杀亲生儿子，

① 《圣祖仁皇帝实录》卷二百三十四，康熙四十七年九月壬寅。
② 《文献丛编》第三辑，《胤禩胤禟》。

令革其王爵，终身幽禁，并将其所属包衣佐领及人口，均分给皇十四子允禵及皇八子允禩之子弘旺。

除去那些半路夭折的皇子外，康熙帝一生共养育了二十四位皇子，而在康熙四十八年（1709年）之前出生的，就有二十位。俗语云：虎毒不食子。皇子们明争暗斗，但对于康熙帝来说，处理哪一个儿子，不都是在割自己身上的肉？康熙帝既已明白允礽之冤，所以就想恢复其皇太子的地位。

康熙四十七年（1708年）十一月十四日，康熙帝召满汉文武大臣齐集畅春园，令从诸皇子（皇长子除外）中举奏一位堪任皇太子之人，说："众议谁属，朕即从之。"康熙帝的意思是复立皇太子。但那时候群臣谁也摸不清康熙帝心中的真实想法，而康熙帝又不便于把自己的想法直接告诉群臣。所以他先召李光地进宫，向他询问废皇太子病"如何医治，方可痊好?"，试图通过这些话启发李光地，让他提议复立允礽。很明显，允礽如果真的有病，那也是由于被废引起的。所以"解铃还须系铃人"，对症下药，只有复立。但李光地为少惹是非，只是谨慎地回答了一句："徐徐调治，天下之福。"而且未向任何人透露此事，以至于大家在推举时，都不知道该怎么说才好。[①]“集议日，马齐先至，张玉书后入。问：‘众意谁属？’马齐言众有欲举八阿哥者。俄，上命马齐勿预议，马齐避去。阿灵阿等书‘八’字密示诸臣，诸大臣遂以允禩名上，上不怿。”[②]时马齐为大学士，阿灵阿为领侍卫内大臣兼理藩院尚书。康熙帝指出：皇八子未曾办理过政事；近又罹罪，其母出身微贱，故不宜立为皇太子。[③]康熙帝传谕李光地，提醒说：“前召尔入内，曾有陈奏，今日何无一言？”这时诸臣才恍然大悟。

康熙帝要让群臣都明白自己的心意，为复立允礽找个借口，第二天，就把科尔沁达尔汉亲王额驸班第、领侍卫内大臣、都统护军统领、满大学士尚书等人召入宫中，向他们宣谕说：“太皇太后在日，爱朕殊深。升遐以后，朕常形梦寐，奇异甚多。乌兰布通出兵之前，梦太皇太后止朕曰：‘尔慎毋出兵，出恐无益。’后朕强行，果至半途抱疾而还。中路出兵之时，亦梦太皇太后谓朕

---

①参见《清耆献类徵选编》卷五（上）：“四十七年十一月，上以废皇太子允礽狂疾渐愈，欲复立之。命诸大臣集议保奏。尚书王鸿绪附和内大臣阿灵阿等保奏皇八子允禩，上切责之。谕询李光地曰：‘前召尔入内，曾有陈奏，今日何无一言？’光地奏：‘前者，皇上问臣：废皇太子病，如何医治方可全好？臣曾奏言徐徐调治，天下之福。臣未尝告诸人也。’”

②《清史稿》卷二百八十七，《马齐传》。

③《清圣祖实录》卷二百三十五，康熙四十七年十一月丙戌。

曰：‘尔此番出兵克奏大勋，但非尔亲获其俘耳。’朕彼时不能深解。后出兵，闻噶尔丹遁去，朕自拖诺山发兵往追，噶尔丹遂西奔，遇伯费扬古大败之，多所俘获，始知梦兆符合如此。近日有皇太子事，梦中见太皇太后，颜色殊不乐，但隔远默坐，与平时不同。皇后亦以皇太子被冤见梦。且执皇太子之日，天色忽昏，朕于是转念，是日即移御馔赐之。进京前一日，大风旋绕驾前。朕详思其故，皇太子前因魇魅，以至本性汩没耳。因召置左右，加意调治，今已痊矣。朕初谓魇魅之事，虽见之于书，亦未可全信。今始知其竟可以转移人之心志也。诸臣奏曰：‘皇上灼见废皇太子病源，治疗已痊，诚国家之福，天下之福也。伏祈皇上即赐乾断，颁示谕旨。’诸臣出，顷之，召诸臣入，问曰：‘群臣皆合一否？’诸臣齐奏曰：‘臣等无不同心。’上曰：‘尔等既同一心，可将此御笔朱书对众宣读，咸使闻知。’谕旨曰：‘前执允礽时，朕初未尝谋之于人，因理所应行，遂执而拘系之。举国皆以朕所行为是。今每念前事，不释于心。一一细加体察，有相符合者，有全无风影者。况所感心疾，已有渐愈之象。不但诸臣惜之，朕亦惜之。今得渐愈，朕之福也，亦诸臣之福也。朕尝令人护视，仍时加训诲，俾不离朕躬。今朕且不遽立允礽为皇太子，但令尔诸大臣知之而已。允礽断不报复仇怨。朕可以力保之也。'"[1]

康熙四十七年（1708年）十月十九日，康熙帝去南苑行围，想到过去皇太子及诸阿哥随行之时的情景，不禁万箭穿心，伤情无限，他终于经不起心灵的这般折磨，在十月二十三日病倒了。当日回宫后，他立即召见了允礽，并将召见允礽事谕告臣下，谓："自此以后，不复再提往事。"[2]此后他经常召见允礽，并告诉群臣，"召见一次，胸中疏快一次"。把要复立允礽的信号明确传给了群臣。

康熙四十八年（1709年）三月初九，康熙帝以复立皇太子允礽，遣官告祭天地、宗庙、社稷曰："臣比因此等事情，常切惭恨，心神耗损，致成剧疾，自维势难必愈。但深念祖宗垂贻丕基，臣诸子中，允礽居贵。虽被镇魇，已渐痊可。遂召诸臣明谕而宽释之。自此以后，见其夙夜祇事，忧形于色，药饵躬亲，克尽子职。臣复屡加省验，惟诚惟谨，历久弗渝。嗣后信能敬慎修身，常循兹轨，则允堪主器矣。谨于康熙四十八年三月初九日、用申虔告之仪、复正储贰之位。"次日，又"以大学士温达、李光地为正使，刑部尚书张廷枢、都察院左都

①《清圣祖实录》卷二百三十五，康熙四十七年十一月丁亥。
②《清圣祖实录》卷二百三十五，康熙四十七年十月乙丑。

御史穆和伦为副使持节，授皇太子允礽册宝，复立为皇太子。以礼部尚书富宁安为正使，礼部侍郎铁图为副使持节，授皇太子妃册宝，复封为皇太子妃”。康熙帝认为：“从前朕之诸子所以不封王爵者，良恐幼年贵显，或至骄侈，恣意而行，故封爵不踰贝勒，此亦朕予之以勉进之路也。今见承袭诸王、贝勒、贝子等，日耽宴乐，不事文学，不善骑射，一切不及朕之诸子，又招致种种匪类，于朕诸子间，肆行谗谮，机谋百出，凡事端之生，皆由五旗而起。朕天性不嗜刑威，不加穷究，即此辈之幸矣。”

基于这样的认识，康熙帝在复立皇太子大庆之日，同时把其他几个年长的皇子都晋了爵位：“允祉、胤禛、允祺，俱著封为亲王。允祐、允䄉俱著封为郡王。允禟、允裪、允禵，俱著封为贝子。”加上在此之前早已受封的多罗贝勒允禩，他所有年长的皇子们，全都成了宗室中的王公。只有大阿哥允禔“行止甚属暴戾无耻，并不念及父母兄弟，杀人害人，毫无顾忌，任意妄为”。“观伊之党羽，俱系贼心恶棍，平日斗鸡学习拳勇，不顾罪戾，惟务诱取银钱、稍知礼义之人，断不为此。”“朕意今欲将大阿哥安置一处，令其安静不致生事方好。”“著领侍卫内大臣。宗人府大学士往看何处牢固、朕特派人严加看守。”[1]康熙帝所做的这些安排，无非是想以此弭止诸皇子之间的争斗，缓解诸皇子之间的矛盾。但这些措施不仅未从根本上解决原有的君储矛盾，而且使皇太子与皇子之间的矛盾变得更加复杂。朝中大臣很快就分化成了支持和反对皇太子两大阵营。作为皇帝，他采取的这些措施显然欠妥，反而埋下了更深的政治隐患。

于是，很快就又发生了所谓的“皇太子党事件”。此事发生在康熙五十年（1711年）十月，有人向康熙帝密告，刑部尚书齐世武、兵部尚书耿额等人“以酒食会友”，康熙帝认为“耿额乃索额图家奴，在乌喇时就谄媚索额图，馈送礼物。于索额图案内，即应诛戮。朕特宥之。今乃负恩，造谋结党”。这种结党行为，必定与允礽有关。十月二十七日，康熙帝在畅春园大西门内箭厅召见诸王、贝勒、文武大臣等，宣称:“诸大臣皆朕擢用之人，受恩五十年矣，其附皇太子者，意将何为也?”于是当场逐个质问齐世武、耿额等。众人矢口否认结党，康熙帝令锁拿候审。另外，命将已经解职的步军统领托合齐，也拘禁宗人府。[2]托合齐出身卑微，原为安亲王家人，后转为内务府包衣，曾任广善库司库。以其为定

---

① 《清圣祖实录》卷二百三十七，康熙四十八年四月庚申。

② 《清圣祖实录》卷二百四十八，康熙五十年十月壬午。

嫔之兄、皇十二子允祹之舅，故受到康熙帝信任，于康熙四十一年（1702年）六月出任步军统领。康熙五十年（1711年）十月二十日，康熙帝以托合齐有病为由，将其解职，同时任命隆科多为步军统领。

康熙帝之所以会突然这样做，很显然是有人在他面前又打了允礽的小报告，拨动了他那根一直紧绷着的"君储矛盾"的神经。他虽然复立允礽为皇太子，但却在内心中特别忌讳大臣依托允礽。康熙五十一年（1712年）四月，"宗人府等衙门遵旨将托合齐等结党会饮一案审讯，各供具奏，得旨：'此等事俱因允礽所致。允礽行事，下之人无分贵贱，莫不尽知。若果以孝为本，以仁为行，天下之人，皆知系朕之子，必无异心，何必求此等人保奏？惟其行事不仁不孝，难于掩盖，徒以言语货财买嘱。此等贪浊谄媚之人潜通信息，尤属无耻之甚矣。'"[①]最后，康熙命将尚书齐世武"以铁钉钉其五体于壁而死"。[另据《满洲名臣传·齐世武列传》记载：齐被判绞之后，又改发遣伯都纳，雍正二年（1724年）卒。]议托合齐将其"即行凌迟处死"，不久于监所病故，命将其"挫尸扬灰，不准收葬"。对"一应发审取供之

① 《清圣祖实录》卷二百五十，康熙五十一年四月乙丑。

人”，全部做了严肃处理。皇帝与储君之间的矛盾，终于又发展到不可调和的地步。

康熙五十一年（1712年）九月三十日，康熙帝巡视塞外回京当天，即向诸皇子宣布：“皇太子允礽自复立以来，狂疾未除，大失人心，祖宗弘业断不可托付此人。朕已奏闻皇太后，著将允礽拘执看守。”十月初一，以御笔朱书向诸王、贝勒、大臣等宣谕重新废黜允礽的理由，主要是：

第一，从释放之日，乖戾之心，即行显露；

第二，数年以来，狂易之疾，仍然未除；

第三，是非莫辩，大失人心；

第四，秉性凶残，与恶劣小人结党。

康熙帝要求诸臣：“各当绝念，倾心向主，共享太平。后若有奏请皇太子已经改过从善应当释放者，朕即诛之。”①十一月十六日，将废皇太子事遣官告祭天地、太庙、社稷。命禁锢废皇太子允礽于咸安宫。②

康熙帝第二次废黜皇太子，虽然并非完全如他自己

---

①《清圣祖实录》卷二百五十一，康熙五十一年十月辛亥。

②《清圣祖实录》卷二百五十一，康熙五十一年十月己巳。按：咸安宫位于寿康宫后、长庚门内，为明代建筑，天启年间客氏曾居之。清康熙二十一年（1682年）改建。南向开门三楹曰咸安门，正殿五间，东西配殿各三间。

所说“毫不介意，谈笑处之”，但确实不像第一次时那么痛苦。因为他发现，立皇太子就难免有矛盾，不立皇太子则可以减少皇储争夺的内斗。数月之后，针对有的官员奏请册立皇太子的事情，康熙帝答复说：“宋仁宗三十年未立太子，我太祖皇帝并未预立皇太子，太宗皇帝亦未预立皇太子。汉唐以来，太子幼冲，尚保无事；若太子年长，其左右群小结党营私，鲜有能无事者……今众皇子学问、见识，不后于人，但年俱长成，已经分封，其所属人员未有不各庇护其主者，即使立之，能保将来无事乎？”①这一次，康熙帝真正看到了他当政的这几十年之间，皇储之争的真正原因，所以决意以后不再公开立储。

允礽复废后，当然并不甘心，康熙五十四年（1715年）十一月，他借医生为其妻石氏诊病之机，用矾水写信，通过医生贺孟𫖯与正红旗满洲都统公普奇联系，嘱托普奇保举自己为大将军，事情败露，自此，康熙帝十分戒备，凡大臣上疏立储者，或处死，或入狱。康熙六十年（1721年）三月，在康熙帝庆寿之日，有的大臣上疏立皇太子之事，康熙帝对此置之不理。事过数日，

① 《清圣祖实录》卷二百五十三，康熙五十二年二月庚戌。

又有十二人联名上疏立储，康熙帝怀疑这些人为允礽同党，均给予处罚。

三、允礽死后被葬于黄花山亲王园寝

康熙六十一年（1722年）三月，康熙帝预感到自己将不久于人世，命人在北京德胜门外郑家庄原八旗教场增盖房屋，修建王府，欲移允礽往住。十一月，康熙帝驾崩，皇四子雍亲王继位，是为雍正皇帝。雍正帝继位后继续在郑家庄加盖房屋，“拨给驻防郑家庄官兵房屋计城守尉衙署一所十五间，佐领衙署六所各七间，防御衙署六所、骁骑校衙署六所俱各五间，笔帖式衙署二所各三间，甲兵六百名，各营房二间”①。总计拨给驻防兵丁及营房等多达一千三百二十三间。一切安排妥当后，雍正帝命允礽之子弘皙移居到那里，把他严密看管起来。

雍正二年（1724年）十二月十三日，有关王大臣等上奏雍正帝允礽病重，雍正帝指示诸王及有关大臣说：“前看守之王大臣奏闻二阿哥病症，朕即下旨与王大臣，于太医院择良医调治。昨者少愈，二阿哥披诚陈奏，感激朕恩，殊为可悯。今日医云病复变重，朕欲往看，恐

---

①《钦定八旗通志》卷一百一十七。

二阿哥执为臣之礼。俟有事后，朕再往奠。前二阿哥福晋事既照亲王办理，若二阿哥有事亦应照亲王之例办理，一切所用之物，交与内务府大臣庄亲王常明、来保等，俱于内府取给。理郡王所属人等，俱着穿孝。即传谕令其预备。二阿哥之子孙，交与总管太监，多派人照看。从前皇考时大阿哥福晋曾派在内阿哥穿孝，如二阿哥有事，着诚亲王公允祹长子弘曙、弘晫、弘曦、弘昉、弘春、弘昂穿孝，照亲王例齐集。时值隆冬，福晋及大臣之命妇免其齐集，着择定出殡日期，送至郑家庄，设棚安厝，令伊子弘皙得尽子道。出殡时每翼派领侍卫内大臣各一员，散秩大臣各二员，侍卫各五十员，送至郑家庄。”是则允礽死后，是从咸安宫先送到郑家庄原本为他安排的王府中“设棚安厝”的。

十二月十四日（癸未），允礽被囚死于咸安宫。在允礽去世之前，其子弘皙在雍正元年（1723年）已被世宗晋封为理郡王，所以世宗以理为号，追赠允礽为理亲王。谥曰密。雍正帝要亲往致祭。群臣皆恳请停止。雍正帝谕示说:“二阿哥获重罪于皇考，其身若在，仍属负罪之人。今既如此，则罪已毕矣。罪既毕，依然朕兄也。从前裕亲王之事，皇考自热河回京，即躬临致奠，朕之弟兄亦着穿孝。今封二阿哥为亲王，即与裕亲王无异。从前皇考曾有谕旨：二阿哥、大阿哥断不可放出，是以朕遵奉而行。自登大宝以来，于二阿哥处未降一旨，未遣一人，虽锡赉频加，皆未言及朕所颁赐也。惟交与总管太监传送。彼询所从来，则云不知。盖朕心不欲受伊拜谢，并不欲闻伊感恩之言也。前日闻伊病，朕遣大臣往视。二阿哥奏曰：臣当日与皇上虽无好处，亦无不好处。臣得罪皇考，系大不孝之人，应将臣弃置不问，乃蒙皇上种种施恩甚厚，臣心实深感激。臣今福薄，病已至此，安敢虚言。前若赐臣二寸白纸一条，岂能延至今日乎？臣心稍有知识，岂不知之仰蒙圣恩，别无他愿，惟望病愈而已。又训伊子理郡王曰：于尔君父之前有一分之能，即竭尽一分之力，有三分之能，即竭尽三分之力。若能一心竭诚效力以事君父，方为令子等语。此皆二阿哥至诚由衷之言也。观此，皇考之圣明愈见矣。朕今往奠，乃弟兄之情，恻然不能禁止，但知自殚其心，并非邀誉也。此朕至情，诸王大臣久而自见。明日朕必往奠，王大臣不必再奏。”雍正帝这话，虽然只是故意说给大家听的，但也多少透露出了从康熙帝驾崩之后到雍正二年（1724年）之间，允礽在咸安宫囚禁生活的一个侧影。

十二月十六日（乙酉），雍正帝到五龙亭，哭奠理亲王。大约第二天，允礽的金棺即被送至郑家庄“设棚安厝”。但只在郑家庄安厝了十天后，十二月二十七日，雍正帝就“以郑家庄非可久停，亦虑火烛。蓟州黄花山现有故福晋石氏暂安放地。移金棺至彼，同屋安奉。拨大人兵丁护守。俟择日营建墓院衙门”。[1]命人把允礽的灵柩移送到了他的福晋瓜尔佳氏黄花山攒院，开始为允礽修建园寝。

按照旧例，一般情况下，宗室王公薨逝后，通常都是由工部按规定，拨给一定的建造坟院银两。建造园寝之事，则主要由主家按照制度筹划安排。而这次由于允礽的身份不同，考虑到政治上的影响，对他的葬礼安排，雍正帝表现得“过度”重视。雍正三年（1725年）六月二十四日，礼部等衙门奏请由工部拨给理密亲王修造坟院的银两，世宗谕曰：“据奏，由工部给银虽系定例，但密亲王子年幼，诸事未谙，或恐不敷所用。着萧永藻、卢询、范时绎，照裕亲王山园式样共同料估，委贤能官员动工部帑银，伊等监察修造。”[2]

在这道谕旨中，世宗说密亲王子年幼，显然不是事实。允礽有十二子，我们将其生卒年月列表如下：

---

①《永宪录》卷三：“丙申。起送密亲王金棺暂安奉黄花山福晋攒院。”

②《世宗宪皇帝上谕内阁》卷三十三《雍正三年六月上谕》。《永宪录》卷三：“命总理陵寝大学士萧永藻、尚书卢询、总兵范时绎建造密亲王墓院衙门，依皇伯父裕宪亲王式。”

姓名	排序	封谥	生年	卒年	雍正三年时年龄
未有名	第一子		康熙三十年十二月二十八日生	康熙四十年十一月二十八日。卒年十一岁	已卒
弘皙	第二子	已革理亲王	康熙三十三年七月初五生	乾隆七年九月二十八日卒。卒年四十九岁	三十二岁
弘晋	第三子	奉恩辅国公品级	康熙三十五年十月二十日生	康熙五十六年三月十二日。卒年二十二岁	已卒
未有名	第四子		康熙四十三年十月初四生	康熙四十四年十二月二十一日卒。卒年二岁	已卒
弘曣	第六子	奉恩辅国恪僖公	康熙五十一年七月初四生	乾隆十五年四月十四日卒。卒年三十九岁	十四岁
弘晀	第七子	已革辅国公	康熙五十三年五月初五生	乾隆三十九年七月二十二日卒。卒年六十一岁	十二岁
未有名	第八子		康熙五十四年十一月二十六日生	雍正四年六月初五卒。卒年十二岁	十一岁
弘㬙	第九子	三等侍卫	康熙五十五年五月十四日生	乾隆四十八年正月十一日卒。卒年六十八岁	十岁
弘㬢	第十子	多罗理恪郡王	康熙五十七年十二月初八生	乾隆四十五年八月二十七日卒。卒年六十三岁	八岁
弘昞	第十一子		康熙五十九年正月初一生	乾隆二十八年三月二十二日卯时卒。卒年四十四岁	六岁
弘晥	第十二子	奉恩辅国公	雍正二年九月二十一日生	乾隆四十年五月初一卒。卒年五十二岁	二岁

由上表可以看出，当时允礽第二子弘晳时年已三十二岁，并在雍正元年（1723年）就已被晋封为理郡王。怎么可以称“密亲王子年幼”呢？这里透露出了一个很值得引人注意的信息，雍正帝所说的密亲王子，并不包括弘晳在内。因为弘晳此时其实已经被雍正帝软禁在郑家庄，不可能放他出来去办理其父的丧事。正因为这个原因，雍正帝在允礽去世后的安排中，才没有把他的金棺直接从咸安宫送到黄花山其福晋的暂安放地同屋安放，而是先“送至郑家庄，设棚安厝，令伊子弘晳得尽子道”。也就是说，弘晳在当时是不可以走出郑家庄的软禁地。但为了能让弘晳也能尽一下孝道，所以才把允礽的棺椁在郑家庄暂放十天。十天之后，允礽的棺椁就被移送到黄花山去了。这样既可以堵住别人说他不近人情之口，又阻断了弘晳借办丧事与外界频繁发生联系的机会。因为按照清朝的“国制：亲王丧，俟墓院完日发引，期年而葬。郡王、贝勒五月发引，七月而葬。贝子、公以下三月发引，五月而葬”[1]。允礽作为亲王，按制度要在一年后才能最后安葬。作为新即位的雍正帝来说，把允礽的灵柩一直放在郑家庄一年，让办理丧事的

[1]《永宪录》卷三。

人进出往来，与弘晳密切接触，那是无论如何也不能不防的。

允礽死后被葬在黄花山南麓。这里山势雄曲，松林葱翠。早在顺治十五年（1658年），顺治帝与所宠幸的董鄂妃刚生不久的儿子，还未来得及起个名字便夭折，顺治帝把这个儿子追封为荣亲王，要为这个才活了一百零六天的儿子建立一座坟园，就委派传教士汤若望等“卜其兆域”，认定黄花山南麓这一带是块风水宝地，“以八月二十七日窆于黄花山”丈营台，“爰设殿宇，周垣窀穸”[①]。这是清廷入关后，在黄花山南麓建立的第一个园寝。二十二年后，到康熙十八年（1679）七月，顺治帝第七子、康熙帝的七弟纯靖亲王隆禧病逝，他的遗腹子富尔祜伦承袭纯亲王后，也于翌年（1680年）十一月不到一周岁时夭折，康熙帝“命发帑修茔”，也在黄花山丈营台西侧距荣亲王园寝大约一华里的石头营为他们建了一座园寝，是为纯靖亲王园寝，隆禧没有见过面的儿子大约是与其父合葬在同一园寝中。又过了二十四年，康熙四十二年（1703年）六月二十六日，顺治帝第二子、康熙帝的哥哥裕宪亲王福全去世，被葬在其弟纯靖亲王

①顺治御制《荣亲王墓圹》。该圹志现保存于天津蓟县独乐寺中。

园寝东侧约百余米处，是为裕宪亲王福全园寝。至此，顺治帝的三个儿子和一个夭折的孙子已在黄花山南麓建立了三座园寝。

历史竟有这样的巧合之处，又过了二十三年，这一次黄花山南麓这一带又迎来了一个新的墓主，他就是康熙帝废太子，被雍正帝追封的理密亲王允礽。

允礽是被葬入这里的第四个清皇室亲王，但他的园寝却被安排在了荣亲王和裕宪亲王福全的园寝中间，东西距荣亲王园寝和裕宪亲王园寝各约一百米。这个位置大约正是当年先他而亡的福晋瓜尔佳氏的临时攒院。

其园寝建筑是“照裕亲王山园式样”来设计的。据《陵寝易知》《昌瑞山万年统志》记载，理密亲王允礽的园寝，俗称“二王陵”。该园寝坐北朝南，其规制为“琉璃花门一座，宽一丈八尺，进深六尺，檐高一丈四尺。园寝正中有享殿一座，广六丈二尺，纵深四丈一尺，檐高一丈七尺。前边有大门一座，宽四丈五尺，纵深二丈八尺，檐高一丈五尺。门外设有守护班房，东西两侧各三间。宽三丈八尺六寸，纵深二丈六尺五寸，檐高一丈二尺。园寝四周围墙周长七十二丈六尺，墙高一丈”[1]。

---

①光绪本《清会典事例》卷九百四十九，《园寝坟茔》。

允礽的嫡福晋瓜尔佳氏，清圣祖称赞她“淑孝宽和，作配允礽，辛勤历有年所”。瓜尔佳氏于康熙五十七年（1718年）七月去世，清圣祖命大学士同翰林院撰文致祭，并在黄花山为她营造暂安放地，直到允礽园寝建成，才与之安葬在一起。

另外，据晏子有先生调查，允礽园寝还建有宝顶、厢房和碑亭等[1]。该园寝1927年被盗，1971年墓碑被炸毁，1985年后仍有残存的墙基、砖瓦碎石和被炸毁的碑座，目前其遗址上只有一些砖瓦碎石而已。

（原载《文化学刊》2018年第10期）

①晏子有：《清东西陵》，中国青年出版社，2000年版，第365页。

后　记

《康乾盛世下的郑家庄——从康熙帝两废太子看清朝百年皇权之争》这本书开始写于2013年，初稿完成于2015年5月。后来书稿几经修改，杂事缠身，故一直搁置，未能及时付梓。在这里，特别感谢北京市文物研究所研究员夏连保老师。夏老师在清史研究领域造诣深厚，给本书提出两点要求：一是要把郑家庄放在大历史背景下，这样写出来才有深度；二是要兼顾学术性与可读性，要让更多的人喜欢看历史著作。夏老师不但为本书提供了大量历史资料，而且在整个写作过程中始终给予宏观上的指导。本书从开始构思到最后完成，离不开夏老师的关心与帮助。

感谢我的妻子和父母等家人，正是有了你们的关爱与支持，我才有动力去写作。在写作过程中恰逢我的女儿出生，初为人父的我深感幸福温暖，这本书是我送给她最好的礼物。如今她已经是髫年之女，希望她能够永远健康、平安、快乐地成长。

值此书付梓之际，向所有关注本书以及为本书付出辛劳的老师同仁表示衷心的感谢。本人才疏学浅，书中难免有疏漏之处，还望各位读者给予批评指正。

申红宝

2022年7月14日